新时代新理念职业教育教材 · 高速铁路系列

高速铁路旅客运输心理学

（修订本）

主　编　万金辉　吴垠锋　任　娜
副主编　于存涛　王海明　王　丽

北京交通大学出版社
· 北京 ·

内容简介

本书主要介绍了心理学在高速铁路旅客运输中的应用，全书共分为6章：高速铁路旅客运输心理学认知、高速铁路旅客运输心理学基础、高速铁路部分旅客群体的心理特征、高速铁路旅客心理活动与服务、高速铁路客运服务人员的心理修养与行为、高速铁路旅客运输管理心理。

本书内容紧凑，深入浅出，实用性强。

本书适合作为应用型本科院校、高职高专院校高速铁路相关专业的教学用书，也可作为铁路企业的职工培训教材。

图书在版编目（CIP）数据

高速铁路旅客运输心理学 / 万金辉，吴垠锋，任娜主编. —北京：北京交通大学出版社，2018. 7（2024. 12 重印）

ISBN 978 - 7 - 5121 - 3683 - 0

Ⅰ. ①高… Ⅱ. ①万… ②吴… ③任… Ⅲ. ①高速铁路-旅客运输-应用心理学 Ⅳ. ①U293-05

中国版本图书馆 CIP 数据核字（2018）第 180176 号

高速铁路旅客运输心理学

GAOSU TIELU LÜKE YUNSHU XINLIXUE

策划编辑：刘　辉

责任编辑：刘　辉

出版发行：北京交通大学出版社　　电话：010-51686414　　http：//www. bjtup. com. cn

地　　址：北京市海淀区高梁桥斜街 44 号　　邮编：100044

印 刷 者：北京鑫海金澳胶印有限公司

经　　销：全国新华书店

开　　本：185 mm×260 mm　　印张：14. 75　　字数：363 千字

版　　次：2022 年 2 月第 1 版第 1 次修订　　2024 年 12 月第 13 次印刷

书　　号：ISBN 978 - 7 - 5121 - 3683 - 0 / U · 320

定　　价：45. 00 元

本书如有质量问题，请向北京交通大学出版社质监组反映。对您的意见和批评，我们表示欢迎和感谢。

投诉电话：010 - 51686043，51686008；传真：010 - 62225406；E-mail：press@ bjtu.edu.cn。

前　言

心理学是一门研究人类心理现象及其影响下的精神功能和行为活动的科学，具有突出的理论性和应用（实践）性特点。心理学包括基础心理学与应用心理学两大领域，其研究涉及知觉、认知、情绪、思维、人格、行为习惯、人际关系、社会关系等许多领域，也与日常生活的许多领域——家庭、教育、健康等发生关联。本书主要介绍了心理学在高速铁路旅客运输中的应用、旅客旅行心理活动的一般性规律及旅客旅行需求的表现；探讨了掌握旅客旅行心理活动的方法；分析了客运服务人员的心理修养及提高客运管理人员职业素养的方法。

本书由万金辉、吴垠锋、任娜担任主编，于存涛、王海明、王丽担任副主编，具体分工如下：万金辉负责全书的统稿与第一章的编写；于存涛负责第二章、第四章的编写；王海明负责第五章的编写；任娜、王丽负责第三章的编写；吴垠锋、兰云飞负责第六章的编写及全书的体例设计等工作。

由于编者水平有限，书中难免有不妥之处，恳请广大读者批评指正。索取本书相关教学资源，可与出版社编辑刘辉联系（cbslh@ jg. bjtu. edu. cn，QQ39116920）。

编　者

2022 年 1 月

目　录

第一章

高速铁路旅客运输心理学认知

【导读】 学习高速铁路旅客运输心理学必须对服务、旅客运输服务的概念与特点，铁路旅客运输的服务意识，心理学的起源与发展，心理学的研究对象与研究意义，旅客的心理及其规律性，以及高速铁路旅客心理学的研究对象和任务、学习高速铁路旅客运输心理学的重要性和意义有所了解。

第一节　服务与旅客运输服务

【知识目标】

1. 了解服务与旅客运输服务的概念和特点；
2. 掌握铁路旅客运输的服务意识。

【能力目标】

1. 掌握铁路旅客运输服务的基本概念；
2. 掌握铁路旅客运输的服务意识并运用到实际工作中去。

【学习要求】

树立良好的服务意识。

【学习内容】

一、铁路旅客运输服务的基本概念

铁路客运企业提供的产品是使旅客完成空间位移，它包括一切能满足旅客欲望、需求和利益的有形部分和无形部分，即满足旅客位移需要的全部服务。因此，客运产品应理解为客运服务产品，其主要特性体现在它的“公共服务性”上，为消费者提供服务，这是铁路运输企业存在的前提。旅客运输不同于货物运输，旅客在旅行中有不同的物质、文化需求，如饮食、安全、休息、照明、温度等，铁路运输企业要创造良好的旅行环境并提供优质服务，使旅客心情愉悦。

1. 铁路旅客运输服务

什么叫服务？从广义来讲，服务就是为了国家，为了集体，为了企业，为了某种事业和他人的利益而工作。铁路旅客运输服务，就是通过客运人员向旅客提供一定的劳务活动，即提供安全、迅速、舒适的服务，满足其在旅行中的需要。铁路旅客运输从业人员要为旅客实实在在地服务，为他们送方便、送温暖，为他们排忧解难，使他们满意。铁路旅客运输的“产品”，就是旅客的“位移”。旅客从甲地到乙地的旅行过程中，铁路企业及其职工提供的运输和服务与旅客对旅行和服务的消费是同时进行的。铁路旅客运输服务正是这种能够创造特殊使用价值的劳动，是满足人们生活需要的一种社会服务。

旅客运输服务包括有形服务和无形服务两大类。有形服务，如进站验票、维持秩序、扶老携幼、提供饮用水、卫生清扫、广播宣传、餐车服务，等等。无形服务主要指铁路运输从业人员的思想品德、职业道德、社会公德、礼貌修养、言谈举止、服务精神、工作态度等。

2. 铁路旅客运输服务的特点

（1）铁路旅客运输的主要服务对象是旅客，其次是行李、包裹和邮件。

（2）铁路旅客运输的核心产品是旅客的空间位移。它被旅客本身所消耗，其使用价值具有不确定性，其创造的社会经济效益远大于自身的经济效益。

（3）铁路客运产品具有易逝性。旅客位移的生产和消费过程同时进行，产品不能储存，不能调拨。

（4）铁路旅客运输在时间上具有较大的波动性。

（5）铁路客运车辆实行配属制（车辆固定配属于各客运车辆段），这有利于车辆的运用管理和维修，确保了车辆质量。

（6）铁路客运站的位置一般设在客流易于集散处，使旅客便于换乘不同的交通工具。一般应靠近城镇，并能与市内交通及其他各种交通工具进行良好的配合。旅客列车到发线及站台一般按方向和车次予以固定，不会随便变更。

（7）旅客在旅行中有不同的物质、文化需求，如饮食、盥洗、休息、通风、照明、温度等，旅客运输企业不仅应满足这些需求，而且还应积极创造、改善良好的旅行环境并提供优质的服务，使旅客心情愉悦。

（8）铁路旅客列车都是根据需要事先编组好并按固定时刻表运行的，旅客根据自己旅行的需要选择乘车日期、车次、到站、座别。

(9) 铁路运输企业应向旅客提供不同服务等级、旅行速度的运输产品，供不同需要、不同消费水平的旅客选择。

(10) 客运服务质量的控制主要在于过程控制，这区别于工业产品质量的控制（在进行生产过程控制的同时，尤其重视最终产品的控制），客运服务必须对售票、候车、乘降工作、列车服务等的全过程进行控制。

二、铁路旅客运输的服务意识

1. 树立全心全意为旅客服务的服务理念

旅客是上帝，是我们企业最宝贵的资源，要把追求旅客的满意作为铁路运输企业永远的奋斗目标。客运人员一定要把旅客当成亲人，所有工作都需要以旅客为中心进行展开，以他们满意为目标；要把旅客看成是朋友，要用真诚与热情换来旅客的认同；要换位思考，将心比心，真正设身处地地为旅客着想。

案例：春运路上，图书接力——长沙火车站设立“图书漂流角”

春运期间长沙火车站启动“读书接力”活动。在进站口不远处，一排书柜上摆满了图书，旅客可以免费取阅，还可以拿一本自己的书换取一本书柜上的书在火车上阅读。

“我的那本《围城》之前已经看过了，一直想看柴静的《看见》，没想到在这里换到一本，上车看书，旅途更精彩了！”中南大学学生吴婷顺利地换到了第一本书，开始了图书接力的第一棒。

“我们通过职工募捐、单位出资，购置了上千本图书。旅客在换书的同时，还请他们留下手机联系方式，让下一位拿到这本书的人发送短信表示感谢和祝福，让更多的人喜欢读书。”服务台工作人员陈小勇介绍说。

长沙火车站的“图书漂流角”自开办以来，成了一个热闹的微型图书馆，南来北往的旅客停下匆忙的脚步在此流连。半个月来，长沙火车站读书接力活动已使近200本各类书籍“乘”上火车开始“旅行”。

2. 了解旅客心理状态，提高客运服务质量

通过旅客所持车票了解旅客此次出行是长途还是短途，是始发还是中转；观察旅客的外表、服饰、携带品，可以看出旅客的职业、民族、旅行目的；从旅客的外貌、动作，了解旅客的年龄、身体状况，以及是否患病等情况；从旅客的表情、神态，分析其心理活动动机，比如有的旅客坐卧不安、心慌意乱、精神紧张，就可以判断该旅客可能遇到了麻烦；可以通过与旅客沟通交谈，了解旅客的性格、情绪、对铁路运输企业有哪些意见和需求等。

在日益激烈的市场竞争中，铁路运输企业要想在市场中站稳，立于不败之地，仅靠现代的设施、设备，热情、主动的服务，远远不够，还必须根据旅客的心理需要，提供有针对性的个性化的服务。了解、掌握旅客心理特点和心理需求的方法很多，铁路客运服务人员应在实践中不断学习，反复揣摩，长期积累。

案例：铁路客运特色服务的新突破

在长沙火车站，活跃着一群活雷锋——长沙火车站重点旅客候车室的“小勇服务队”。“小勇服务队”传承于20世纪90年代的“168”服务品牌，得名于候车室客运员陈小勇。

在多年的客运工作中，细心的陈小勇发现在春运、黄金周、节假日期间，一些乘坐热门列车的重点旅客买不到座位票。陈小勇买来了许多塑料小板凳，将其作为礼物免费送给没买到座票而需要帮助的重点旅客。

陈小勇还为部分重点旅客建立起个人“爱心档案”，以便旅客再来车站时，有针对性地提供服务。“小勇系列服务”得到广大旅客的一致认可，她创立的小勇系列服务品牌也深深打动了身边的同事，于是长沙火车站在重点旅客候车室成立了“小勇服务队”。

“小勇服务队”在日常工作中实行公开挂牌服务，针对不同类型的旅客，制定服务对象工作法：对年纪大的旅客，为他们读报纸，让他们及时了解国内外的新闻大事；对带小孩的旅客，组织小朋友一起讲故事，玩游戏；对孕妇旅客，客运员们动员周围的旅客轻走动、轻交谈，给孕妇旅客创造一个安全、良好的候车环境。

“小勇服务队”是铁路客运特色服务的典范。

针对不同旅客在身份、层次、年龄、旅行目的等方面存在的差异，应采取不同的服务方式，满足旅客对个性服务的要求。要规范服务用语，根据服务对象的不同，灵活应对，哪种交流方式能使旅客感到亲切、舒适、习惯，就采取哪种交流方式，切忌千篇一律、生搬硬套。

根据旅客的需求，提出个性化、特殊性服务标准，对于旅客提出的合理的、有实现可能的要求，我们要尽量满足。对于不合理的，甚至有些过分的要求，我们要和提出要求的旅客进行沟通，讲明其所提要求的不切实际性和我们为之所做的努力，尽量争取旅客的理解和满意。

第二节　心理学概述

【知识目标】

1. 了解心理学的起源与发展；
2. 了解心理学的研究对象和研究意义。

【能力目标】

掌握心理学的发展历程及主要观点。

【学习要求】

收集心理学起源与发展的相关资料。

【学习内容】

一、心理学的起源与发展

心理学主要是研究和探讨人的内在心理变化和外在表现行为的科学。一般认为心理学最早起源于2 000多年前的古希腊，是从哲学的理论思想体系中转化出来的一门独立的学科，当时著名的哲学家柏拉图、亚里士多德就是站在哲学的角度和层面对人的心理变化活动进行了分析和研究。

柏拉图把人分为灵魂（心灵）身体（肉体）两个层面进行研究。亚里士多德则认为，人之所以会产生各种心理变化，主要是因为人的心脏在不停地跳动，人的眼睛、耳朵等器官所获得的各种信息和知识等被引导到了心脏从而形成了人的内在心理变化活动。亚里士多德著有一部《论灵魂》，在这部书中他对记忆、回想睡眠和清醒等与现代西方心理学相通的课题进行了系统的研究，但是后来由于宗教的兴起和其他因素的影响，人的心理变化活动和行为都被误认为是由神的旨意来安排和支配的，从而使得科学的心理学理论逐渐被宗教教义所取代，并在很长的一段时间内销声匿迹，直到17世纪工业革命和近代科学发展起来以后，心理学才从基督教的思维方式中脱离出来，才确定了科学的心理学理论并得以不断发展。这一时期，在英国产生了“经验主义心理学”，后来发展成为洛克和休谟所提倡的“联想心理学”，与此同时在德国产生了“理性主义心理学”，笛卡尔与沃尔夫等又将其发展成为“能力主义心理学”。从18世纪到19世纪，西方医学和生理学的发展对心理学产生了极大的影响，有一种观点甚至认为心理学的源头不应是哲学，而应是生理学。19世纪中叶随着冯特的出现，现代心理学终于诞生了。冯特出生在德国的一个牧师家庭，在休完医学与生理学课程后，他参加了一个测量神经脉冲速度的试验，在实验的过程中，他对神经系统与内心活动的关系产生了浓厚的兴趣，1879年他在莱比锡大学创立了世界上第一个心理学实验室，这个实验室吸引了来自世界各地的思想活跃的心理学学者，在西方心理学的发展过程中起到了非常重大的推动作用。冯特的理论思想完全从以前哲学式的心理学研究方式中脱离了出来，即不再依靠冥想来探索人的内在心理变化活动，而是引入了当时自然科学的研究方式，通过实验来研究人的内心变化活动，并把人的意识分为感觉，视觉，听觉，以及人的感情（好恶）浮现在脑海中的意向、观念等。这些对内心的活动进行自我观察，从而对意识进行分析的研究方式被称为“内省法”，后来冯特的构造主义心理学（着眼于对意识的分析），虽然受到了广泛的质疑和批评，但他的学生中却涌现出来许多优秀的心理学者。美国心理学家华生则提出了一套全新的心理学理论即“行为主义心理学”。

华生通过对老鼠的观察，认为人们虽然无法了解老鼠的意识，但可以把握它的行为，行为是意识的表现，是积极的机能，因此他主张心理学只需要分析人的外在行为就可以了，不必分析其内在的意识，也就是说不应该过于注重和考察客观上并不能把握的意识，而应依靠科学的测定对其表现出来的行为进行分析，华生的“行为主义心理学”对西方现代心理学产生了巨大的影响，并进一步演变发展成为对心理的活动过程（意识、期望）等进行考察的新行为主义思想理论。

华生认为心理学是纯客观的，是实验性自然科学的一个分支；心理学的目的，是为了对行为进行预测和控制；收集资料，确定法则，是为了达到两个研究目的，即对受到刺激之后会产生什么样的反应进行预测和在产生某种反应的过程中什么是有效的刺激，其主要原理如下。

心理学研究的根本目的不是心理活动而是行为，要将其定义为对人可观察行为的研究。心理学须研究和了解引起个体特有行为的周边环境状态。为了达成这个目标，研究者不是用特有的表达方式将环境与行为的关系作为发生于人的内心及其他个体内部不可观测事物来进行说明的。从根本上讲人类与其他动物没有差别，研究手段和方法也应是相同的。美国人华生提倡行为主义心理学的同时，在大洋彼岸的欧洲，德国心理学家韦特海默等人所提倡的“格式塔心理学”也诞生了。

韦特海默，生于捷克首都布拉格，在布拉格大学学习心理学和哲学，他发表了关于拟动现象的论文，反对构造主义学说，他是格式塔心理学的创始人，在德语中格式塔是指集体的意思，因此他对反映在人眼中的物体并不是像冯特所想的那样，将其分为点和线来进行认识，而是倾向于将其作为一个整体来进行把握，故在格式塔心理学理论中，人的行为并不是单纯的要素集合体，而是一个整体综合的反映，如果仅仅分析行为的各个要素，就不能将其真正地解释清楚，也就是说：在冯特和华生对意识和行为进行分析的基础上，格式塔心理学又加入了新的重视整体性的观念并认为人的感觉对外界各种各样的刺激并不是一个一个独立地进行认知的，而是将所有的刺激作为一个相互关联的整体进行认知的，不仅人的认知如此，人的记忆也有相同的特性。

弗洛伊德是奥地利的精神科医生，在维也纳修完医科课程后，先后在维也纳综合医院等处做医生，后来以精神病学家身份私人开业行医，1896 年弗洛伊德首次使用精神分裂这个词，他在精神病治疗研究等领域做出了巨大的贡献，被世界医学界誉为“精神分析学”创始人。弗洛伊德经研究发现，在人的意识中存在着一个无意识领域，并认为人的意识存在着三个层面，即主动地进行思考和行动的意识，被遗忘的“前意识”，以及平时被压抑，没有表现出来的“无意识”，所以他的理论主张，只有这种被压抑的感情和需要，才是驱使人去做某种事情的原动力，比如当人们不愿再次去回想某种悲惨的经历，就会将这次经历压抑在“无意识”之中，平时这种经历好像在记忆中彻底消失了一样，但这种被压抑的记忆，在神经错乱、过失行为或在梦中都会表现出来，而且他还强调梦是封锁在人的“无意识”中的，由另一个自我所传达出来的信息，与幼儿时期的性体验关系特别密切，这种把无意识中的东西意识化即精神分析，把压抑在无意识中的东西释放出来可以消除人的焦虑情绪，缓解神经衰弱。与弗洛伊德同一时期的学者大都认为“精神分析学”没有科学依据，但他的学说，对无意识及动机的重视对现代临床心理学等学科产生了巨大的影响。

荣格出生在瑞士凯斯维尔的一个牧师家庭，他在巴塞尔大学学习医学，对精神医学很感兴趣，后来成了苏里霍尔磁力精神病医院的一名工作人员，在这里他开始了在心理学方面的研究，他最早确立了情结概念，定义了心理学上的类型论，开创了“分析心理学”。荣格与弗洛伊德交往很深，并且在学术上相互影响。后来荣格提出了自己的学说——“分析心理学”，他将人的意识分为“意识”和“无意识”，并认为无意识非常重要，这一点与弗洛伊德的观点相同，但是在无意识的内容这个问题上，他超越了弗洛伊德，提出了自己的理论学说，他认为无意识有两种，分为“个人无意识”和“集体无意识”。

荣格所提倡的心理学，研究的并非是通过经验而获得的无意识，而是完全依靠遗传延续下来的人类共同的无意识世界，这也是其心理学理论的本质所在，另外荣格最早提出了“情结”这一概念，所谓的“情结”是一个人对某种事物不同抑制的反应，通过这种反应，可以推测出这个人内心的某种症结，对本人来说也是一种无意识，但对这个人的观念、行为和感情则有着很大的影响，多数的情结都是由感情上的创伤所引起的，与憎恨，嫉妒，厌恶，恐惧，自卑，负罪等情感相伴而生，平时情结被压抑而封闭在无意识的领域，当失去自控力时，便会导致神经功能症等问题，荣格认为，不应该压抑“情结”而应该对抗它，克服它。

西方的心理学最早起源于古希腊的哲学，一直到十九世纪中叶科学的心理学才得以诞生，从十九世纪到现在，心理学也只有一百多年的历史，但其对西方社会的影响却是深远的，目前西方国家对心理学的研究和应用范围也几乎涵盖了生活的各个层面，主要包括精神学、生理学、社会心理学、犯罪心理学、幼儿心理学、教育心理学、婚姻家庭心理学、老年心理学、社交心理学等方面，同时心理咨询和心理治疗在西方国家中，成为人们日常生活中不可缺少的一个重要组成部分。

二、心理学的研究对象

心理学研究的对象是心理现象或心理活动，包括心理过程和个性心理两大部分。

心理过程分为认识过程，情绪、情感过程和意志过程。认识过程是人脑对客观事物的现象和本质的反映过程；情绪、情感过程是人对所认识、所操作的事物的态度的主观体验过程；意志过程是指为达到预期目的并与克服困难相联系的心理活动过程。这三个过程既相互联系又相互制约。

个性心理包括个性倾向性和个性心理特征两个方面。个性倾向性是指一个人所具有的意识倾向和人对客观事物的稳定的态度，包括需要、动机、兴趣、理想、信念、世界观等因素；个性心理特征是一个人经常表现出来的本质的、稳定的心理特点，包括能力、气质、性格等因素，这种特点是个性倾向性稳固化和概括化的结果。

心理过程与个性心理相互区别又相互联系，构成一个人心理的统一体。综上所述，可以把心理学的研究对象概括为：心理学是研究人的心理活动发生、发展及其变化的规律性，研究个性心理形成和发展变化的过程，研究心理过程和个性心理相互作用的规律的科学。

三、心理学研究的意义

在企业经营中，研究心理学有两大意义：提高企业的工作效益、劳动生产率和对劳动者进行心理素质的培养、教育。其中主要的任务是掌握管理工作中个体、群体、组织的心理活动规律，从而制定出管理个体、群体、组织的科学管理方针、政策和方法，同时极大地促进领导者管理水平和领导艺术的提高，在此基础上提高企业的工作效益和劳动生产率，还有就是吸收、运用心理学的理论、方法，探讨组织中个体、群体、组织、领导的心理活动规律，说明如何通过调整人际关系、激励动机、提高领导水平和领导艺术、增强组织凝聚力等手段，来协调人与人的关系，以提高社会生产效率、合理利用人才资源和解决在生产过程中的一些心理问题。

第三节　高速铁路旅客运输心理学概述

【知识目标】

1. 了解旅客的分类和旅客心理的概念；
2. 了解高速铁路旅客运输心理学的研究对象和研究任务；
3. 了解学习高速铁路旅客运输心理学的必要性。

【能力目标】

1. 掌握心理学、旅客运输心理学与高速铁路旅客运输心理学的关系；
2. 明确学习高速铁路旅客运输心理学的意义。

【学习要求】

1. 观察生活中的心理学现象；
2. 收集高速铁路运输过程中的旅客心理案例。

【学习内容】

一、高速铁路旅客的心理

（一）旅客的分类

目前全国高速铁路旅客日流量惊人，而且成分复杂，所以，旅客的分类是一个很复杂的问题，可以从不同的角度对旅客进行分类。旅客按性格可分为有主见的或无主见的；虚荣心强的或朴实的；吝啬的或大方的；责任感强的或不负责任的；品德高尚的或品行不端的。旅客按气质可分为理智型、冲动型和情感型。旅客按能力可分为智商高的、智商低的、智商一般的，等等。然而，按照旅客的个性心理特征进行分类，不仅难以一一摸清，而且可能实际意义并没有想象的明显。所以，我们侧重于从自然构成、社会构成、旅行目的和购买动机等方面来对旅客进行分类。

1. 按自然构成分类

旅客的自然构成是指旅客的性别、年龄等不同的自然因素。如按性别旅客可以划分为男旅客、女旅客；按年龄可以划分为老年旅客、中年旅客、青年旅客、少年旅客、儿童旅客等。不同性别、不同年龄的旅客，其需求内容、方式及行为表现是有区别的。以空调的使用为例，老年旅客和青年旅客的要求就不同，特别是在可开可不开的情况下，开了老年旅客会说受不了；不开，青年旅客会找车长说："我买的是空调列车车票，为什么享受不到空调?"

即使是同一个年龄段的旅客，也会因为性别的差异、身体状况的好坏而要求不一。有些男旅客喜欢在车厢内喝酒解闷，而不愿意到车厢连接处去；女性旅客可能会因为晕车或其他原因讨厌在车厢内闻到异味，如果处理不好，就容易引起冲突。一旦他们各自的要求不能得到满足，他们就有可能投诉或以其他方式来发泄自己的不满。对于这些旅客要运用各种传播手段，切实地满足他们的需要，做到主动解决旅客困难，令多数旅客满意。

2. 按社会构成分类

旅客的社会构成指旅客的职业、经济收入、种族、国籍等不同的社会因素。如按职业旅客可以划分为工人旅客、农民旅客、干部旅客、军人旅客、学生旅客、个体工商业者旅客、文艺工作者旅客等。由于他们所处的环境不同、工作性质及文化素质不同，心理需求和行为也必然各异。

以对铁路客运产品的选择为例，处级以上领导干部、有成就的商人、赶业务的人、有钱的人就愿意选择豪华、高速及服务高档的车，而学生、农民则一般会选择价格偏低的车。

对于不同席别的旅客，要尽力满足他们的需求，做到一视同仁，让不同席别的旅客在列车上都有宾至如归的感觉。

3. 按旅行目的分类

按旅行目的，可以把旅客分成七大类。

（1）各类出差的公职人员。

（2）各类探亲人员及往返学校与家庭之间的青年学生。

（3）经商人员。

（4）外出谋职的打工者。

（5）旅游人员。

（6）国外旅游者、经商者。

（7）出席各种学术会议的专家、学者。

由于旅客出行的目的不同，其心理需求也不会相同，很少出门的打工者会希望车站和列车服务人员给他们以尊重，在他们需要帮助时不要嫌弃他们。满脑子都是"信息""谈判细节""合同条款"的商务旅客和公务繁忙的公职旅客往往喜欢"无干扰服务"，即服务人员和旅客保持一定的服务距离，当旅客不需要服务时，使其感受不到服务人员的存在；当旅客需要服务时，服务人员会及时出现在旅客面前。多年未归的华侨返乡情切，期待有人和他们分享那份喜悦与不安；因家中有急事而赶车的探亲者满心忐忑，又盼着有人分担不安与忧虑……

作为铁路运输企业的工作人员一切围绕旅客，一切为了旅客，一切服务旅客。旅客不需要服务时，乘务人员做到无干扰；需要服务时，尽量做到人性化、精细化，针对不同旅客的不同特点，开展多种多样的服务。

4. 按购买动机分类

对于铁路提供的客运产品，不同旅客的购买动机是不同的，以下介绍几种主要的动机。

1）求廉

在所有的运输项目中，选择价格偏低的，这种购买心理的拥有者主要是经济收入不高的人，如经济不发达地区的旅客、外出打工者、学生等，他们希望少花钱。

2）求名

求名是以追求名牌商品或名望为目的的购买心理，核心是显示荣耀、攀比或作为纪念。如京沪高铁刚开行时速 350 公里的动车组时，很多人都慕名前来乘坐。

3）求新

求新是以追求产品的时尚和新奇为主要目的，其核心是“时髦”和“奇特”。如许多人抱着“图个新鲜”“坐坐看是个啥滋味”的心态选择乘坐准高速列车、高速列车、磁悬浮列车。

4）求快

不管是旅游者，还是商务旅客，很少有希望在火车上多待的，一般都希望能尽快到达目的地。过去从武汉到广州单程需要近 20 个小时，开通武广高铁后，单程仅需几个小时。

5）求方便

往返于成渝两地的和谐号动车组列车，每天开行多对，运行里程仅 315 km，运行时间仅 2 小时，基本实现公交化运行，因为方便快捷，其已成为成渝两地人员出差及探亲的首选交通工具。

（二）高速铁路旅客的心理需要

为了提高高速铁路客运服务质量，铁路客运服务人员除了加强自身修养，讲究仪表和语言艺术外，还应认真研究旅客的心理需要及规律，坚持“人民铁路为人民”的宗旨，全心全意、文明礼貌、热情周到地为旅客服务。

1. 旅客的一般心理需要

不同旅客的心理需要是有差异的，按照人类需要的规律性和层次性，我们可以把旅客的一般心理需要分成三大类：天然性需要、社会性需要和精神性需要。

1）天然性需要

旅客作为人，必然有其天然性需要（主要包括生理需要和安全需要）。这是因为出门在外，首先必须保证机体的生存和健康，才能顺利进行各种活动以达到预定目的。在长途旅行中，旅客的生理需求和安全需求如果得不到满足，将是无法忍受的。旅客不仅要求车站、列车提供充足的食品和饮料，而且要求候车室、站台和车厢内环境舒适，不然就会产生不良情绪，如烦闷、焦躁不安等，从而对铁路运输企业产生不满。

2）社会性需要

旅客的社会性需要主要表现在其需要进行社会交往，需要得到别人，特别是铁路客运服务人员的尊重和理解。人人都有进行社会交往的需要，旅客也不例外，尽管他们在外的时间长短不一，但由于远离家乡和亲人，难免会有寂寞和孤独感，所以希望与接触到的人建立和谐友好的人际关系，交流感情，减轻同亲人分离的痛苦或焦虑。

尊重包括自我尊重和得到别人的尊重，旅客特别希望听到对他们的尊称，希望得到热情而有礼貌的服务以满足自己的意愿和要求，尤其是有生理缺陷或有过错的旅客，更希望得到铁路客运服务人员的尊重。

3）精神性需求

旅客的精神性需要主要有对思想、艺术的需要及对美好事物的追求。追求思想的需要指增加见闻，扩充知识面；对艺术的需要指欣赏有风格和美学价值的东西；对美好事物的追求，既包括对优秀歌曲、文娱节目的追求，也包括对铁路客运服务人员优质服务的追求，这些都会使旅客产生美的感受。

2. 旅客旅行需求的表现

1）安全心理

旅客乘车旅行最根本的需要就是安全的需要。安全包括人身安全和财产安全两个方面。每一位旅客都希望车站有良好的治安秩序，若治安不好，会使旅客提心吊胆。为保证旅行安全，旅客常综合考察自然环境状况、社会治安情况和运输工具的安全性等内容，再做出是否旅行的决定。

当亲友出门旅行时，我们祝福他们“一路平安”，这代表了出门旅行者最普通、最基本的共性心理要求。既然是“一路平安”，就是指旅客从离开家门，一直到目的地，包括旅行的全过程都平平安安。

“平安”就是不发生任何危及人身安全和财物安全的意外事故，也就是不发生人身碰伤、挤伤、摔伤、烫伤等情况，旅行中所携带的财物、文件资料保持完整，不发生任何丢失或损坏的事情。

在铁路旅客运输服务过程中，努力实现旅客旅行安全的心理要求，这是所有高速铁路客运服务人员的首要工作。铁路运输部门要加强铁路沿线、车站和列车的治安管理，从技术装备上提高运输载体的安全性，提高铁路客运服务人员对不安全因素的预测和及时处理问题的能力。

2）顺畅心理

送亲友出门旅行时，除了祝福他“一路平安”外，常说的另一句话就是“诸事顺利”，即旅行中的顺利、愉快问题，这也是出门旅行者的一个共性心理要求。

旅客到车站购票，能够顺利地买到自己需要的车票；上车时，人虽然多，但能够顺利地找到座位；在用餐时间，车站或列车上能够提供不同档次、卫生、可口的食品；车站或列车能够随时提供开水；列车在运行途中，因某些原因，如铁路线路施工、意外运行事故等而耽搁，在这些情况下，能够保证列车尽快到达终点；准备换车时，有充裕的时间赶上接续换乘的列车，等等。这些都是旅客出门旅行涉及顺畅的心理要求。

满足每位旅客的顺畅心理要求，做到时时顺畅、事事顺畅是不现实的，但是，从旅客运输服务管理的角度来说，应尽最大的努力满足旅客的需要。在为满足旅客需要而做相关工作的同时，还要做好宣传解释工作。对旅客要有良好的服务态度，遇到不能满足旅客要求的事情，要进行耐心解释，使旅客明白为什么其需要没有得到满足。在旅客旅行的过程中，由于运输部门的原因而发生的延误，影响到旅客旅行的顺利进行，旅客有权了解相关原因，运输服务人员必须把事情的真相告之旅客，让旅客心里有数，使其能够对自己下一步的行为进行计划。

3）快捷心理

随着社会的发展，人们的时间观念发生了重大的变化，高速铁路的“快捷”成为旅客的一个主要要求。缩短旅行时间，迅速到达目的地，可以节约时间，同时减少旅行疲劳。

4）方便心理

方便的需要表现在购票、进出站、上下车，以及中转换乘等方面的便捷性。“方便”要求减少旅行中的各种中间环节，达到方便的目的。旅客出门旅行，希望处处能够方便，这是一种很普遍的共性心理。

为了满足旅客的方便心理，需要采取一些措施，如售票处多开售票窗口，减少旅客排队等候时间；延长售票时间，使旅客随时都能购票。妥善设置候车室、检票口、站内通道引导牌等，减少旅客进站上车的行走距离。满足旅客的方便心理要求，其目标是使旅客感到处处、事事、时时方便，节省时间。

5）经济心理

经济心理表现在旅行需要的满足程度与所付出的费用和时间相比较时，希望在一定的需要满足程度之下，所付出的费用和时间最少，但旅客在乘车旅行中对经济性的考虑，一般是将两个因素结合在一起：一是花钱的多少；二是由谁出钱，是自己还是单位报销。

6）舒适心理

随着经济的发展，人们生活水平的提高，旅客越来越重视对旅行的舒适性的要求，对乘车环境、文化娱乐、饮食、休息睡眠等方面的要求也相应提高。这种需要的强度和水平受多种因素影响，特别是旅行时间的长短，其往往是起决定作用的因素。

7）安静心理

旅客出门旅行，离开家或工作场所，来到车站、列车上与其他旅客一起共同旅行，一直处于动荡状态中。在嘈杂的环境下，希望尽量保持安宁，减少喧哗，动中求静，这是人之常情，也是大多数旅客的共同心理需求，尤其是在人较多的候车室和车厢内，这种要求更为迫切。

要保持旅客旅行中的安静环境，一方面旅客本身要约束自己，不要大声说话、喝酒猜拳、来回走动等；另一方面铁路客运服务人员有责任加强对乘车环境的管理，有效地制止不利于营造安静环境的事件，避免旅客大声喧哗，更要避免与旅客发生口角、争吵，影响旅客休息。

心情安静与否，在一定程度上取决于人对环境的感受。一个井然有序的环境，可以使人心平气和，心情平静。这种有序性包括两个方面：一是物的有序性（例如行李架上物品摆放），二是人的有序性。另外，保持站、车等公共场所的清洁卫生也是有序性的一种表现。清洁、卫生的环境使人心情愉快，心情平静；在脏、乱、异味弥漫的空间旅行，会使人心情烦躁、郁闷，无法平静。

8）尊重的心理

受尊重是人的正当需要。每一位旅客都希望自己的人格、习俗、信仰、愿望受到铁路客运服务人员的尊重，能看到热情的笑脸，听到友善的话语，体会到铁路这个临时大家庭的温暖。

二、在高速铁路运输中旅客心理的规律性表现

在旅客旅行过程中，不同阶段，存在不同的心理活动和需求内容，因此，需要对旅客每一个阶段的心理活动进行分析，实施有针对性的服务，以保证旅客的要求得到满足。旅客乘车旅行的心理活动过程可划分为以下八个阶段。

1. 旅客动机的产生

任何一种旅行都有它的动机，主要表现为出差、旅游或探亲等。在做出旅行决定时，旅客常常对旅行的各种情况进行综合分析，可能会产生一定程度的旅行顾虑。

2. 旅行交通工具的选择

当旅客决定旅行后，就会考虑旅行交通工具的选择。旅行交通工具有火车、汽车、飞机、轮船等。旅行交通工具的选择受旅行动机、旅行者身份、旅行时间、旅行费用，以及旅行工具的安全性、舒适性、方便性、服务质量等方面的影响。

3. 购票

购票心理主要表现在两个方面。

① 购票前的心理，反映在对乘车线路、车次，以及始发和终到时间、购票时间、购票地点、购票手续、车票紧张情况等旅行信息的分析和处理。

② 购票时心理，反映在对旅行信息的进一步了解和掌握上。如希望售票窗口按时售票，有良好的秩序，排队不需要太长时间，售票员服务热情，售票准确无误，能够买到符合个人要求的乘车日期、车次、到站、座别的车票，希望有预售、送票等多种服务项目。

4. 去车站

去车站方面的心理主要包括考虑从住地到达车站所需要的时间，以及市内交通工具的选择。旅客常常担心赶不上车，所以大部分旅客总要提前一段时间到达车站。

5. 进入车站及上车

进入车站等候及上车时的心理活动表现为多种形式。

① 能否顺利进入车站。

② 希望办理物品托运的手续简单、迅速、准确；在一个地方一次能够办完所有托运手续，不必增加搬运次数。

③ 希望检票地点明显，能够方便地寻找到候车地点，希望候车场所清洁、温度适宜、空气清新、照明充足、各种指示标牌简明，广播明了、清楚等。信息不清楚时希望能一次性得到清楚、正确的回答，怕铁路客运服务人员态度生硬，回答时不耐烦、不清楚等。

④ 候车旅客多时，担心进站拥挤，希望能按时、有秩序地排队检票进站上车。

⑤ 漏乘时能得到车站方面的及时处理。

6. 车上旅行

在车上，旅客的需要表现在物品及人身安全、环境舒适、饮食、上卫生间、旅行中的消遣、对目的地基本情况的预先了解等方面。对长途旅行的旅客来讲，这些需要表现得更为明显。

① 在硬座车厢内乘车，希望能够迅速找到座位，放置好物品。希望车内卫生、整洁、不拥挤，饮水、饮食方便，铁路客运服务人员热情，能够提前通报到站站名，有一定的娱乐设施。

② 在卧铺车内乘车，希望乘车环境清洁、安静，能得到舒适的休息，旅行途中不被干扰。

③ 在餐车用餐，希望餐食卫生可口、价格适宜，也希望能够送饮食到车厢或买到其他较经济的食品食用。

④ 列车到站前，希望能够得到目的地的相关信息。

7. 到站下车及出站

旅客到达目的地车站后，会考虑托运物品的提取、城市市内交通工具的选择、饮食、旅馆等方面的问题，希望能够有秩序、迅速出站，有亲友接站的旅客，希望能够很快见到迎接的亲友。

8. 继续乘车旅行

如果旅客在到站作短暂的停留之后继续乘车旅行，其需要解决中转签证或重新购票，以及在停留地的住宿、饮食等方面的问题。

旅客在每一阶段都会有不同程度的心理活动，铁路客运服务人员必须实施有针对性的服务，以保证旅客的要求得到更高效的满足。

三、高速铁路旅客运输心理学的研究对象和任务

1. 研究对象

高速铁路旅客运输的对象是旅客，旅客的大部分时间是在列车上度过的，旅客需要铁路客运服务人员对他们的尊重与友好、文明与礼貌、热情与诚恳、亲切与关怀等良好的服务态度，这些会使旅客得到心理和精神上的满足。服务质量的含义，就是指通过服务的各项工作，满足旅客在旅行消费过程中的物质性需求和精神性需求，使被服务者满意，这正是服务质量的基本标准。旅客列车的服务质量是铁路客运服务的重要环节。提高列车服务质量的途径：一方面要加强对铁路客运服务人员的技能培训，提高铁路客运服务人员的素质和服务水平，做到随时根据旅客的需要，提供满意的服务；另一方面要充分重视旅客的心理需求，满足旅客的心理需求是提高铁路列车服务质量的重要途径。对有不同旅行服务需求的旅客，提供相应的服务，使旅客的旅行过程始终伴随着良好的心理体验，从而提高旅客对铁路列车服务质量的满意度，进而提高了铁路在运输市场中的竞争力。

2. 高速铁路旅客运输心理学的主要任务

1）了解旅客心理需求

了解旅客心理需求，要从旅客的共性心理需求和个体心理需求两个方面进行。旅客的共性心理需求即旅客的一般心理需要，前面已经进行过介绍。旅客的个体心理需求，是指不同的旅客，因个体气质、生活环境等差异而表现出的个体心理需求，具体表现为旅客旅行中的不同的需求。铁路客运服务人员必须要了解旅客的这些共性、个体的心理需求，才能在服务工作中找到旅客的关注点，并且有的放矢地采取相应的服务措施，满足旅客需求，从而提高服务质量。

2）把握旅客的心理需求

高速铁路客运服务工作，既是对旅客提供旅行服务的过程，也是满足旅客旅行心理需求的过程。铁路客运服务人员能够正确把握旅客的心理需求，是这一过程的关键因素。把握旅客心理需求，要求铁路客运服务人员，首先要有明确的思想基础，即要具备全心全意为旅客服务的思想，有明确的服务观，其次要有正确的分析和判断能力，再次要有细心、耐心的工作态度及迅速、果断的应变能力。只有这样才能处理好旅客旅行中的各种突发事件，为旅客提供优质的服务。

案例：旅客购买高铁二等座车票蹭更高等级座的心理分析

高速铁路运输中很多旅客购买的是二等座，但是经常有旅客看到更高等级座位无人，便要求坐更高等级座位。在高速铁路运输中经常会有旅客通过玻璃门大摇大摆或心怀忐忑地坐进了更高等级车厢内。针对这种现象我们可以从各个角度，对相关旅客的心理进行深入的分析。

(1) 故意蹭更高等级座的旅客的心理。

① 心里清楚，二等座，一等座，特等座，商务座是有区别的。自己心里清楚自己的身份和权利，购买二等座车票的旅客是不能坐更高等级座的，因为自己所支付的票价代表不同的资格，觉得自己去坐更高等级座是不符合规矩的，是没有资格和权利的，心里多少有所顾忌。

② 去坐更高等级座，觉得自己闯入了别人的世界。总觉得心里有点不自在，不舒坦，有点不踏实。觉得坐在更高等级座的人是一个整体，感觉他们是一堆的，担心他们会以异样的眼光看自己，担心他们会看不起自己，排斥自己，或者担心他们觉得自己不合情理地闯入了他们的地盘，占据了他们的地盘，或者，担心他们认为自己所在的层次不够，没有资格享受和他们同等的待遇。

③ 担心高铁列车上的铁路客运服务人员会指责自己，批评自己，惩罚自己，把自己赶出更高等级车厢，这是因为高铁上的更高等级车厢虽然有空位置，但不能违背规章制度，高铁列车上的工作人员就像“小警察”，治理自己这种“违规”的不良行为。

④ 虽然自己买的是二等座，但是想去体验和感受一下坐更高等级座的感觉，更高等级座的车票比二等座贵了很多，自己目前的经济实力还不足以达到不在乎车票价格而去享受更好的待遇和服务，所以自己清楚自己的身份和地位，自己的经济状况，暂时还没有资格坐更高等级座，但是心里又对比自己高一个层次的世界充满好奇和向往，想去尝试和体验一下。

⑤ 更高等级座的舒适度虽然比二等座好一点，其实身体触感的区别不是很大，重点是心理的区别，想去体验一下在“豪华车厢”被尊重和重视的感觉，去体验一下“奢华”。感受一下更高等级座的客观物理环境和人文环境与普通二等座车厢的区别。

⑥ 更高等级座车厢的空位置没有人坐，反正闲着也是闲着，不如自己坐下，充分利用资源。

(2) 旅客等待别人违规进入更高等级座车厢后，自己也紧跟着进入更高等级座车厢的心理。

① 有人做了“第一个吃螃蟹”的人，自己相当于从众，不是第一个，不用承担所引发的问题的主要责任。如果自己是第一个进去的，害怕别人的眼光会聚焦得更多一些，担心和在意他人的看法。如果已经有人这么做了，自己心里踏实一些，即使出了问题，有人和自己一起承担，多一个人和自己承担责任，一起承受他人的各种看法和异样的眼光，即“死也有垫背的”。从众，不敢独自承担责任，在乎他人的看法，希望别人为自己“开路”，默默地跟在背后，安全踏实。有人陪自己做

一样的事情，无论是否合乎情理，有人为自己做心理上的支撑，认为即使丢脸也有人陪着自己，增加自己的勇气和力量。

② 我和他（她）是一起来的，他（她）如果进去了，我一个人在更高等级座车厢外面，我会显得很孤独，很胆怯，很不合群。有人一起做任何事情，自己不孤单，不孤独，心里踏实。如果同伴已经违规坐在更高等级座了，自己一个人站在更高等级座车厢外，会显得自己“好蠢”，会显得自己很死板，很木讷，不够灵活。

（3）乘坐更高等级座旅客的心理。

① 对于一部分旅客来说，无论坐汽车，普速列车，高速列车，还是飞机都只是为了从一个目的地到达另一个目的地，也就是说，只要价格便宜一些，站着都乐意，但有些人则不是，比如一个有千万家产的老板，乘坐高铁从北京去上海谈一个大的合作项目。没有足够的休息时间，只能在路途上稍作休息，并且还要阅读客户资料进行谈判的准备。这时候，你认为他会买二等座，还是更高等级座？当自己经济实力非常雄厚时，会愿意多花费一点钱来拥有舒适、安静的乘车环境，而不愿意在二等车厢内拥挤。

② 车费可以报销，不用自己出车费，自己给单位创造的价值巨大，或者自己拥有的权利大，地位高，单位不介意为自己报销更高的车费。

③ 为赶时间。高铁的一等座等更高等级的座大部分时间都有位置。时间就是工作效率的保障，时间就是金钱，时间就是商业价值的保证，“花小钱赚大钱”。

④ 自己身份和地位比较特别，坐更高等级座可以和普通旅客隔开，保证身份不被泄露，不被他人干扰自己的工作和思绪，如影视明星、网红乘客是这类乘客的典型代表。

⑤ 坐更高等级座是给别人看的，以显示自己的身份和地位，属于工作需要，或者是炫耀自己的身份和地位、经济实力，以获得他人的尊重和羡慕，这种心理是自己内在的精神需求。

（4）更高等级座车厢旅客对二等座车厢旅客闯入者的看法。

① 对闯入者的行为，纯属看热闹的心理，客观看待，看他人身上发生的问题，自己笑笑而已，多一个聊天的材料。或者总结分析，以他人为素材，获取有价值的信息。

② 觉得对方和自己的层次不同，看得很清楚，自己的层次比对方要高一些，客观地看待两个层次之间的碰撞。分析整个社会的深层次问题。

③ 对对方做出闯入更高等级座车厢的原因和心理做出分析，以小见大，看到一些社会问题，仅仅把对方的行为和引发的相关问题作深度分析社会、了解社会的素材。没有抱有异样的眼光去看待对方，只是理性地分析。

④ 觉得自己心里有一股油然而生的满足感，因为自己的层次比较高，在对比之下，自己心里的自豪感和骄傲感凸显出来了。感觉自己有股淡淡的喜悦，精神上得到了满足。

⑤ 觉得对方的行为很可笑，对方做出了违规的事情，做出了不符合他身份的事，对方没有资格进入更高等级座车厢。

⑥ 不希望对方进入更高等级座车厢，因为他们没有支付车费，如果他们也能进更高等级座车厢，意味着对更高等级座车厢旅客的不公平，也会导致车厢鱼龙混杂、喧闹。

⑦ 理解对方，觉得车厢的位置空着也是浪费，不如让对方坐一下，对方就没那么辛苦了。

（5）铁路客运服务人员面对二等座旅客蹭更高等级座的行为，常抱有的心理。

① 每个旅客都有特定的座位，如果随意坐别人的座位，会导致高铁上的座位秩序混乱，不方便管理。也会导致买到更高等级票的人，位置被占，不知道该坐什么位置，不利于旅客的利益和权利的行使。旅客不懂规则，或者素质不高，修养不够，故意不遵守规则，自己有责任治理这些“顽固”分子，维护列车的秩序。

② 旅客应该遵守规章制度，违背了规章制度，是不道德、不合规的行为。铁路客运服务人员的工作职责就是让每一个旅客遵守规章制度，让列车上的旅客保持有序的状态，让列车正常运行。

③ 看旅客的笑话。旅客自己明明买的是二等座，却想去蹭更高等级座，觉得对方有“贪小便宜”的心理，或者对方有喜欢“占便宜”的心理，文化修养不高，个人素质不高，或者认为旅客对高铁列车的规章制度不了解，迷迷糊糊，随便坐一个位置，但那位置和旅客的身份权利不符。感觉旅客没有见识，像“乡巴佬进城”很少坐高铁列车，不了解相关的规则。

④ 高速铁路客运服务人员必须遵守自己的职责。空置的更高等级座，虽然闲着也是闲着，但高速铁路的规章就是宁愿让它闲着，也不能让没有资格、没有权利的人坐这个位置。高速铁路客运服务人员应“尽职尽责”，维护高铁的秩序，无情地把这些旅客“赶走”。若高速铁路客运服务人员工作疏忽，或者不做好自己应尽的职责，会受到上级的批评或扣减工资等经济惩罚。

⑤ 每一个位置都有特定的买到车票的人，如果现在那一个位置是空着的，有人占用了那一个位置，如果下一站拥有这一个位置车票的人上车了，那么他的位置就被占了，这样会损害旅客的利益。所以要制止二等座旅客蹭更高等级座的行为。

⑥ 如果允许和纵容二等座车厢的旅客蹭更高等级座，那么容易产生一种不良的风气，很多买二等座的旅客都会抱有“占便宜”的心理去占用更高等级座，以“较低”的价格，享受到更高品质的服务。同时，这样造成想乘坐更高等级座的旅客，也买二等座的车票，然后去坐更高等级座。这样对于以原价购买更高等级座的旅客来说，多花费了钱，但享受一样的待遇，不公平。所以从公平的角度来说，不能纵容二等座的旅客占据更高等级座。

⑦ 对方只是坐一下更高等级座，那座位反正闲着也是闲着，即使对方蹭了更高等级座，又没有直接性地损害其他更高等级座旅客的利益。睁一只眼，闭一只眼，遇到“麻烦”的旅客，刁难自己更是不“划算”，所以容许二等座旅客坐在更高等级座上。

高速铁路设置不同等级座的原因。

① 旅客的层次不同，需求不同，不同等级座满足不同层次的人的需求。

②“产品的多样化”，丰富产品的可选择性。为旅客提供了不同的选择，在舒适度和经济及其他附加值之间做对比，有了参考系和参照物使旅客能更直观地了解产品的价值。也能让旅客确定自己的选择是否和自己的经济状况和需求相匹配。

③ 给予特殊人物更优质的待遇。给高层次的人一种尊贵的感受，在对比之下给人一种心理上的附加价值。

四、学习高速铁路旅客运输心理学的必要性和意义

有很多东西，没有贵不贵之分，只有值不值之分。旅客目前的状态是处于满足自己基本的生理需求层次，还是已经达到了追求精神需求层次？因此深入了解旅客心理，才能更好地为旅客服务。

研究和掌握旅客在旅行过程中的心理活动，探索旅客在站、车各个环节和各种旅行环境中的旅行心理及其规律，其根本目的是提高服务质量，而服务质量的提高又在很大程度上取决于铁路客运服务人员的个人素质和铁路运输企业的整体管理水平。具备和运用旅客运输心理学知识，可以更好地了解旅客的心理需要，改进铁路客运服务人员的服务方式，科学地组织各种服务措施，最大限度地满足旅客乘车旅行的需要。加强旅客运输心理学研究的意义，具体体现在以下方面。

（一）提高客运服务工作的主动性

一切客观事物都有它自身的发生、发展规律，人们如果能够正确认识和掌握客观事物的规律，按照客观规律办事，就会使自己的工作处于主动地位，旅客运输服务工作也是如此。例如，通勤职工的乘车习惯是掐点来上车；短途旅客总是要到接近开车时，才买车票；旅客上车后，急于找座位；下车后，旅客却又匆匆忙忙想先出站；农民旅客不常出门，对旅行信息了解得少，喜欢询问；青、少年旅客喜欢在车站候车厅、车厢内走动，等等。这些是一般旅客的正常心理活动，对这些心理活动观察多了，可以总结出旅客旅行的心理规律。

旅客出门乘车旅行出现的心理活动，是旅客在旅行过程中各种需要的综合反映。铁路客运服务人员如果不了解服务对象的旅行心理需要，不掌握旅客的心理活动规律，就难以按旅客需要去办事、提供服务，甚至会发生违背旅客需要的事情。如旅客希望站、车有良好的秩序，而站、车却管理不善，环境不佳；旅客想购买直通客票，一票到家，但车站只出售到列车终点站车票；旅客希望到餐车就餐，而餐车只供应盒饭到车厢等。这样做，虽然也是服务，但效果却不好。反过来，铁路客运服务人员如果能够了解旅客心理，认识并掌握服务规律，尽可能按规律办事和服务，情况就会不一样，例如：列车处于超员状态时，铁路客运服务人员从体贴旅客旅途中的困难着想，主动地想办法为无座旅客排忧解难，组织动员旅客两人座席坐三人，三人座席坐四人，劝导搭边坐、换坐、轮流坐，送超员凳等；对临时患病旅客主动送水、送药，帮助做好临时处置，解除旅客患病的痛苦；考虑炎热气温下旅客的心情，主动采取降温措施，调低空调温度，做好上水、送水工作等。这些工作都是从旅客的角度着想的，体现了客运服务工作的主动性。

由于一切事物都在变化中，当旅行环境、旅行条件发生变化时，旅客的旅行心理也会随旅行的进行而发生变化。铁路客运服务人员对这些心理状态的变化，要做到及时掌握，使得自身的服务工作更主动、更灵活，而且还能防止旅行中意外事件的发生。如旅客不慎在车上丢失财物，又着急、又生气、又惊慌，甚至产生轻生念头，这时如果铁路客运服务人员一面帮助旅客查找、报警，一面进行安慰、劝导，就能防止不测情况的发生。又如当列车晚点时，旅客常要询问晚点的时分和原因。晚点时间越长，对旅客心理冲击越大，这时铁路客运服务人员主动地做好安抚工作，可稳定旅客情绪，铁路客运服务人员还要注意到站时间以便及时打开车门，让旅客安全乘降。

（二）提高客运服务工作的针对性

铁路客运服务人员应掌握旅客心理，探索服务规律，主动地为旅客服务，但只做到这些还不够。由于铁路客运服务人员人数有限，不可能满足所有旅客表现出来的和潜在的所有的需要，因此客运服务要有重点、有针对性地对重点旅客提供使其满意的服务。重点旅客有时是一目了然的，如一位跛脚老人独自出门，客运服务人员应该把他作为重点旅客，扶持其上、下车，帮助他找到座位等。大多数重点旅客需要铁路客运服务人员对他们的行动进行细心的观察，才能了解他们的心理和旅行需要以提供有针对性的服务。

有些铁路客运服务人员，为旅客服务很勤快，也很主动，但提供的服务由于没有针对旅客的需要，结果事与愿违。例如希望在旅途中能够安静休息的重点旅客，其心理状态是不愿有人去打扰，如果铁路客运服务人员总去问长问短，就会引起他的反感。所以，服务工作不一定是“越主动越好，越勤快越好”，还要讲究针对性，这样才能够收到事半功倍的效果。

掌握旅客心理，探索服务规律，提供有针对性的服务，比一般性服务的难度要大。例如患病旅客通常是希望铁路客运服务人员对其多加照顾，但有的旅客想在列车上找到医生抓紧治疗，有的旅客想在前方较大的车站下车去医院治疗，还有的希望到达目的地车站后再治疗。如果不掌握旅客心理，把不想中途下车去医院的送下车，或把想中途下车的留在车上，服务效果就会适得其反。

有针对性地进行服务，是主观努力和客观需要一致的服务，即把服务工作做到“点”上。实现有针对性的服务，必须了解、掌握旅客的心理需求。有的铁路客运服务人员通过细致的观察，了解到坐在靠窗座位的旅客进出不方便，所以专门给他们送一次开水。这种有针对性的服务，就是优质服务的标志。

在掌握旅客共性心理需要的同时，又要掌握个性心理需要。例如，同样买卧铺，不是每个旅客都要下铺；南、北方人同进餐车用餐，也不一定南方人专爱吃甜食、米饭，北方人全要面食。所以，提供有针对性的服务，要求铁路客运服务人员细致地了解与掌握旅客心理，包括共性心理和个性心理。

（三）提高客运服务工作的周到性

服务周到与否是相对而言的，既受旅客旅行心理需要满足水平要求的影响，又受环境、条件、时间等因素的制约，很难有具体的衡量尺度，或者一个统一的标准。从概念上讲，能够实现客运工作标准的要求，能够最大限度地满足旅客旅行中的心理需要，也就可以称作是周到的服务。

铁路客运服务人员在丰富的服务实践中，已经积累和创造了一系列的服务经验，这些经验都是从了解和掌握旅客在旅行中的心理需要出发，按照服务规律，周到地为旅客服务的方法的总结。

随着时代的发展，人民生活水平的日益提高，旅客旅行心理也会随之变化。如旅客希望铁路提供多功能、多层次的服务，改革原有的服务方式。许多车站为适应新时期旅客旅行的要求，提供周到服务，已经开展了在非铁路沿线的城镇开办售票点，办理行包承运和接送业务等。有的中间站，居民住宅区在车站一端，或在车站站舍的背面，旅客下车后，按规定应从正面进、出站口进出站，但旅客的心理是出站到家，越近、越方便越好，于是下车后总是想从车站两头走，或者横越铁路线路。为适应旅客的这种心理要求，有的车站根据客观条件的可能，在车站靠居民住宅区的一端或车站站舍的背面一侧，设立出站口，有计划、有管理地组织旅客从车站两端走或从背面出口出站，这既能满足旅客的要求，又保证了旅客的旅行安全。

由于我国目前铁路运能与运量仍存在一些结构性矛盾，在旅客运输中还有许多问题满足不了旅客的要求，这是客观事实。如春运期间，一票难求，托运行包，常遇到停、限办的限制等。实质上，这些都是服务不周到的反映。面对这种现实状况，客运部门要尽力去做能够做到的，实在做不到的，也要做好耐心、热情的解释工作以弥补服务不周到的缺憾。

（四）树立铁路客运服务人员正确的服务观

实现文明服务，礼貌待客，最根本的是铁路客运服务人员要有正确的服务观，要对旅客有感情，才能在日常的服务工作中积极了解和掌握旅客的心理活动，了解旅客的困难，理解旅客“出门难”的心理状态，急旅客之所急，忧旅客之所忧，成为旅客的贴心人。有了正确的服务观和主动服务的思想，才能更好地为旅客服务。为使铁路客运服务人员建立正确的服务观，铁路运输企业要对铁路客运服务人员的心理有细致的了解，并实施有针对性的心理管理。

有些铁路客运服务人员主观上也想为旅客服务，但旅客问询多了嫌麻烦；旅客无意识地违反了有关规章制度，就对旅客横加责难；车票售完后，旅客询问车票的情况，不予理睬等。所有这些，从反面说明铁路客运服务人员如果不注意了解旅客的心理活动，就不能体谅旅客在旅行中的困难。与旅客之间的感情若建立不起来，文明服务、礼貌待客就成了一句空话，所以，加强旅客运输心理活动的研究，掌握旅客心理，探索服务规律，能够加深铁路客运服务人员和旅客的感情，从而促进服务者与被服务者之间的相互理解与支持，把服务工作做得更好。

（五）提高客运管理工作水平

客运管理工作是为旅客提供优质服务的基础。提高客运管理水平，必然会促进文明服务程度、礼貌待客程度的提高。

做好客运管理工作，提高服务质量，除了采取现代化的管理手段，更重要的是要体现全心全意为旅客服务的精神。一切客运管理方法、制度、措施、标准等的制定，应该依据国家的方针、政策、规章，同时应充分考虑站、车的实际条件和旅客的需求。因而了解与掌握旅客在旅行中的心理需要，探索服务规律，对照自己的服务工作，考查有待改进的部分，就会成为提高客运管理工作水平的重要依据。

根据旅客心理活动改进旅客运输各方面的管理工作，才能有效地提高客运服务质量。如车站售票窗口工作时间的安排，应考虑各站客流规律及不同类型旅客的心理要求而制定；餐茶供应应根据站、车所吸引的不同结构的旅客心理要求和站、车的实际条件，确定供应品种、方法。运输服务企业应根据站、车的客流规律、旅客心理需求去安排候车、检票、上车，以及问讯、签证等各方面服务的组织工作。

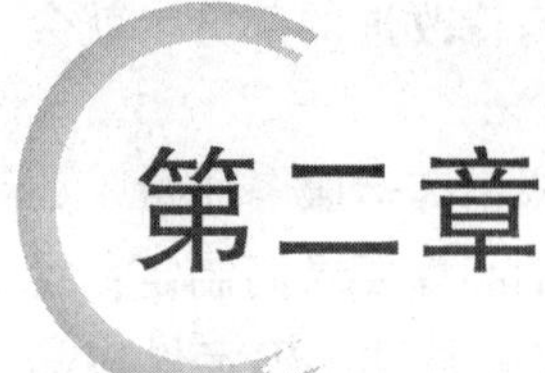

第二章

高速铁路旅客运输心理学基础

【导读】高速铁路旅客运输心理学就是从高速铁路运输企业角度出发，研究旅客乘坐高速铁路旅行过程中的各种心理活动及其规律，以及高速铁路客运服务人员在客运服务过程中的心理活动及其规律，以对旅客和高速铁路客运服务人员实行有效的管理，进而通过高速铁路客运服务人员为旅客提供优质的服务，提高高速铁路运输企业的市场竞争力。本章主要介绍高速铁路旅客运输心理学的基础理论，以及心理过程和个性心理的一般性认识。

第一节　高速铁路旅客运输心理学的基础理论

【知识目标】

1. 了解人的本质及其行为特征；
2. 了解心理过程与个性心理的关系；
3. 了解群体的特点并按不同的标准对群体进行分类；
4. 了解各种管理学理论。

【能力目标】

1. 能够根据人的行为分析其行为的目的；
2. 能够结合群体特点提供个性服务；
3. 能够掌握与服务群体沟通的技巧；
4. 能够熟悉服务对象的心理活动规律及其个性心理特征。

【学习要求】

1. 具有良好的服务意识；
2. 具有通过旅客或旅客群体的行为特征分析其个性心理的能力；
3. 具有从心理学、管理学的角度出发研究旅客心理特征的能力。

【学习内容】

高速铁路旅客运输心理学的研究对象是人。人的本质与行为规律是什么，这是人为学研究的对象；人的行为规律受人的心理活动规律支配，心理活动规律是心理学研究的对象；人的心理活动规律表现在旅行过程中，如何适应人的心理活动规律，有效地组织运输企业的工作，满足旅客的需要，这又是管理学所研究的对象；将心理和管理有机结合在一起，实行科学的管理，充分调动高速铁路客运服务人员的工作积极性和创造性，这是管理心理学所研究的对象。旅客运输过程中旅客作为消费者，接受运输服务，研究其消费心理，对于旅客，可提高消费效益；对于运输企业，可提高经营效益。高速铁路旅客运输心理学的基础理论主要有人为学、心理学、管理学、消费心理学、管理心理学五部分。

一、人为学基础理论

人为学也称行为学，是研究人的哲学，即研究人的本质与行为规律的学问。人为学作为一门学科，主要研究三个方面的内容：一是人的本质，二是人的行为，三是人为学说探讨。旅客运输心理学研究的对象是人，因此其与人为学说有密切的联系。

（一）人的本质

1. 关于“人是什么”的问题

越是司空见惯的事物，对其内在意义的认识越容易被忽略。“人”的定义，看起来很简单，其实在“人”这个词中包含了许多深刻的含义。

关于“人是什么”的问题，既古老又新颖，既平常又深奥。许多哲学家、社会学家、科学家提出了种种见解，但都各执一词，没有从本质上给予回答。马克思和恩格斯揭开了“人是什么”之谜。

2. 马克思主义关于人的本质的理论

马克思主义吸取了人类思想史上的文化成果，在唯物史观的基础上，提出了关于人的本质的科学论断。马克思主义反对抽象地理解人的本质，主张从现实的、具体的角度去理解人。他认为在考察人的本质、理解人时的出发点是处在现实中的、可以通过经验观察到的、在一定条件下进行的发展过程中的人。马克思主义得出了人的本质的科学论断：“人的本质并不是单个人所固有的抽象物。在其现实性上，它是一切社会关系的总和。”这一马克思主义关于人的本质问题的经典表述既是对人的本质的科学论断，也为考察人的本质提供了科学的思维方法。

在人的本质问题上，马克思主义从历史的、社会关系的总和方面去考察人的本性。

1）人是社会关系的总和

马克思说："人的本质并不是单个人所固有的抽象物。在其现实性上，它是一切社会关系的总和。"这是对人的本质问题最科学、最深刻的说明。这个论断的根据表现在以下两个方面。

（1）生产劳动、语言、思维，是人特有的属性，是人区别于动物的依据，是人的社会性的重要表现。在劳动过程中，人以意识为指导，有目的、有计划地改造自然界。在人活动的过程中，人必须结成一定的社会关系，即一定的经济关系，才能实现人类在自然界求生存和发展的目的。经济关系是其他一切社会关系存在、发展的基础。对于生产劳动，不论是它的形式（经济关系），还是它的内容（社会生产力），都是社会特有的。这种社会性是人的本质的一个方面，或一个层次。语言是人类交流的工具，是在生产劳动过程中产生和发展的。思维是语言的内容，语言是思维存在、传播的具体形式。

（2）生产劳动、语言、思维相结合，形成了人类特有的主观能动性。在劳动中，借助语言的思维形式反映事物的内在一般属性，尤其是事物存在和发展的规律性。人类正是在思想指导下，通过语言协调人们的行动，以改造自然和社会。

因此，人具有自然属性和社会属性两个方面的表现。这两种属性客观存在，但不是同等重要，不是平行发展的。人的自然属性受人的社会属性的限制。作为人的本质的社会属性的内容是十分复杂的，除生产劳动、语言、思维外，还有民族国家关系、家庭婚姻关系、同事同乡关系、宗教信仰关系，等等。在阶级社会中，人的社会属性还存在着阶级关系。

2）人的本质是一个历史过程

人类所处的各种社会关系不是永恒不变的，而是一个历史过程。生产劳动是人类产生、存在的基础，生产劳动的发展是人的本质发展的基础。随生产劳动的发展，人所处的经济关系在不断地发展变化。随社会经济关系的变化，人类的其他社会关系也在改变。

3）人的本质不是永恒的

俗话说"江山易改，本性难移"，这句话的意思是说：人的本质是稳定的，但不是绝对不变的，只是难以改变而已。"本性难移"不是不能移。一个人呱呱坠地，就加入到一定的家庭关系、民族关系、经济关系、阶级关系之中。当他背起书包进入学校，他又有了师生关系、同学关系。当他走出学校参加工作时，他又有了同事关系、上下级关系。各种关系的变化。影响并导致人的本质的变化。

在我们的日常生活中，常听到这样一句话，某人一当官就和从前不一样了。产生不一样的原因主要有两个：一是自我感觉不一样。原来只是一名普通的社会个体、职工，按与绝大多数人相同的生活方式和工作方式生活和工作。当他当官后，他进入少数人的阶层，他的工作方式改变了，他要按他的职位要求去工作，使他时刻想到自己是一个官。好的官会想到为人民服务，起到表率作用；不好的官，他会常想到自己的权力，以及如何运用权力。这样，使他产生和从前不一样的感觉。二是他人感觉不一样。对于每一位领导，都有一个社会期待，社会希望他能具有某种能力水平，达到一定的目标。人们会对领导提出与普通职工不同的要求。从这一问题中可以看出人的本质是可以改变的。由此可以延伸出，随着人们地位的提高、生活水平的提高、精神素质的提高对运输服务的要求也不一样。

马克思主义主张，人的本质是历史的、发展着的各种社会关系的总和，这是有充分历史根据和现实根据的科学的关于人的本质的理论。

（二）人的行为

1. 关于人类行为

从心理学的角度看，人的行为起源于脑神经的交合作用，综合形成精神状态，即所谓的意识；意识表现于动作时，便形成了行为，而意识本身则成为一种内在行为。

人类行为是有共同的特征的。不管男女老少，属于何种社会阶层，以及任何时代、任何种族的人类，有其不同于其他动物行为的共同点。综合各种研究的结果，人类行为特征至少有以下几个方面。

（1）自发的。人的行为是自动自发的。外力能影响人的行为，但无法发动其行为。外在的权力、命令无法使一个人产生真正的效忠行为。

（2）有原因的。任何一种行为的产生都是有一定原因的。行为同人的需求有关，还同该行为所导致的后果有关。就需求来说，人们的行为受他自己的需求所激励，而不受别人认为他应该有的需求所激励。对于旁观者来说，一个人的需求也许是离奇而不现实的，但对这个人来说，这些需求恰恰是处于支配地位的。

（3）有目标的。人类行为不是盲目的，它不但有起因，而且有目标。有时，在旁人看来是毫不合理的行为，对其本身来说却是合乎目标的。

（4）持久性的。任何行为在目标没有达成以前，是不会终止的，它也许会改变方式，例如由外显行为转为潜在行为，但总是不断地向着目标进行。

（5）可改变的。人类为了达到目标，不仅常改变行为方式，而且能经过学习或训练而改变行为的内容。这与其他受本能支配的动物行为不同，人类的行为具有可塑性。之所以人类的行为具有这些特征，是因为人类的行为都是有动机性的行为。

研究人的行为的共同特征，对探索动机的规律、心理活动的规律，是有很大帮助的。

人的行为的基本单元是动作，所有的行为都是由一连串的动作所组成的。管理工作的重要任务之一，就是要了解、预测与控制一个人在什么时候从事什么动作（动作的发生）；同时要了解是什么需要和动机能在某一特定时间唤起某一动作。

2. 行为种类

行为的种类很多，可以从不同方面对其分类。

1）按行为主体的不同分类

（1）个人行为（包括个人的生长、发育、学习、意见等行为）；

（2）团体行为（包括团结、互助、合作、友好、谅解、默契、分歧、对抗、破坏等行为）。

2）按人类活动领域的不同分类

（1）管理行为（包括计划、组织、领导、激励、控制、决策、预测等行为）。

（2）政治行为（包括选举、公务、行政、民族团结、国际关系等行为）。

（3）社会行为（包括社会控制、社会变迁、社会要求、社会保险、社会文明、社会进步、社会发展等行为）。

（4）文化行为（包括文化艺术活动、教育活动、体育活动、学术研究等行为）。

（5）战争行为（包括思想战、心理战、谋略战、团体战、情报战、宣传战、军事战等行为）。

3. 研究人的行为的目的

研究人的行为规律，需要运用心理学、社会学、生理学、伦理学等学科的原理，对个人行为，人群关系和人的积极性进行研究，总结规律性认识。

人为学主要是研究人的行为激励问题，提供激励的各种途径和技巧。人为学研究的主要内容和目的，可概括为以下几个方面。

（1）研究人类行为产生的原因，目的在于激发动机，推动行为。

（2）研究人类行为的控制与改造，目的在于保持正确的行为。

（3）研究人与物的配合，如人机工程，目的在于提高劳动生产率和经济效益。

（4）研究人与人的协调，如人际关系，目的在于创造一种良好的激励环境，使人们能够持久地在激励状态下工作，保持饱满的情绪、高涨的兴趣、十足的干劲、舒畅的心情，主观能动性得到充分的发挥。

总之，研究人的行为的目的在于调动人的积极性。

二、心理学基础理论

心理学是旅客运输心理学的主要理论依据。要想做好旅客运输中各种人的工作，预测行为的规律性，首先必须了解和掌握人的心理特征、心理活动及其规律性，因此，心理学对一切社会实践均具有普遍的指导意义。

（一）关于心理学

心理学是一门研究人的心理现象及其规律的科学。在很长一段时间，心理学从属于哲学范畴。随近代哲学思想和生理学研究的进步，尤其是19世纪以来，自然科学的迅速发展，特别是生物学的发展，为心理学的研究积累了大量有关人体的知识。医学在神经系统研究方面的巨大成就，为心理学的研究提供了科学依据。这些学科的研究成果促成了关于“心理是人脑的机能”的理论的产生，为心理学的创立奠定了基础。1879年，德国生理学家、哲学家冯特，继承了相关心理学的研究成果，在莱比锡大学创办了第一所心理学实验室，对各种心理功能进行系统的研究，从而使从属于哲学范畴的心理学分离出来成为一门独立的科学。这是人类社会历史发展的必然结果。

20世纪中期以来，心理学有了极大的发展，这是因其学科特点所决定的。心理学在其自身发展中的一个最突出的特点就是它最容易与邻近学科建立联系，并向一切与之相联系的学科渗透和结合，因此，心理学的发展之快，分支之多，服务领域之广，是其他任何一门学科都难以比拟的，其中有许多分支的研究成果为行为科学的发展提供了理论来源。

（二）心理现象

任何一门科学都有其特定的研究对象和探索的领域，心理学研究的对象是人的心理现象。人们在生活实践中与周围环境、事物相互作用，必然有这样或那样的主观活动和行为表现。这就是人的心理现象，简称为心理。

人的心理是由心理过程和个性心理两大部分组成的。心理过程和个性心理是人的心理活动的基本形式，也是人的心理表现的重要方面。

1. 心理过程

心理过程即人的心理活动过程，它是在人脑中发生、发展和完成的。人的心理过程就其性质与功能的不同，分为认识过程，情绪、情感过程和意志过程三个既有区别又有联系的过程。

（1）认识过程。认识过程是人接受、储存、加工和理解各种信息的过程，即人脑对客观事物的现象和本质的反映过程。人的认识过程是从感觉开始的。

（2）情绪、情感过程。人们在认识客观事物的过程中，绝不会是无动于衷的，或是淡漠无情的，而总是持有一定的态度和倾向，产生某种主观的体验，如喜、怒、哀、乐、爱、憎、恶、惧等，这些均属人对各种不同事物的态度和体验，人对所认识或所操作的事物的态度的主观体验过程就是情绪情感过程。

（3）意志过程。人不仅能对客观事物进行感受和认识并产生情绪和情感，还能根据对事物的认识和在情感的激励下，进行有意识的变革客观环境的活动。人类不仅能认识世界，还能改造世界，这是人与动物的根本不同之处。

人在认识和改造世界的活动中，总是带有一定的目的性。为实现既定目的又要想方设法去战胜各种困难。这种为改造客观事物而提出目标，制订计划，选择完成计划的方式、方法，坚持不懈地努力，克服各种困难，以达到预期目的的活动叫作意志行动。为达到预期目的并与克服困难相联系的心理活动过程即为意志过程。

认识过程，情绪、情感过程和意志过程都有各自发生、发展和完成的历程，并且在它们之间还存在着一定的时间延续，故称为心理过程。

认识过程，情绪、情感过程和意志过程所构成的心理过程及其相互联系、相互制约的关系是心理学研究的重要内容之一。

2. 个性心理

人的心理活动不仅有各种各样的心理过程，而且在具体人身上产生时，还表现出各个人的特点。这些不同的特点构成了人与人之间在心理上的差异，称为个性差异。个性差异主要体现在两个方面：个性倾向性和个性心理特征。

（1）个性倾向性。个性倾向性又称个性心理倾向性，是指一个人所具有的意识倾向和对客观事物的稳定的态度。它是人从事各项活动的基本动力，决定着人的行为的方向，其主要包括需要、动机、态度、兴趣、理想、信念、世界观。世界观在个性倾向性各成分中居于最高层次，决定着人的总的心理倾向。心理倾向在个性倾向中，随一个人的成熟与发展的阶段而不同。在儿童期，支配其心理活动与行动的主要心理倾向是兴趣；在青少年期，理想上升到了主导的地位；到青年晚期和成年期时，人生观和世界观支配着人的整个心理与行动，成为起主导作用的心理倾向。

（2）个性心理特征。个性心理特征是一个人身上经常表现出来的本质的、稳定的心理特点，这种稳定的心理特征是个性的心理倾向稳固化和概括化的结果。个性心理特征包括能力、气质和性格。

总之，心理学研究的对象包括两个方面：心理过程和个性心理两个方面。心理过程和个性心理是相互联系而密不可分的。一方面心理过程是个性形成的条件和表现，如果没有对客观事物的认识，没有对客观事物的情绪、情感，没有对客观事物的积极改造的意志行动，人的个性是难以形成的；另一方面，已形成的个性特征又可以影响和制约心理过程的进行，并在心理活动过程中得到表现。如具有不同兴趣和能力的人，对同一事物的认识及解决问题的水平常常是不同的。性格不同的人，在处理同样问题时，常常表现出不同的行为特点，有的人迅速果断，有的人犹豫不决。因此，人的心理过程和个性心理是一个既有区别又有联系的统一整体。要深入地了解人的心理现象，真正掌握人的心理全貌，必须考虑到人的心理活动的整体性，并从心理活动的整体性上加以考察和研究。

3. 心理现象与行为

行为是指人的反应系统，它由一系列反应动作和活动构成。有的行为表现得很简单，而有的行为表现得很复杂。

行为总是在一定的情况下产生的。刺激是引起行为的内、外因素。在人类行为中，语言刺激具有重要的意义，通过语言发布命令，可支配别人的行为，也可进行自我调节，使行为服从预定的目的。

行为不同于心理，但又和心理有着紧密的联系，引起行为的刺激通常通过心理的中介而起作用。人的行为的复杂性是由心理活动的复杂性引起的。同一刺激可能引起不同的反应，不同刺激也可能引起相同的反应，其原因就在于人有丰富的主观世界。主观世界的情况不同，对同一刺激的反应是不一样的。

心理支配行为，又通过行为表现出来。一个人的视觉和听觉能力，是通过他对微弱光线和声音反应表现出来的；一个人的记忆，是通过他运用知识和开展活动表现出来的；一个人的情绪和情感，是通过面部的姿势和表情表现出来的。心理现象是一种主观精神表现，看不见，摸不着，而行为具有明显的外在特点，它可以应用客观的方法进行测量。由于行为表现了人的心理活动，因此，可以通过观察和分析行为，来客观地研究人们的心理活动。通过对行为的客观记录、分析和测量来揭示人的心理现象的规律性。

（三）群体心理

1. 群体的含义与分类

1）群体的含义

群体是指由于某些相同的心理、社会原因，以特定的方式组合在一起进行活动，且相互制约的人群或人的共同体。群体具有以下特点。

（1）群体成员具有共同的社会需要或目标，不管他们是否意识到这一点。

（2）群体具有某种结构形式，使成员处于一定的关系之中，从而保证经常地相互接触以保证共同任务的完成。

（3）群体具有自己的规范与心理倾向，并对成员发挥影响或制约作用。

集体是为了实现有公益价值的社会目标、严密组织起来的有纪律、有心理凝聚力的群体。集体具有以下心理特征。

（1）有达到目的的指向性。

（2）与上述指向性结合在一起的团结性。

（3）在交往中的集体主义与同志关系。

（4）保卫集体利益的组织与纪律性。

集体是群体的最高形式，有些群体可能是集体，有些群体始终没有成为集体。

2）群体心理与个体心理

个体和群体是相互区别而又相互联系的实体，群体由个体组成，个体离开群体就会失去他的社会性，甚至难以生存。但是，群体不是个体简单的总和，它有自己的特征与质的规定性，因此，群体心理与个体心理表现为相互区别、相互联系、相互制约的关系。如果没有个体心理就不会有群体心理，离开群体心理，个体心理也会失去重要的来源。

3）群体的分类

群体可以根据不同的标准去划分。

（1）按规模划分，群体可分为大型群体、中型群体和小型群体。

大小是相对的，从社会心理学的角度对大小的划分提出了一个标准，这就是群体的成员之间是否有直接的、面对面的接触和联系。凡是群体成员之间有直接的、面对面的接触和联系的群体是小型群体；而大型群体的成员之间只是以间接的方式联结在一起。

由于小型群体中人与人之间有直接的接触，人们能建立起情绪和心理上的联系。相对来讲，在小型群体中的人的心理因素的相互作用大于大型群体中的作用。小群体的特点表现为：人数不多；群体成员之间有直接的个人交往和接触；群体成员由共同的活动结合在一起；群体成员之间发生感情上的相互关系；成员的行为受群体中形成的规范所调节。

（2）按社会的规定性划分，群体可分为正式群体和非正式群体。

正式群体是指由正式文件明文规定的群体，成员有固定的编制，有规定的权利和义务，有明确的职责分工。

非正式群体没有正式规定，成员之间的相互关系带有明显的情绪色彩，以个人之间的好感、喜爱为基础，群体成员之间也有一定的结构和规范。

在正式群体内存在非正式群体，非正式群体的成员可能分别隶属于不同的正式群体。因此，非正式群体会从不同侧面影响正式群体的活动。

（3）按群体发展水平和成员之间关系的密切程度划分，群体可分为松散群体、联合群体和集体。

松散群体是指人们只在空间和时间上结成群体，在群体成员之间没有共同活动的内容、目的和意义。

联合群体是松散群体进一步发展的结果，参加这种群体的成员有共同的活动目的，但这种共同活动都只具有个人意义，活动的成败直接与个人利益有密切的关系。

集体是群体发展的最高形式，它是成员结合在一起，从事共同的、具有个人意义和社会意义的活动。真正的集体应兼顾个人、集体和整个社会的利益。

2. 群体对个体的影响

1）群体对个体影响的手段

（1）规范。群体规范是指群体所确立的行为标准，它规定了对其成员行为可以接受和不能容忍的范围。群体规范的形成受模仿、暗示、顺从等心理因素的制约。群体存在的重要条件之一是他的一致性，这表现为群体成员行为、情绪和态度的统一。在群体成员相互作用的条件下，会发生一种彼此接近、趋同的过程，这是由于相互模仿，受到暗示、表现出顺从所造成的。

（2）舆论。舆论是群体中占优势的言论与意见，它与一定的群体规范相联系，是群体规范的表现形式。规范由舆论加以支持，并对群体成员行为具有约束力。舆论与规范共同对群体内的成员产生制约作用。

（3）压力。当一个人在群体中与多数人的意见有分歧时，会感到群体的压力，压力迫使群体成员改变自己的行为。

（4）凝聚力。凝聚力是指一个群体具有的使其成员愿意留在群体中的吸引力。使他们以群体为自豪，有共同的看法、共同的感情、统一的步调，表现出对群体的忠诚。凝聚力的大小与个体心理发展水平、个体的个性特征、群体舆论与规范及压力等方面有关。凝聚力有积极的一面，也存在消极的方面。

（5）心理气氛。心理气氛是群体中占优势的人们的某些态度与情绪的综合表现，它有积极的一面，如群体的和谐、欢乐、严肃、紧张而有秩序；也有消极的一面，如群体的敌意、喧嚣、苦恼、烦闷而杂乱无章。它的存在给群体生活染上一层特有的色彩，作为一种社会条件影响每一个群体成员的心理和行为。一般来讲，符合群体中比较一致的观点与共同需要的事物，大多能引起积极的、舒展的心理气氛；与群体的观点与需要相抵触的事物，则容易引起消极的、沉闷的心理气氛。

（6）士气。士气是当群体成员去完成共同任务时所显示出的积极的态度与高涨的情绪，由这种精神状态所构成的总气氛，对行为具有很大的促进作用。例如，有光荣传统的部队，它的战斗力特别强。有一种说法，“姑娘在场，小伙子干劲儿高”。这说明士气的高低与群体以往的经历和人员的构成有关。应注意对群体光荣传统的宣传及人员的搭配、组合，以便提高群体成员的工作士气。

2）从众行为

从众行为是指个人在群体中，因受到群体的影响和压力，在知觉、判断及行为上倾向于与群体中多数人一致的现象。

根据内外两个层次和是否从众，可把从众现象划分为四种情况：表面从众，内心接受；表面从众，内心拒绝；表面不从众，内心接受；表面不从众，内心拒绝。个人是否易于从众主要取决于情境因素和人格因素。

（1）情境因素从以下六个方面对从众行为产生影响。

① 事情的性质。问题复杂、情况不明、判断缺乏标准时，人容易从众，这与人对信息的掌握有关。多数情况下，人们对外部环境及自己本身的信息的获得均主要来自他人，并倾向于相信他人提供的知识和信息会对自己有帮助，这就容易使人产生遵从他人意见和效仿他人的行动，而不做出自己的判断。

② 群体的声誉。如果群体为人们所认同且大家乐于加入该群体，这一群体中的个人行为容易出现从众现象。

③ 群体人员的成分。如果认为多数群体成员的地位与能力高于自己，则容易使自己放弃己见，出现从众行为。

④ 群体的凝聚性与一致性。群体成员凝聚力高，个体在其中易从众，如果群体经常一致反对某一个人的意见，则此人容易屈从；群体内持不同意见的人若有同伴支持，就会降低他的从众性。

⑤ 群体的情绪气氛。群体多数成员对与大部分人有不同看法的人，持不能容纳的态度，甚至公开威胁，造成气氛紧张，而对顺从者赞扬、奖励，就容易使个体产生从众行为。

⑥ 群体间的联络结构关系。任何群体都是更大群体的一环，中小群体内的大多数人的意见、行动若得到大群体的支持，个体一般难以抵抗，容易使他产生从众行为。

(2) 人格因素主要从以下五个方面对从众行为产生影响。

① 智力的高低。一般来说，智力低者易受群体压力的影响，容易产生从众行为。

② 情绪的稳定性。焦虑、情绪不稳定的人，对外力的抵御能力低，容易产生从众行为。

③ 自我概念。对自己的看法不固定，缺乏自信的人容易产生从众行为。

④ 人际关系概念。过分依赖他人与看重权威的人，易受别人暗示而产生从众行为。

⑤ 社会态度与价值。重视社会秩序与权威，处处顾全大局、喜欢息事宁人或墨守成规的人，容易产生从众行为。一个人若有坚定的世界观，有不怕牺牲、不怕孤立的精神，一般不会盲目地从众。

从众现象有好坏之分，表现为两极性，因此，应具体分析，因势利导，发挥积极的“从众”，克服消极的“从众”。

3) 社会助长和干扰作用

有人在场或几个人一起工作时，可以促进个人活动效率的提高，这称为社会助长，与这种结果相反，则称为社会干扰。

是产生社会助长，还是产生社会干扰，受许多原因制约，主要与在场的旁观者的身份有关，与个体的心理品质有关，与活动的性质、复杂程度有关。一般来讲，从事比较简单、容易的工作，有他人在场会产生社会助长作用。从事复杂和困难的工作，有他人在场容易干扰人的思维，易产生社会干扰作用。

4) 社会标准化倾向

每个人的能力水平和类型不同，兴趣和性格各异，因而在单独从事某种活动时，对事物的知觉、对问题的分析判断、动作的反应速度和工作效率等方面，都表现出个体差异，但是，个人在群体中活动，这些差异明显缩小，并趋于同一标准，这种现象被称为社会标准化倾向。

产生社会标准化倾向的原因来自群体的舆论、规范和压力，以及群体内成员的相互学习。因此，要想改变个人行为，应该首先改变个人所从属的群体规范，否则达不到改变行为的目的。

3. 群体的沟通和冲突

1) 群体的沟通

群体的沟通就是群体内信息的交流。群体内成员之间信息的交流形式有很多种，主要形式如下。

(1) 沟通主要有以下几种形式。

① 正式沟通与非正式沟通。正式沟通是通过正式渠道进行信息交流。非正式沟通是利用除正式渠道外的其他渠道传递和交流信息。

② 上行沟通、下行沟通和平行沟通。上行沟通是指下级的意见向上级反应。下行沟通是上级的指令向下级传达。平行沟通是同级之间信息的交流和传递。

③ 单向沟通和双向沟通。单向沟通是信息发出后不需信息接收者进行意见反馈。双向

沟通是信息的发送者和接收者之间进行反复交流。

④ 口头沟通和书面沟通。口头沟通是用口语的形式进行信息的交流。书面沟通是用文字的形式进行交流。

（2）产生沟通障碍的主要原因如下。

① 语言表达和理解的障碍。

② 缺乏实事求是的态度，人为造成干扰，产生沟通障碍。

③ 人格特征方面的障碍。

旅客和高速铁路客运服务人员之间、高速铁路客运服务人员之间，以及高速铁路客运服务人员与客运管理人员之间，需要进行大量的信息交流。信息沟通得好，会提高管理水平和服务质量；沟通得不好，则造成很多的问题，影响管理水平、服务质量的提高。

2）群体的冲突

冲突是当人们面临两种互不相容或相互排斥的目标时产生的心理体验。

（1）冲突的表现形式如下。

① 个人的心理冲突。一个人面临两种互不相容的目标，感到左右为难时所产生的心理冲突。

② 群体中个人之间的冲突。群体中人与人之间经常产生冲突，冲突的内容各不相同，有客观原因，也有主观原因。

③ 群体和群体之间的冲突。两个群体在竞争的条件下会产生冲突的现象。

（2）解决冲突的方法。总的来说，解决冲突应“具体问题，具体分析”。常规的解决冲突的方法如下。

① 协商解决。冲突双方各派代表通过协商解决冲突。

② 仲裁解决。由第三者进行仲裁使冲突得到解决。

③ 权威解决。由权威部门或人士用命令的形式使冲突得到解决。

在旅客运输管理过程中，经常在旅客之间、旅客与高速铁路客运服务人员之间、高速铁路客运服务人员之间发生冲突。从客运服务的角度看，旅客运输中产生的冲突，应从提高高速铁路客运服务人员的素质入手，使冲突得到解决。

（四）个体心理与群体心理

心理过程和个性心理是存在于个体身上的心理现象，称为个体心理或个体意识，是心理学的主要研究对象。人是社会的个体，人作为社会成员，总是生活在各种社会团体中，并与其他人结成各种各样的关系。由于社会团体的客观存在，便产生了群体心理。群体与个体一样，存在着群体需要、群体利益、群体价值、群体规范、群体舆论、群体意志、群体目的等心理特征。一个群体由于具有某种特定的心理特征而区别于其他群体。

群体心理与个体心理的关系，是共性与个性的关系。群体心理是在群体的共同生活条件和环境中产生的，它是该群体内个体心理特征的典型表现，而不是个体心理特征的简单总和。

群体心理离不开个体心理，但它对个体来讲，又是一种重要的社会现实，直接影响个体心理的形成与发展。

（五）心理的实质

心理的实质主要表现在以下两个方面。

1. 心理是脑的机能，脑是心理的器官

人的心理是怎样产生的，针对这一课题，几千年来哲学家、教育家、医学家提出了许多不同看法，但归结起来是唯物主义心理观与唯心主义心理观的争论。最终只有辩证唯物主义者对人的心理做出了科学的解释，辩证唯物主义者认为，心理是脑的机能，脑是心理的器官，是大脑对客观现实的主观反映。也就是说，人脑是心理活动的物质载体。这一结论今天看来似乎是自然而然的事，但它的得出却经历了漫长的历史。

心理并不是物质之外的独立实体，而是由高度完善的物质组成的人脑的属性。脑是神经系统的中枢部位，它的结构和机能最复杂，是人的心理活动的主要生理基础。人的大脑如果受到损害，心理活动就必然遭到严重的破坏。

心理学的研究证明，条件反射就是大脑皮层对信号的处理过程。以现实中的具体事物及其属性的刺激为信号而建立起来的条件反射系统，称为第一信号系统，它是人与动物所共有的。以代表具体事物的语词建立起来的条件反射系统，称为第二信号系统，它是人类所独有的，其使人的心理活动丰富而深刻，比动物的心理活动更为复杂。借助第二信号系统，人不仅能感知事物，还能进行抽象思维，不仅可以推知往事，还可以预测未来。

2. 心理是客观现实的反映

脑是心理的器官，具有反映的机能，但人脑必须在客观现实的影响下才能实现其反映的机能，从而把客观存在转化为主观的心理。人脑好比是个“加工厂”，客观现实就是“原材料”，心理现象就是“产品”，没有“原材料”，大脑这个“加工厂”就不能生产出任何产品。如果一个人完全脱离了客观现实，心理就成了无源之水、无本之木，各种心理现象就不可能产生。因此，人的心理活动，不论简单还是复杂，其内容都来源于客观现实（对人来说，客观现实包括自然环境和社会环境）。

1）客观现实是人心理活动的源泉

人的一切心理现象，不论是简单的感觉、知觉，还是复杂的思维、情感等，都可以从客观现实中找到源泉。

2）社会实践对人的心理起制约作用

人的心理基础是人的社会实践，社会实践活动影响人心理活动的内容、发展水平，人的心理在社会实践活动中得以不断地完善和发展。

3）心理是客观现实的主观反映

人的心理是客观现实在脑中的反映。所谓反映，就是事物在相互联系和相互作用的运动变化中，留下痕迹的过程。随着外界事物发展水平的不同，反映也随着从低级运动形式向高级运动形式发展，不断产生新的变化，但人对客观现实的反映，总是由一定的具体的人进行的，一定的具体的人在过去实践中已经形成的知识、经验、世界观和个性心理特征，总会影响他对客观现实的反映，并在反映的选择性、准确性、全面性和深刻性等方面表现出来。人对客观现实的反映是主观和客观的统一。具有不同的兴趣、经验、情感和世界观的人，对同样的客观现实的反映是不同的。在不同时期的同一个人，对同样的客观现实的反映也可能是不相同的；同样的服务，对不同的旅客可能产生不同的效果。因此，了解心理是客观现实的主观反映这一点很重要，铁路客运服务人员掌握了这一条，就能在工作中自觉主动地从每位旅客的实际需要出发，搞好旅客运输服务，提高服务质量。

4）心理是客观现实的能动的反映

由于人可以借助语言形成的条件反射，来代替和概括由具体形象所引起的条件反射，所以人的心理对客观现实的反映不是被动、消极的映象。人总是在实践中运用已掌握的知识和经验，并结合自己的个性特征，主动地把客观事物变为观念的东西，积极探索最好的解决问题的办法，有目的、有计划地选择可能的行动。同时，人的心理活动又受到实践活动的检验，在反映现实的活动中，依据实践的标准不断地调整自己的行动，使所反映的东西能够符合客观现实的规律。

综上所述，心理现象是人脑的机能，是客观现实的主观映象。从脑的反映机制来说，人是自然实体；从反映的现实内容来说，人又是社会实体。心理学是既有自然科学属性，又有社会科学属性的科学。人的自然属性在人们的心理形成上起制约作用，人的社会属性则起决定性作用，两者不能等量齐观。

三、管理学基础理论

管理学是一门综合性的学科，这门学科的研究内容表现在对人的管理、对资源的管理、对组织职能的管理等方面。

（一）管理的实质与管理学体系

从经济意义上分析，管理的实质就是指导人们如何有效地管理社会生产、交换、分配、消费等过程中的一切活动，对社会生产过程各环节的运动进行决策、计划、指挥、监督、核算和调节的过程。

管理学是在管理实践中形成和发展起来的，是由一系列的管理理论、原则、方法和制度等组成的科学体系。

管理学体系如图 2－1 所示。

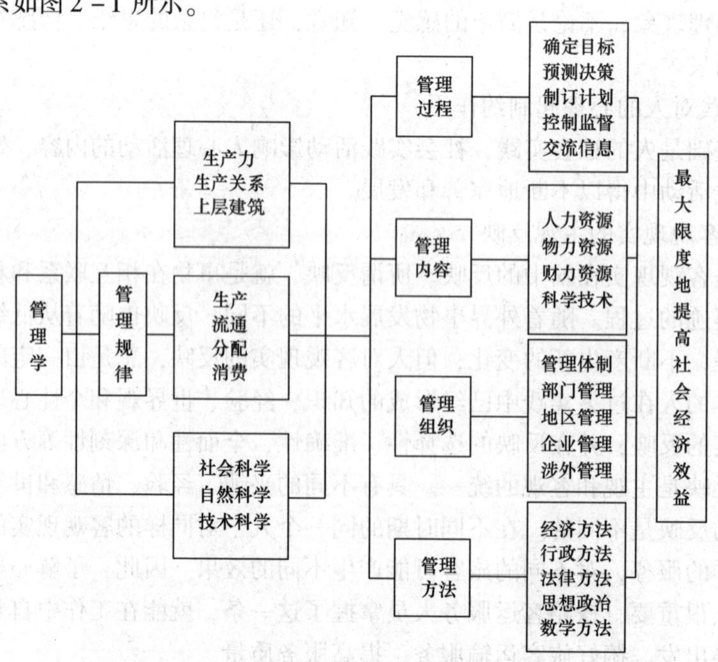

图2－1 管理学体系

（二）西方管理理论概述

管理科学的发展，大体经历了古典管理理论、行为科学理论、现代管理理论三个阶段。

1. 古典管理理论

这是管理理论发展的第一阶段，这个阶段又分别由三种理论组成。

1）早期管理理论

这种理论产生于18世纪下半叶，资本主义发展的早期，主要代表人物有亚当·斯密、大卫·李嘉图和欧文。

亚当·斯密是产业革命前夕，即从手工业作坊向机器生产过渡时期的经济学家，他的代表作是《国民财富的性质和原因研究》。亚当·斯密提出了劳动分工学说，分析了由于工业的分工而获得的经济收入，研究了技术进步、时间的节约及新的机器和工具的采用对生产的影响。这些对劳动生产率的提高和资本的增值都有巨大的作用。

大卫·李嘉图生活在新的工业制度已经确立的时期，他的代表作是《政治经济学和赋税原理》。他以劳动价值论为基础，研究资本、工资、利润和地租，认为工人劳动创造的价值是工资、利润和地租的来源，工资越低，利润也就越高。这一现象，揭示了资本主义经济管理的中心问题和剥削本质。

欧文是空想社会主义者和成功的企业家，他反对刻板僵化的劳动分工，认为资本主义制度是使社会贫穷的祸根，机器时代破坏了社会融洽和道德风尚。他的经济管理理论的特点：重视人的因素和人的作用；实行灵活稳健的人事政策和待人处事的方法；主张对人力进行投资；主张改善劳动条件和工资待遇；主张与工人和睦相处；强调对人的本性进行深入的了解和剖析。

2）传统管理理论

传统管理理论的特点是根据企业多年管理实践的经验积累而形成的一套管理理论和方法，是管理经验的总结，并没有形成完整的生产经济与生产管理的科学理论。传统管理理论的主要代表人物有巴贝奇、艾默生。

巴贝奇是英国数学家，代表作是《机器与制造业经济学》。他在劳动分工学说的基础上对专业化的有关问题进行了系统研究，得出劳动分工可以提高经济效益的结论。

艾默生在对管理经验总结的基础上，提出比较有概括性和典型性的管理十二原则：管理人员要有明确的奋斗目标；管理人员要有丰富的常识；要有精明干练的咨询人员；要有严明的纪律，要大公无私，公平待人；及时、准确、可靠的信息和会计制度；要有工作的计划；要规定出工作的标准方法，安排好工作的时间进度；建立标准化的负载条件；要有标准化的操作方法和环境；要有明确成文的标准指导条例；要实行有效率的奖励制度。

经验管理为科学管理理论的发展奠定了基础。

3）科学管理理论

随着科学技术的发展和机器生产社会化程度的不断提高，管理理论发展到了一个新阶段，其特点是以科学技术作为建立经济管理理论的主要依据。这一时期，形成了不同的理论学派，主要代表人物有美国的泰勒、法国的法约尔和德国的韦伯。

泰勒的代表作《科学管理原理》集中反映了他的思想和理论。泰勒从解决如何提高劳动生产率的问题出发，分析了影响劳动生产率的三个主要因素：工人不愿干或不想多干，这里既有工人本性的原因，也有报酬分配方法上的原因；劳动使用不当，包括工作分配不合理和劳动方法不正确；企业生产组织与管理方面的原因。

在严格的科学试验的基础上，泰勒提出了提高劳动生产率的八项措施：改进操作方法，以提高工效，合理利用工时；作业环境与作业条件的标准化；根据工作要求，挑选“第一流的工人”，提出对工人培训的问题；改进分配方法，实行差别计件工资制；在企业中设置计划部门，使计划职能与执行职能分开，对作业方法进行系统的研究和分析；实行职能工长制；进行例外管理。工人和雇主两方面必须认识到提高劳动生产率对两者都有利，必须都来一次“精神革命”，相互协作。

法约尔的代表作是《工业管理与一般管理》。他提出管理不同于经营，只是经营的专属职能活动（即技术活动、商业活动、财务活动、安全活动、会计活动和管理活动）中的一种。对于管理活动，他提出了管理的五种作用：计划、组织、指挥、协调、控制。在五种作用的基础上，他提出一般管理的十四条原则：劳动分工、权限和责任、纪律、命令的统一性、指挥的统一、个人利益服从整体利益、劳动报酬、集权、等级序列、秩序、公平、保持人员稳定、首创精神、集体精神。一般管理的十四条原则与艾默生的十二条管理原则相比较，一般管理的十四条原则在本质上无显著差别，只是更加系统化和理论化。

韦伯的代表作《社会组织与经济组织理论》，提出了理想的行政组织体系理论。他认为为了实现组织的目标，要把组织中的全部活动分解为各种基本的业务，以分配给组织中的每个成员，要求用权责合一的等级原则把各类成员组织起来，形成一个指挥体系，强调必须建立不受个人感情影响而在任何情况下都适用的规则和纪律，组织中人员之间的关系则完全以理性准则为指导。这种理想的行政组织体系能够提高工作效率，在精确性和稳定性、纪律性和可靠性方面都优于其他组织体系。

美国的厄威克和古利克对泰勒、法约尔和韦伯的管理理论进行了系统阐述和整理。厄威克提出适用于一切组织的八项原则：目标原则，即所有组织都应当表现一个目标；相符原则，即权力与组织必须相符；职责原则，即所有的组织都有明确的职责范围；组织分层原则，即每一个上级所管辖的相互之间有工作联系的下级人员不应超过5~6人；专业化原则，即每个人的工作应限制为一种单一的职能；协调原则，即各职能部门应协调一致；明确性原则，即对每项职务都要有明确的规定。

古利克把各种管理职能理论加以系统化，提出管理七职能：计划、组织、人事、指挥、协调、报告、预算。

2. 行为科学理论

科学管理理论过分强调提高劳动生产率，侧重生产作业，以机器为中心，不重视人的主观能动作用，忽略了人的尊严，加深了劳资矛盾。企业管理理论开始转向对企业中的人的行为的研究，产生了行为科学。行为科学学派强调人的行为，认为从人的行为本质中激发动力，才能提高效率。所谓行为科学，就是对工人在生产中的行为及这些行为产生的原因进行分析研究，以便调节企业中的人际关系，提高生产率。行为科学主要研究人的本性、需要和行为动机，尤其是生产中的人际关系。从行为科学的形成和发展来看，大致分为三个时期。

1）早期的人际关系理论

作为行为科学的奠基者，美国的梅奥，在霍桑工厂实验的基础上，提出人际关系学说，其研究的主要结论如下。

（1）工人是“社会人”，必须从社会和心理方面鼓励工人提高劳动生产率。

（2）企业中存在“非正式组织”，它是在共同的劳动中，由共同的思想感情相联结而形成的，其对劳动生产率有很大的影响，企业管理者必须充分重视非正式组织的存在，并对其进行诱导。

（3）通过对工人满足需要程度的提高来激发工人的积极性，达到提高生产率的目的，这是衡量新型领导能力的一种标准。

2）行为科学理论的形成时期

行为科学的名称确定后，这门科学的理论有了较大的发展，出现了以下四种理论。

（1）人类需要理论，其主要研究人的需要、动机和激励问题，代表理论有美国的马斯洛提出的“人类需求层次理论”，美国的赫茨伯格提出的“激励－保健双因素理论”，美国的弗罗姆提出的“期望理论”等。

（2）人性管理理论，其主要研究与企业管理有关的人性问题，代表理论有美国的麦格雷戈提出的“X 理论－Y 理论”等。

（3）群体行为理论，其研究企业中的非正式组织及人与人之间的关系问题，代表理论有美国的勒温提出的“团体力学理论”（对非正式组织进行了系统的分析），美国的布雷德福提出的“敏感性训练”（主要研究企业中人与人的关系）。

（4）领导行为理论，其主要研究企业中领导方式的问题，代表理论有坦南鲍姆和施米特提出的“领导方式连续统一体理论”，利克特提出的“支持关系理论”，斯托格弟提出的“双因素模式”，布莱克和莫顿提出的“管理方格法”等。

3）行为科学理论发展新时期

行为科学的发展趋势是把行为科学理论和科学管理理论协调起来，来研究企业的管理问题。它对现代管理理论的形成产生了重要的影响。

3. 现代管理理论

由于社会生产力的迅速提高，生产社会化程度的日益加强，管理理论也得到迅速的发展，形成了许多理论学派。

1）社会系统学派

社会系统学派的主要代表人物巴纳德认为，社会组织是由相互进行协作的人组成的系统。该系统由人与人之间协作的愿望、共同的目标、信息的联系三个要素组成，要求领导者成为系统中相互联系的中心，协调各种关系，以保持组织的活力。

2）决策理论学派

在行为科学、系统理论、运筹学和计算机辅助决策等科学内容的基础上，以西蒙为代表的一些学者，创立了决策理论学派。该学派认为管理就是决策，决策贯穿于管理的全过程，提出了有关决策的过程、决策的准则、程序化决策和非程序化决策、组织机构的建立与决策过程的联系等理论原则。

3）系统管理学派

系统管理学派是从社会系统学派中衍生出来的，侧重于从系统的观点来考察和管理企业，以提高生产率，强调各个系统内各部门之间的相互联系，其对现代管理中的自动化、控制论、信息管理、权变理论的发展有重要的影响。

4）经验主义学派

经验主义学派的代表人物杜拉克和戴尔等人认为，以往的科学管理理论和行为科学理论不能适应现代管理的需要，强调要注意现代企业管理的现状和实际需要，主张注重大企业的管理经验，以之作为经济管理理论的基点。

5）权变理论学派

权变理论学派认为，管理要根据企业所处的内外条件随机应变，不存在一成不变、普遍适用的“最好的”管理理论和方法。

（三）管理现代化的表现

管理理论源于管理实践，并应用于管理实践。纵观现代管理理论的发展演变，自始至终贯穿着科学、竞争、效率等思想内容，管理科学的各个理论学派也无一不渗透着科学、竞争、效率等现代化思想。管理现代化主要表现在以下方面。

1. 管理科学化思想

（1）管理是一门科学，它是在管理实践的基础上发展起来的，是由一系列的管理理论、原则和方法等组成的科学体系。

（2）现代管理科学是建立在自然科学和社会科学的基础上，利用当代各学科的最新成果，由社会科学、自然科学、技术科学相互渗透而成的。

（3）现代管理要求明确企业管理的基本任务，主要体现在：营业额的增长、市场上所占份额的增加、利润额和利润率的增加及持续良好的经济效益等方面，由此决定了管理职能。

2. 管理民主化思想

管理民主化思想是现代管理思想的主要特征。这里说的“民主化”，主要是从行为科学的要求出发，尊重人的感情、权利。作为一个企业职工，有权了解企业管理情况，有权对企业管理提出批评、建议，任何一级管理人员，都应该充分保证和尊重这一权利。

管理民主化思想通过一系列法律和制度来体现，没有法律和制度作保障，也就没有民主可言。经济越发达，社会越进步，管理民主化思想就越是明确。

3. 管理高效化思想

管理高效化思想包括经济效益高和经济效率高两方面的内容。

（1）高经济效益是指各行各业应向社会提供尽可能多的有用产品和有效服务。企业管理人员应该认识到提供更多的经济效益是企业的根本目标，这样国民经济的综合效益才能有保证。

（2）高经济效率是指管理人员应具有货币的时间价值观念，提高工作效率，使每一项管理设计都能够节约劳动时间，从而创造更多的经济效益。

4. 管理系统化思想

现代化管理的重要指导思想是系统理论，系统理论的运用与否是现代化管理和小生产管理的本质区别。运用系统理论，对管理进行充分的系统分析，这就是现代管理的系统化思想的体现。

5. 现代市场营销思想

(1) 战略观念。现代管理的对象无论是企业还是整个国民经济，都应有自己的发展战略；发展战略中应包括战略思想、战略方针、战略管理、战略组织、战略计划等内容。

(2) 市场观念。在现代经济中，无论管理范围有多大，面临的都是一个市场问题，因此必须树立市场观念。树立市场观念，包括掌握市场发展变化趋势、资源与价格变化、新技术的开发与应用等。

(3) 变革观念。变革观念包括及时改变管理方法，保护和合理使用各种人才，使组织机构与生产发展相适应，注意采用新技术以提高劳动生产率等。

(4) 竞争观念。竞争是商品经济的实质，没有竞争就谈不上商品经济，而不适应竞争则必定要失败，好的管理者善于在竞争中不断改善管理。

(5) 开发观念。开发观念主要指两方面：一是人才开发，注重人才的选拔与培养；二是产品开发，重视科学研究，不断改造老产品，开发新产品，加速产品的更新换代，满足社会多方面的需要。

(6) 质量观念。质量观念即以质量求生存，成功的管理者总是把研究、保证和提高产品质量的工作放在重要地位。

(7) 服务观念。服务观念要求在产品销售前、中和后各阶段为用户提供全方位的服务，这是一种竞争手段，促使企业被用户接受，使企业不断得到发展。

(8) 素质观念。素质观念即提高企业素质，企业素质是指构成企业生产经营能力的各种因素的总和，主要有领导素质、职工素质、设备工艺素质、产品开发素质及管理素质等。衡量企业素质的主要标准有：满足社会需要的能力，有效利用各种资源的能力，扩大再生产的能力，技术进步能力及竞争与协作能力等。

(9) 信息观念。信息在现代社会已经成为一种能创造价值，并且可以用于交换的知识，信息已成为一种生产力；管理者要善于抓住和运用信息，使信息迅速转化为生产力。

四、消费心理学

消费心理学是心理学的一个重要分支，它研究消费者在消费活动中的心理现象和行为规律。消费心理学是一门新兴学科，它的目的是研究人们在生活消费过程中，在日常购买行为中的心理活动规律及个性心理特征。消费心理学是消费经济学的组成部分。研究消费心理，对于消费者，可提高消费效益；对于经营者，可提高经营效益。

(一) 消费心理学的研究对象

消费心理学以市场活动中消费者心理现象的产生、发展及其规律作为学科的研究对象，其重点研究市场营销活动中的消费心理现象、消费者购买行为中的心理现象和消费心理活动的一般规律三个方面。

(二) 消费心理学的研究内容

1. 影响消费者购买行为的内在条件

影响消费者购买行为的内在条件包括：消费者的心理活动过程、消费者的个性心理特征、消费者购买过程中的心理活动、影响消费者行为的心理因素。

2. 影响消费者心理及行为的外部条件

影响消费者心理及行为的外部条件包括：社会环境对消费心理的影响、消费者群体对消费心理的影响、消费态势对消费心理的影响、商品因素对消费心理的影响、购物环境对消费心理的影响、营销沟通对消费心理的影响。

（三）消费者的心理活动分析

消费者在购买、使用及消耗各种消费品过程中的活动受消费心理的微妙影响。

1. 消费者的感觉

消费者对客观外界的认识过程是由感觉开始的，如视觉、嗅觉、听觉、触觉、味觉等，消费者在判断一件商品时也必然是由感觉开始的。同样一件商品，只因为颜色稍有差异或包装稍有不同，消费者可能一眼看中，进而购买，也可能一瞥过后，再不理会。对于服务行业，顾客感觉到的是服务。例如，旅客在购票途中，如果感觉到售票厅脏、乱、差，以及拥挤和无秩序，就很可能产生厌恶情绪，进而放弃购票，这是感觉在第一印象中发生心理作用。

2. 消费者的性格

消费者因性格差异导致消费差异。老年人注重商品的价廉物美及实用性，讲究商品结实耐用；年轻人则相对灵活，注重商品的外表，讲究个性化；一些富裕的人追求高档次的商品，注重商品名牌。

3. 消费者的动机

动机是人们从事某种行为活动的内部驱动力，消费者的购买活动都是由动机推动的。过去，由于经济收入和消费水平的关系，我国消费者比较注重求实、求廉动机。购买商品时特别注重商品的实际效用，讲究经济实惠，经久耐用，并不过分要求商品外观的美观、新颖。近年来，我国人民的生活水平逐步提高，物质需求得到了基本满足，追求商品的新颖的求新动机，追求商品的惊险、与众不同的求异动机，以及注重商品的造型美、艺术美的求美动机在当今消费者心理中已占有重要的地位。此外，还有注重省时、省力，使用及维修方便的求便动机；追求厂家品牌，商品档次的求名动机；与他人攀比争荣的好胜动机；为从属于某一群体而消费的从众动机；出于喜爱，崇拜而产生的模仿动机等。它们相互作用、相互影响，使消费者的消费行为复杂多样。

企业要正确分析和认识消费者的购买动机。消费者是市场的主体，对消费者购买动机的分析，是为了适应顾客的需求，是开发市场的基础。消费者购买动机是多种多样的，企业必须在市场调查的基础上，以心理学的观点对他们的购买动机进行分析研究。消费心理学认为：顾客的购买动机有感情动机、理智动机和惠顾动机之分。感情动机又分为情绪动机和情感动机，情绪动机具有冲动性，即不确定性和不稳定性；情感动机是消费者精神风貌的反映，具有稳定性。理智动机是对商品进行了解、分析、比较后产生的，具有客观性、周密性。惠顾动机是顾客对特定的商店、厂家或品牌特殊的信任和偏好。

五、管理心理学

管理心理学是用行为学、管理学、心理学等学科的理论、方法和原则，以人的心理活动规律、人际关系、人的积极性为研究对象的一门综合性科学。它是从现代管理科学和行为科学发展过程中派生出来的一门独立的学科，主要研究人的行为激励问题，探索人的心理活动，发掘提高激励人的心理和行为的各种途径和技巧，以达到最大限度提高工效的目的。

管理心理学以企业内部职工为研究对象，重点研究内容是企业管理中具体的社会现象及心理现象，以及个体、群体、领导、组织中的具体心理活动的规律性。管理心理学的体系结构如图 2－2 所示。

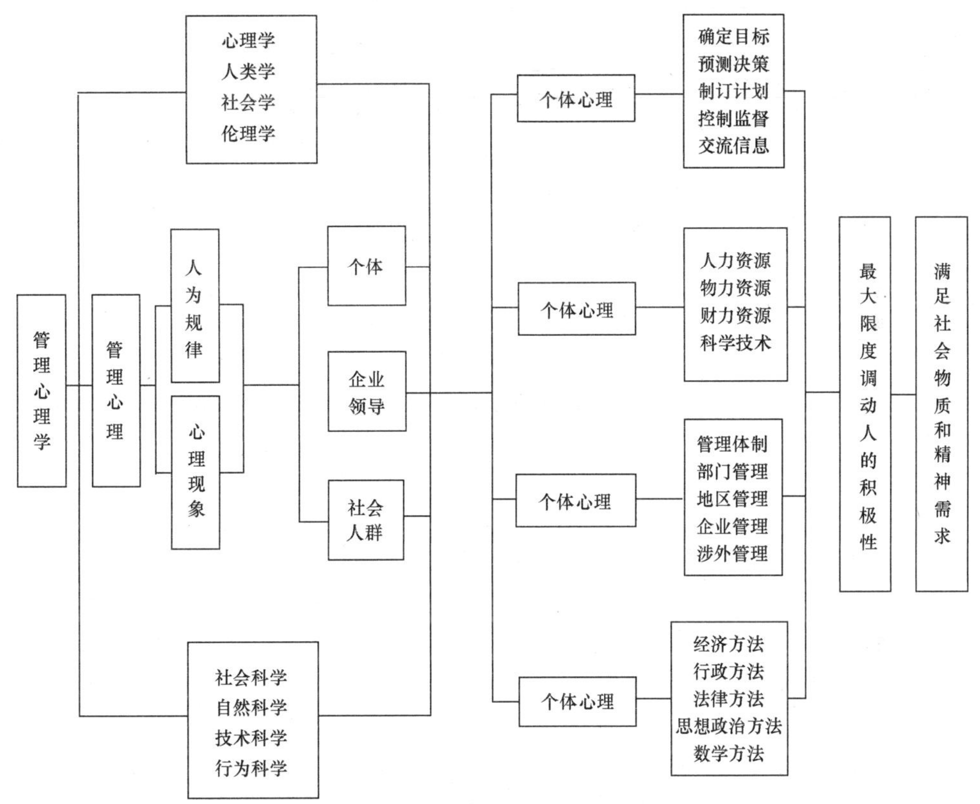

图 2－2　管理心理学的体系结构

六、心理学、管理心理学及高速铁路旅客运输心理学

高速铁路旅客运输心理学是在管理心理学的基础上提出的，是管理心理学在高速铁路旅客运输企业中的应用。

旅客作为消费者，在消费行为中必然涉及消费心理。准确把握旅客的消费心理活动，是准确理解消费行为的前提，因此，研究高速铁路旅客运输心理学，还要研究消费心理学的相关内容。

旅客运输企业的服务对象，也就是运输产品时间、空间位移的对象是社会的人。每一个人成为旅客后，他在旅行过程中的心理活动和心理需要，所表现出的各种行为，直接关系到旅客运输企业的服务水平。研究作为社会个体的人的心理活动规律，需要利用普通心理学的知识。普通心理学是管理心理学、消费心理学及高速铁路旅客运输心理学的基础。

高速铁路旅客运输心理学还没有成为一门完整而系统的学科，在实践中，对高速铁路旅客运输心理学的研究刚刚起步。须在理论上广泛地借鉴相关学科的理论方法，在实践中不断总结对旅客心理活动认识的经验，才能使其成为一门独立、完善、系统的科学。

高速铁路旅客运输心理学既要以旅客运输部门内部的职工为研究对象，又要以来自社会的旅客的心理活动为研究对象，因此，需要把人为学、心理学、管理学、管理心理学及消费心理学五种基础理论知识有效地结合在一起，灵活地进行运用。心理学、管理心理学、高速铁路旅客运输心理学之间的关系如图 2－3 所示。

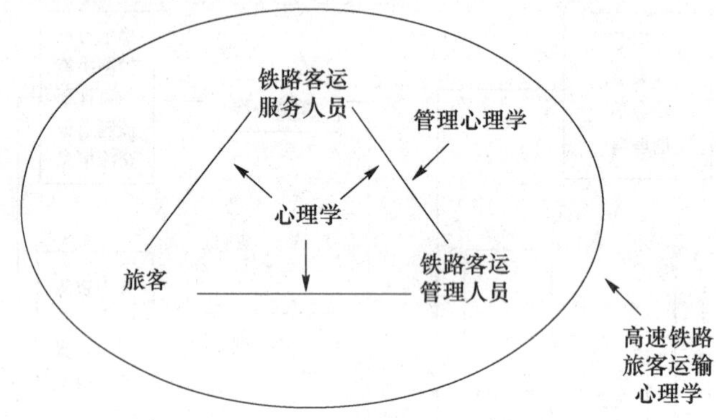

图 2－3　心理学、管理心理学、高速铁路旅客运输心理学之间的关系

第二节　心理过程的一般性认识

【知识目标】

1. 了解人的心理过程；
2. 熟悉人们认识某个事物所需要经历的心理活动；
3. 掌握各种情感体验对人们认识事物的影响；
4. 掌握意志的含义及其与认识、情绪及情感的关系。

【能力目标】

1. 能够利用感觉的特性提高客运服务质量；
2. 能够充分利用知觉、记忆、想象等心理活动的特征提高旅客运输服务质量；
3. 能够通过情绪、情感提高客运服务质量。

【学习要求】

1. 熟悉人的心理活动发生、发展的过程；
2. 充分了解感觉、知觉、思维、想象等心理活动的特征，培养铁路客运服务人员对人的心理活动规律的认识；

3. 充分利用情绪、情感达到提高客运服务质量的目的；

4. 通过学习加强自身意志品质的培养。

【学习内容】

心理过程是指心理活动发生、发展的过程，也就是人脑对现实的反映过程，它具有时间上的延续性。以知觉过程为例，我们看到一个物体，先要用眼睛接受来自物体的光刺激，然后经过神经系统的加工，把光刺激转化为神经冲动，从而察觉到物体；接着要将看到的物体，从它的环境或背景中区分开来；最后要确认这个物体，并叫出它的名称。

心理过程着重探讨人的心理的共同性，主要包括认识过程、情感过程和意志过程三个方面，这三个过程既互相区别又互相联系。

一、认识过程

人们对事物的认识过程，是人们对客观事物个别属性的各种不同感觉加以联系和综合的反映过程，是人们获得知识的过程。这个过程主要是通过人的感觉、知觉、记忆、想象、思维和语言等心理活动完成的。

感觉是对事物个别属性的认识，是认识过程的开端。在感觉的基础上，人们对事物的个别属性加以综合分析，形成知觉，对事物有了比较完整的形象。感觉、知觉是认识的初级阶段，即感性认识阶段。

人们为了加强对事物的认识，还借助记忆把过去生活实践感知的东西、体验过的情感或知识经验，在头脑中重复反映出来。人们对事物的认识过程，不仅通过感觉、知觉去认识事物的外在联系，还要以表象的形式向思维过渡，进一步认识事物的一般特征和内在联系，全面地、本质地把握事物的本质。这个思维过程（包括记忆、想象、思维和言语等）是人们对客观事物在头脑中概括的、间接的反映，是认识的高级阶段，即理性认识阶段。

例如，人们对交通工具的选择过程，就是从感性认识到理性认识的过程。在选择交通工具时，旅客首先借助掌握的各种交通工具的信息，对交通工具有一个感性认识，再经过思维，对交通工具进行比较，获得理性认识，最后，决定乘坐哪一种交通工具。

（一）感觉

感觉是人脑对直接作用于感觉器官的客观事物的个别属性的反映，是意识对外部世界的直接反映，也是人脑与外部世界的直接联系。例如，看到某种颜色，听到某种声音，闻到某种气味等。感觉是一种最简单的心理现象。

1. 感觉的特征

感觉反映的是当前直接作用于感觉器官的客观事物，而不是过去的或间接的事物。感觉反映的是客观事物的个别属性，而不是事物的整体。感觉是人认识客观世界的开端，也是人类一切知识的来源。感觉是客观内容和主观形式的统一。感觉是以客观事物为源泉，以主观解释为形式，是主观与客观联系的重要渠道，是客观事物个别属性的主观映象。

2. 感觉的种类

根据刺激物的性质及它所作用的感官的性质，可以将感觉区分为外部感觉和内部感觉。

1）外部感觉

外部感觉接受外部世界的刺激并反映它们的属性。如视觉、听觉、味觉、嗅觉、皮肤感觉等，其中视觉、听觉、嗅觉接受远距离的刺激，又叫距离感觉。皮肤感觉又可细分为温觉、冷觉、触觉和痛觉。为提高旅客运输服务质量，实现优质服务，高速铁路客运服务人员需要培养外部感觉能力。

2）内部感觉

内部感觉接受机体内部的刺激并反映它们的属性（机体自身的运动与状态）：如运动感觉、平衡感觉、内脏感觉等。

3. 感觉的意义

感觉是人的认识过程的初级阶段，是人认识客观世界的开端，也是意识形成和发展的基本成分。通过感觉，人从外界获得信息，这些信息在感觉系统的不同水平上经过加工，并与已经存储的知识经验进行对照、补充，从而产生对外界事物基本属性的反映。因此，在认识世界的过程中，感觉担负着对复杂事物简单要素进行分析的任务。感觉是认识的入口，通过感觉，人才能认识和辨别事物的各种基本属性，才能知道自己身体的运动、姿势和内部器官的工作状况，只有在感觉所获得的信息基础上，其他高级的复杂的心理活动才会产生并得到发展。感觉是维持和调节一个人正常心理活动的重要心理因素。对于每一个正常人来说，没有感觉的生活是不可忍受的。

4. 感受性与练习

对刺激物的感觉能力叫作感受性。有的人对刺激反应慢或没有反应，有的人则更敏感，这说明人的感受性是有差别的。感受性可通过练习而得到提高。专门从事某种职业的人由于长期使用某种感觉器官，相应的感觉就得到了发展。例如，法国一些著名的香水制造师，他们能够准确地分辨出 4 000 多种香味。因此，根据自己从事的工作，反复刺激相应的感觉器官，会使感受性得到提高。

（二）知觉

知觉是人脑对直接作用于感觉器官的客观事物的各个部分和属性的整体反映，是在感觉基础上产生的。知觉以感觉为基础，但知觉作为一种活动过程，包含了相互联系的几种作用：觉察、分辨、识别和确认，它不是感觉的简单总和，而是在事物个别属性的基础上形成的事物整体属性。

知觉是客观事物直接作用于人的感觉器官，人脑对客观事物整体的反映。例如，有一个事物，我们通过视觉器官感到它具有圆圆的形状、红红的颜色；通过嗅觉器官感到它特有的芳香气味；通过手的触摸感到它硬中带软；通过口腔品尝到它的酸甜味道，于是，我们把这个事物反映成苹果，这就是知觉。

知觉和感觉一样，都是当前的客观事物直接作用于我们的感觉器官，在头脑中形成的对客观事物的直观形象的反映。客观事物一旦离开我们感觉器官所及的范围，对这个客观事物的感觉和知觉也就停止了。知觉又和感觉不同，感觉反映的是客观事物的个别属性，而知觉反映的是客观事物的整体。知觉以感觉为基础，但不是感觉的简单相加，而是对大量感觉信息进行综合加工后形成的有机整体。

我们的知觉之所以能对客观事物作整体反映，是因为客观事物本身就是由许多个别属性组成的有机整体；我们的大脑皮层联合区具有对来自不同感觉通道的信息进行综合加工分析的机能。

1. 知觉的种类

根据知觉中起主导作用的感官的特征，可以把知觉分成视知觉、听知觉、触知觉、嗅知觉、味知觉等。例如，对物体的形状、大小、距离和运动的知觉属于视知觉，对声音的方向、节奏、韵律的知觉属于听知觉。根据知觉反映的事物特征，可将知觉划分为物体知觉和社会知觉。

1）物体知觉

物体知觉是对物的知觉。任何物体均具有空间特性、时间特性和运动特性，因此，物体知觉包括空间知觉、时间知觉和运动知觉。空间知觉是人脑反映客观物体的形状、大小、深度、方位等空间特征的知觉。时间知觉是反映客观现象的持续性、速度和顺序性的知觉。运动知觉是反映物体的空间位移和位移快慢的知觉。不论空间知觉、时间知觉、运动知觉都是人在生活实践的过程中，通过多种感觉器官的联合活动逐步形成和发展起来的。

2）社会知觉

社会知觉是对人的知觉，包括个人知觉、人际知觉和自我知觉。个人知觉是指通过对一个人的外表和语言来认识这个人的心理特点和品质，也就是通常所说的“听其言，观其行，而知其人”。人际知觉是对人与人之间关系的知觉，这类知觉有明显的情感成分参与。例如，我几次得罪了不同的朋友，而我得罪朋友的原因一直也没有意识到，这说明我的人际知觉不好，也说明我得罪朋友的行为是我的一贯性行为。它反映出，我的行为没有符合社会的规定，这就需要我认真反思了。自我知觉是指通过观察自己的言行来认识自己，“人贵有自知之明”指的是正确地认识自己是一种可贵的品质。

知觉的主观映象有的是符合客观实际的，有的是不符合客观实际的，不符合客观实际的知觉称为错觉。在社会实践中，“以貌取人”容易犯错误。纠正错觉的有效方法是实践，实践是知觉发展的基础，也是知觉正确性的检验标准。

2. 知觉的活动过程

① 外界环境中作为知觉来源的客观事物的各种属性特征的位置及分布；

② 外界环境中物体的各种属性通过中介物传递到人的感觉器官；

③ 刺激物与感觉器官之间的相互作用的过程；

④ 神经冲动通过传入神经向大脑传递各种外界信息的过程；

⑤ 大脑对传入皮层相应投射区的信息进行整合处理的过程。

3. 知觉的基本特征

1）相对性

世界上的任何事物都是相互联系、相互制约的。知觉是根据事物之间的相对关系进行反映的，这是知觉的相对性。一般情况下，物体不会孤立地引起知觉的刺激，必须同时有物体周围其他刺激作为对比。知觉具有相对性变化的主要原因：一是知觉对象与背景相对关系的改变；二是知觉主体选用的参照系不同。例如，赏月时，我们时而把云看成是运动的，时而又把月看成是运动的，这是因为选定的静止的参照系不同所致，当把月作为静止的参照系时，则云在月前运动，当把云作为静止的参照系时，则月在云后穿行。

2）整体性

知觉在感觉的基础上形成，但它不是感觉的简单总和，人习惯于以自己过去的经验来补偿当时的感觉，使其形成具有一定结构的整体形象，这是知觉的整体性。在知觉活动中，整体与部分的关系是辩证的、互相依存的。知觉并非感觉信息的机械叠加，而是源于感觉又高于感觉的一种认识活动。人的知觉系统具有把个别属性、个别部分综合成整体的能力。当人感知一个熟悉的对象时，只要感觉了它的个别属性或主要特征，就可以根据经验而知道它的其他属性或特征，从而从整体角度知觉此事物。知觉的整体性提高了人知觉事物的能力，但有时会忽略部分或细节的特征。例如，阅读文章，由于注意了整个文体的感知，有时会难以发现个别漏字或错字，这是由于整体知觉抑制了个别成分的结果。当我们处于比较喧闹的地方，通过只言片语就能明白周围其他人谈话的内容，也是知觉整体性的反映。

3）理解性和概括性

人在知觉过程中，不是被动地把知觉对象的特点登记下来，而是以过去的知识经验为依据，力求对知觉对象做出某种解释。在知觉信息不足或复杂情况下，知觉的理解性需要语言的提示和思维的帮助，把知觉对象归入所熟悉的一类事物之中，用词来概括它，使它具有一定的意义，这是知觉的理解性和概括性。

例如，看到一张黑白斑点的图片，人总是力求对这些斑点的关系、表征和来历，提出种种假设，做出合理解释。再如，听一首歌，如果是自己会唱的，放一个片段就会知道是那首歌，并知道后面的旋律是什么。对歌曲的熟悉程度决定了知觉出那首歌所需的片段的长短。这个片段不能够无限地小，总有一个合理限度。也就是说要有充分的判断依据。经验是最重要的，有经验的心理学家可以从一个人的眼神、动作、言语知道他心里想的是什么。知觉的理解性会受到情绪、意向、价值观和定势等的影响。

在知觉信息不足或情况复杂时，知觉的理解性需要语言的提示和思维的帮助。一块像小狗的石头，也许开始看不出来，但如果有人提醒，就会越看越像，很多旅游风景点就是如此。知觉的理解性使人的知觉更为深刻、精确和迅速。

4）恒常性

当距离、角度或光线的明暗在一定范围内发生变化时，根据对物体特征所获得的知觉经验，知觉映象仍然保持相对的不变，这是知觉的恒常性。例如，无论从哪一个角度看，门总是长方形的。知觉的恒常性仅仅在一定范围内才起作用，是过去经验作用的结果。知觉的恒常性是因为客观事物具有相对稳定的结构和特征，而我们对这些事物有比较丰富的经验，无数次的经验校正了来自每个感受器的不完全的甚至歪曲的信息。

例如，一个人站在离我们不同的距离上，他在我们视网膜上的空间大小是不同的。但是我们总是把他知觉为一个同样大小的人。一个圆盘，无论如何倾斜旋转，而事实上看到的可能是椭圆、甚至线段，我们都会当它是圆盘。在强光下煤块反射的光量远远大于暗处粉笔所反射的光量，但这不妨碍我们感觉煤块的颜色比粉笔深。

知觉的恒常性还普遍存在于其他各类知觉中。例如，同一支乐曲，尽管演奏的人不同，使用的乐器也不一样，我们总是把它知觉成同一支乐曲。

知觉特性的四个方面，都与人过去的经验有关，要想提高知觉能力，可从增加个人的知识、阅历和经验等方面入手。在旅客和高速铁路客运服务人员的服务关系中，高速铁路客运服务人员对旅客的了解，首先开始于感知觉，感知觉是一切面对面服务的基础。我们认为，从增加个人的知识、阅历、经验入手，提高感知觉力，需要高速铁路客运服务人员在较长的实践过程中不断训练，实践过程越长，越有利于感知觉力的提高。目前，在选拔高速铁路客运服务人员时，过分强调年轻、漂亮，而不重视一个人具有的心理因素、知识和经验，这种做法是不可取的。

4. 影响知觉的心理因素

知觉不仅受感觉系统、生理因素的影响，而且还极大地依赖一个人的知识和经验的积累，受到个人的兴趣、需要、动机、情绪等心理因素的影响。经常有这样的情况：人对事物的知觉并不是事物的本来面貌，而是他想要知觉到的那个样子，知觉不仅依赖于客观事物，也受知觉者知识经验和思维定式的影响。

1）知识经验

知觉中所包含的某种成分并非是当时的感觉，而是在过去经验的基础上产生的。知识经验对知觉产生巨大的影响：一是知识经验影响着知觉的内容，我们经常说的“外行看热闹，内行看门道”就是知识经验对知觉内容的影响。二是知识经验能提高知觉的速度，例如，读李白《望庐山瀑布》：“日照香炉生紫烟，遥望瀑布挂前川。飞流直下三千尺，疑是银河落九天。”如果对这首诗是熟悉的，记忆的痕迹马上会活跃起来，很快就把它读完。三是知识经验影响知觉的准确性，例如听一个内容不熟悉的报告，往往会感到很困难，甚至听不懂或听错，而内容熟悉的，则不会有这种现象。从知识经验对知觉的影响来看，知觉是后天学习的结果。所以，一个人经验越多，书读得越多，则对事物的知觉越敏锐。

2）注意

经常有许多刺激物作用于机体，但人总是对其中的一小部分发生反映，对该部分有清晰的知觉映象，而对其他刺激物不予理会，这是注意在知觉中的作用。例如，“感兴趣的事物会有深刻的记忆”，这是因为对之感兴趣便会引起高度注意，也就是说注意使人的感觉和知觉提高，从而产生深刻的记忆。知觉过程总是伴随着注意，注意使知觉具有选择性，使人获得清晰的知觉映象。

3）定势

定势是指对活动的特殊的心理准备状态。定势对知觉的影响表现为一个人以特殊的心理准备状态来反映刺激物。例如，一个人往往以他正在感知的某种准备状态或他的情绪的某种准备状态来反映知觉对象，把听的内容变成了他想要听到的东西，把看的对象变成了他想看的样子。知觉定势主要来自两类心理因素：一类来自刚刚发生过的经验；一类来自需要、价值观、情绪和习惯等在较长时间内起作用的心理因素。定势对知觉的影响可以是积极的，也可以是消极的。定势的积极作用是能在相同的情境下对事物的知觉更迅速、更有效；其消极作用在于它容易使人在已变化了的情境下对客观事物产生歪曲的知觉，而觉察不到已变化的实际情况。

5. 知觉与感觉的区别和联系

知觉虽然达到了对事物整体的认识，比只能认识事物个别属性的感觉高级，但是知觉来源于感觉，而且二者反映的都是事物的外部现象，都属于对事物的感性认识，所以感觉和知觉又有不可分割的联系。知觉和感觉之间既有区别，又有联系。

1）知觉和感觉的区别

知觉和感觉的心理过程不同，感觉反映的是事物的个别属性，而知觉则是事物的整体，即事物的各种不同属性、各个部分及其相互关系。感觉仅依赖个别感觉器官的活动，知觉则要比感觉复杂，其要依靠多种器官的综合活动。

知觉是各种感觉的结合，知觉来源于感觉，但又不同于感觉。感觉只反映事物的个别属性，知觉则认识了事物的整体；感觉是单一感觉器官的活动的结果，知觉却是各种感觉协同活动的结果；感觉不依赖于个人的知识和经验，知觉却受个人知识经验的影响。同一事物，不同的人对它的感觉是相同的，但对它的知觉就会有所差别，知识经验越丰富对物体的知觉越完善、越全面。

2）知觉和感觉的联系

知觉和感觉都是对直接作用于感觉器官的事物做出反映，如果事物不再直接作用于我们的感觉器官，那么我们对该事物的感觉和知觉也就停止了。知觉和感觉都是人类认识世界的初级形式，反映的是事物的外部特征和外部联系。如果想了解事物的本质特征，单凭感觉和知觉是不够的，还需要更复杂的心理活动。知觉是在感觉的基础上产生的，如果我们感觉到的事物的个别属性越多、越丰富，那对事物的知觉就会越准确和完整，但是知觉不是感觉的简单叠加，知觉过程中人们还需要借助已有的经验获得当前事物的感觉信息，并做出识别。

总之，知觉的产生是以头脑中的感觉信息为前提，并且和感觉同时进行的，知觉属于高于感觉的感性认识阶段。

（三）记忆

记忆是人脑对过去经验的保持和再现，从信息加工的观点看，其是人脑对外界输入的信息进行编码、储存和提取的过程，是人的心理过程在时间上得以保持的根本保证。记忆是一个人所经历过的事物在大脑中的反映，是大脑积累经验的功能表现。人在生活和活动中，对感知过的、思考过的事物的映象总是不同程度地保留在头脑中，即使当这些事物不在眼前时，也可以重新显现出来，这个过程就是记忆。记忆中所保留的映象就是人的经验。个体经验的积累和行为的逐步复杂化是靠记忆实现的，离开记忆就不能积累和形成经验。

1. 记忆的分类

记忆可以从不同角度进行分类。

（1）根据记忆的内容划分为形象记忆、语言逻辑记忆、情绪记忆和运动记忆。

① 形象记忆是以感知过的事物在人脑中再现的具体形象为内容的记忆，它保存事物的感性特征，具有显著的直观性。例如，参观服装展览后，能够记住一件件新颖的服装样式和颜色，这就是形象记忆。根据感觉形成的形象特点，形象记忆可区分为视觉记忆、听觉记忆、触觉记忆、嗅觉记忆、味觉记忆等，人们一般以视觉记忆和听觉记忆为主。

② 语言逻辑记忆是用词的形式，在大脑中以思维、概念或命题为内容的记忆，它具有概括性、理解性和逻辑性等特点，它是个体保存经验最简单、最经济的形式，它的内容无论在数量上还是在质量上都超过形象记忆。人对自然、社会和思维本身规律性知识的获得，都是通过语言逻辑记忆保存下来的。

③ 情绪记忆是以个体体验过的某种情绪或情感为内容的记忆。例如，我们对第一天上大学时的愉快心情的记忆，就是情绪记忆。它往往一次形成经久不忘，常常成为人们活动的动力，推动人们从事某些活动或者制止某些行为，回避某些对他们有害的事情。

④ 运动记忆是以操作过的动作为内容的记忆。例如，对书写、劳动操作和某种习惯动作的记忆。动作记忆在识别时比较困难，但是一经记住，则容易保持、恢复而不易遗忘，它是人们获得语言、掌握和改进各种生活和劳动技能的基础。

（2）根据记忆的线索划分为情景记忆和语义记忆。

① 情景记忆是指人们根据某个事件发生时的时间和空间特性而对该事件产生的记忆，是与个人的亲身经历密不可分的。由于情景记忆受一定的时间和空间的限制，信息的储存容易受到各种因素干扰，这种记忆不够稳定也不够确定。

② 语义记忆是指人们对一般知识和规律的记忆，与特殊的地点、时间无关，表现在单词、符号、公式、规则、概念等形式的记忆。例如，对“哥伦布发现美洲”这个事件的记忆是语义记忆。语义记忆受一般规则、知识、概念等的制约，很少受到外界因素的干扰，比较稳定。

（3）根据记忆时意识参考的程度划分为无意记忆和有意记忆。

① 无意记忆是指没有预定的目的、不用专门方法、自然而然发生的记忆。例如，对有趣的故事、产生过深刻印象的事件等。人们大量的生活、工作经验、某些行为方式都是通过它积累起来的，但通过无意记忆积累的经验，有时带有片面性和偶然性，不能满足特定任务的要求。

② 有意记忆是指有明确的记忆目的、采取了相应的记忆方法、在意志努力的积极参与下进行的记忆，它是获得系统的科学知识，完成特定任务和积累个体经验的主要记忆形式。

（4）根据记忆的时间长短划分为瞬时记忆、短时记忆和长时记忆。

三者之间的区分是相对的，它们是相互联系、相互影响的，任何信息都必须经过瞬时记忆后变为短时记忆，最终可能转为长时记忆。长时记忆中的信息是有组织的知识系统，这种有组织的知识系统对人的学习和行为决策有重要的意义。它使人能够有效地对新信息进行编码，以便更好地识别，使人迅速有效地从头脑中提取有用的信息，以解决当前的问题。

（5）根据信息加工处理与存储的方式划分为陈述性记忆和程序性记忆。

① 陈述性记忆是对有关事件和事实性信息的记忆。

② 程序性记忆是对具有先后顺序的活动的记忆。

2. 记忆表象

记忆表象是过去感知过的事物在头脑中再现出来的形象。例如，收到朋友的信，在读的过程中，他的相貌、言谈举止和行为会呈现在眼前，这就是记忆的表象。记忆的表象具有以下两个重要特征。

1）形象性

记忆表象产生于知觉，同知觉一样，以其形象性为其基本特征，属于客观事物的感性印象，是直接、具体的，但记忆表象毕竟反映的是过去的事物，不如知觉那样鲜明、完整和稳定。

2）概括性

记忆表象常常是综合了多次知觉的结果，同对象的多次印象的概括相联系。在我们生活中，多次知觉的同一物体或同类物体，在表象中留下的只是这类事物的一般形象，而事物的个别特点都消失了。例如，关于山的记忆形象，未必是具体的哪一座山，而是一般山的概括印象。

3. 记忆过程分析

记忆过程可以相对地划分为识记、保持和遗忘、再认和重现三个基本环节。

1）识记

识记是获得事物的映象并成为经验的过程。根据人在识记时的自觉性、目的性和随意性，识记可分为无意识记和有意识记。人相当大的一部分知识经验是通过无意识记获得的，无意识记常常会有较好的记忆效果。有意识记能够使人系统地掌握知识。有意识记经过一定的训练可以转化为无意识记，一些人的职业性记忆，就是有意识记转化的结果，因此，培养职业性记忆的习惯，也是做好本职工作的一个基础。

2）保持和遗忘

保持是过去经历的事物映象在头脑中得到巩固的过程。记忆的内容随时间的推移和后来的经验的影响等因素作用，在质量和数量上会发生某些变化，这些变化有的可能有积极的意义，有的具有消极的作用。

遗忘是对识记过的事物不能再认或重现，或者错误地再认或重现，它与保持相反。遗忘有暂时性的遗忘和永久性的遗忘之分。遗忘的过程表现一定的规律性，掌握遗忘的规律性，可以提高记忆水平。

3）再认和重现

再认是对过去经历过的事物重新出现时能够识别出来。例如，人们能够认出曾经听过的歌曲、学过的各种知识等。

重现是使不在眼前的过去经历过的事物在脑中重现的过程，它不是先前经历过的事物的映象的简单重复，是随活动的任务、人的兴趣和情绪状态等有选择地再现或映象加工的过程，其常是一种积极的过程。将记忆中的事物经常地在头脑中重现，是不断提高记忆的有效方法。

四百年前，法国人诺查丹马斯写了本书，预言一些将来要发生的事，该书中的一些事被一些人津津乐道。这些人总是寻找已经发生的一些事，试图去解释诺查丹马斯预言中的事例，以证明预言的准确性。心理学的规律揭示：人的感觉、知觉、记忆、理解、思维、想象的内容、素材来自客观世界。因此，每一个想象的产生，都可以在过去经历的事物中找到它的原形。这样的想象，也会在将来发生的事物中找到它的影子。从人的心理活动规律来看诺查丹马斯，无非是他的想象力比较丰富而已。如果你也具有丰富的想象力，对历史发生的事情比较了解，对世界的现状及发展趋势也有一定看法，你也能够成为一个大预言家。

（四）想象

想象是人脑对已有表象进行加工改造而创造新形象的过程，具有形象性和新颖性的特点，有预见、补充、代替的功能。梦也是一种想象，梦中出现的形象有时显得十分新奇甚至荒唐，但组成梦境的素材仍然是感知过的事物。

1. 想象的功能

想象的功能主要体现在以下三个方面。

1）想象具有预见作用

想象是人们一切劳动活动中的必要因素。在活动中，如果没有想象的参与，没有先想象出劳动的成果，就不可能着手进行某项工作。同时，想象的新颖性和形象性也是人们创造性活动中不可缺少的因素。例如，为旅客列车餐车供应餐饮，首先要想出有多少种类，什么样的色、香、味，然后采购材料，进行加工制作。

2）想象在人们的生活中具有补充的作用

在现实生活中，有许多事物是人们不可能直接感知的。例如，旅途中生病旅客的心理，要直接感知是很困难的，但通过想象可以补充这种不足，如想象生病的旅客是自己，自己会产生的心理和其他生病旅客的心理是相似的。

3）想象具有替代作用

当人们的某些需要不能得到满足时，可以利用想象的方式得到满足或实现。阿Q精神体现了想象的替代作用。

2. 有意想象的种类

按照想象活动是否具有目的性，想象可以划分为无意想象和有意想象两类。无意想象是一种没有预定目的、不自觉的想象。有意想象是按一定目的、自觉进行的想象。根据想象内容的新颖程度和形成方式的不同，有意想象可划分为再造想象、创造想象和幻想。

客运服务工作需要高速铁路客运服务人员在工作中充分发挥有意想象，并使有意想象的结果在工作中有效地得以体现，以利于提高服务质量。

1）再造想象

再造想象是根据言语的描述或图样的示意，在人脑中形成相应的新形象的过程。进行再造想象时，人所想象的事物是他从来没有感知过的，所以产生的想象对他来说是“新”的。例如，看到严禁将“三品”带上列车的提示牌，可以想象一旦发生“三品”爆炸对人身所造成的伤害。

再造想象在人们的生活中具有重要的意义，它能帮助人们更加具体、生动、正确地理解和记忆所学习的知识，形成明确的观念和概念。为培养和发展再造想象的能力，首先应扩大人们头脑中记忆表象的数量，充分储备有关的形象，表象越丰富，再造想象的内容也就越丰富。其次，要掌握好语言和各种标记的意义，只有这样，才能从语言描述和符号标记中激发想象。

2）创造想象

创造想象是在创造活动中，根据一定目的、任务，在人脑中独立地创造出新形象的心理过程。创造想象具有首创性、独立性和新颖性等特点，它比再造想象更复杂、困难，它需要对已有的感性材料进行深入的分析、综合、加工、改造，在头脑中进行创造性构思。

3）幻想

幻想是指向未来并与个人愿望相联系的想象，它是创造想象的特殊形式。幻想不立即体现在人们的实际活动中，而是带有向往的性质，幻想的形象是人们希望所寄托的东西，如童话中的形象。积极的幻想是创造力实现的必要条件，是科学预见的一部分，对人类生活和社会发展都有积极意义，幻想是激励人们创造的重要精神力量。我们的祖先曾经幻想去九天揽月，今天，这样的幻想已经变成了现实。

3. 想象与创造

创造是提供新颖的、首创的、具有社会意义的产物的活动。创造是一种探索活动，没有现成的解决问题的方案和步骤。因此，需要借助自己的知识、经验，充分利用想象，设计初步方案，再经过实践验证它。

创造性地解决问题常常是突发式的。在创造活动过程中，人们有时在一个问题上花费了大量的时间和精力，一无所获，但解决问题的新方案有时会突然出现在头脑中，使问题迅速得到解决，这种现象称为灵感。灵感是艰苦的创造性活动的结晶。灵感的产生需要具备一定的条件：一是必须进行长期的准备性劳动；二是要集中精力，避免习惯性思维的约束；三是充分利用原型的启发作用；四是情绪稳定、乐观有助于灵感的产生。机遇对创造性地解决问题也有一定的作用，机遇能够触发灵感，但机遇是在解决问题的脑力与体力劳动的过程中产生的。

（五）思维

思维是人脑对客观事物间接和概括的反映，是借助言语实现的、能揭示事物本质特征及内部规律的理性认识过程。

1. 思维的特征

1）间接性

间接性指人凭借已有的知识经验或其他事物的媒介，理解或把握那些没有直接感知过的，或根本不能感知到的事物，以推测事物过去的进程，认识事物现实的本质，推知事物未来的发展。

2）概括性

概括性有两层含义。

① 事物的共同特征和本质特征抽取出来加以概括。

② 将多次感知到的事物之间的联系和关系加以概括，得出有关事物之间的内在联系的结论。

思维的间接性以人对事物概括性的认识为前提。

2. 思维的种类

思维根据不同的标准划分为不同的类型。

1）直观动作思维、具体形象思维和语言逻辑思维

直观动作思维又称实践思维，是通过实际操作解决直观而具体的问题的思维过程。它面临的思维任务具有直观的形式，解决问题的方式依赖实际的动作。如儿童将玩具拆开，又重新组合起来。

具体形象思维是指人们利用头脑中的具体形象来解决问题。例如，去某个地方，事先在头脑中出现各种可能的道路，然后运用头脑中的形象进行分析和比较，最后选择一条最短、最方便的路线。

语言逻辑思维是人们面对理论性质的任务时，运用抽象的概念、理论知识来解决问题。它是思维的典型形式。

上述三种思维形式是相互联系，共同发挥作用的。在个体发展中，由于语言的发生和发

展较晚，所以直观动作思维和具体形象思维出现得早些，语言逻辑思维出现得晚些。

2）经验思维和理论思维

经验思维是人们凭借日常生活经验进行的思维活动。例如，根据经验，鸟是会飞的动物，可能会让人认为带翅膀的动物都能飞。由于知识经验的不足，这种思维具有片面性。

理论思维是根据科学的概念和论断，判断某一事物或解决某个问题。这种思维活动能够抓住事物的本质、关键，使问题得到正确的解决。

3）直觉思维和分析思维

直觉思维是人们在面临新的问题、新的事物和现象时，能迅速理解并做出判断的思维活动。如科学家对某些突然出现的现象，提出猜想和假说。

分析思维是遵循严密的逻辑规律，逐步推导，最后得出合乎逻辑的正确答案或做出合理的结论。

4）辐合思维和发散思维

辐合思维是指人们根据已知的信息，利用熟悉的规则解决问题，也就是从给定的信息中，产生逻辑的结论。它是一种有方向、有范围、有条理的思维方式。例如，从甲 > 乙，乙 > 丙，可以推断出甲 > 丙。

发散思维是从给定的信息中，产生众多的信息，人们沿不同的方向思考，重新组织眼前信息和记忆系统中存储的信息，产生大量、独特的新思想。

5）常规思维和创造思维

常规思维是指人们运用已获得的知识经验，按现成的方案和程序直接解决问题。它对原有的知识不需要进行明显的改组，也没有创造出新的思维成果。

创造思维是重新组织已有的知识经验，提出新的方案或程序，并创造出新的思维成果。创造思维是多种思维的综合表现。

3. 思维过程

思维活动有一定的过程，其主要由以下几个环节交错而有机地构成。

1）分析与综合

分析与综合是思维过程的基本环节。分析是把事物的整体分解为部分，或从整体中区分出个别特性、个别方面。综合是把事物的各个部分或不同特性、不同方面联合起来。

对整体的分析是为了更深入、更正确地认识整体。对于一种新事物，起初只有模糊的认识，通过从各个方面对它进行分析、逐步清楚各个部分、特性及其关系，最后将分析的各个部分全部联系起来，这时对事物的整体就有了深刻的认识。分析与综合是相互依存的，在分析的过程中也在进行综合，综合的过程中也在进行分析。

2）比较、概括和系统化

比较就是确定被比较的事物的共同点和不同点。同类的或某些相似的事物才能进行比较，完全不同的事物无法进行比较。比较总是和分析与综合相互联系，比较的过程就是分析的过程，将比较的各种因素结合起来考虑，也就是综合。

概括是一种特殊的综合形式，是关于事物共同点的综合。为了把事物的共同特性、因素等综合起来，首先要把特性、因素等从个别事物中划分出来，因此概括活动也是和分析活动密切联系的。

当把事物的共同本质特性抽取出来，并把具有这种本质特性的事物联合起来，以区别于具有另一种本质特性的事物时，也就是在进行分类，这是一个系统化的过程。

3）抽象和具体化

人在对客观事物进行概括，从中分析出本质特征时，也在思想上舍弃非本质的特性。这种提取本质特性而舍弃非本质特性的过程就是抽象。抽象与概括密切联系，概括的程度越高，舍弃的次要、非本质的特性就越多，思维就更加脱离具体事物，就越抽象。

和抽象过程相反的是具体化。具体化是把概括的知识用于具体的、个别的场合。具体化使一般的、抽象的东西和直观的、感性的、熟悉的东西联系起来，从而变得容易理解。

各种思维活动经常结合着进行，不同的思维任务要求思维过程的不同组合，合理地组织和运用各种思维过程是顺利完成思维任务的保证。

4. 思维形式

思维过程的内容就是思想，而思想的存在总是表现为一定的形式。思维的基本形式是概念、判断和推理。

1）概念

概念是人脑反映客观事物的本质特性的思维形式。概念是在抽象概括的基础上形成的，通过抽象、概括，舍弃了事物的次要、非本质的特性，把握了事物的本质特性，并据此把同类事物联合起来，形成该类事物的概念。

每个概念都有它的内涵和外延，并随历史的发展，人类对客观世界认识的日益深入，概念的内涵和外延在不断地变化。

2）判断

判断是肯定或否定某种事物具有某种属性的一种思维形式。任何判断都是对事物的认识，是对客观事物之间联系的反映，是断定事物情况的思维。思维的过程要借助判断去进行，思维的结果也是以判断的形式表现出来的。

3）推理

推理是从已知的判断推出新判断的思维过程。一个推理由两个部分组成：前提和结论。进行推理时所根据的已知判断，叫作前提；从前提推出的新判断，叫结论。

推理最主要的形式有两类：归纳推理和演绎推理。归纳推理是从特殊事例到一般原理的推理；演绎推理是从一般原理到特殊事例的推理。

（六）注意

注意是心理活动对一定对象的指向和集中。例如，侧耳倾听某人的说话，而忽略房间内其他人的交谈；或者在驾驶汽车时接听手机。注意是伴随着感知、记忆、思维、想象等心理过程的一种共同的心理特征。

1. 注意的功能

注意具有选择、维持、整合、调节等功能，其最基本的功能是对信息进行选择。

1）选择功能

注意的选择功能也就是使心理活动具有一定的方向性，选择有意义的、符合需要的和与当前活动相一致的有关刺激，避开与之无关的其他刺激并抑制对它的反应。

2）维持功能

维持功能使注意对象的映象或内容维持在意识中，得到清晰、准确反映，直到达到目的为止，其表现为注意在时间上的延续。在一定时间内，注意维持着活动的顺利进行。在注意的维持功能中，人的活动目的、兴趣、爱好等，有特别重要的意义。

3）整合功能

注意是信息加工的一个重要阶段，在注意的状态下，人将个别特征的信息进行分析、加工、综合处理，最终整合为一个完整的物体。

4）调节功能

调节功能控制心理活动朝着一定方向或目标进行。当人从一种活动转向另一种活动时，只有在注意的状态下，才能完成活动的转变，并顺利地执行各种新的任务。

5）监督功能

在有针对性地注意一些事物的时候，会对与之相关的事物有较大的关注度，并进而对这些事物起到一个监督、管理的作用。日常工作和学习中发生的失误和事故一般都是在注意分散和注意没有及时转移的情况下发生的。

2. 注意的种类

根据产生和保持注意有无目的性和意志努力程度的不同，可把注意划分为无意注意和有意注意。

1）无意注意

无意注意也叫不随意注意，是事先没有预定的目的，也不需要做意志努力的注意。引起无意注意的原因有两个方面：一是刺激物的特点，包括刺激物的强度、刺激物之间的对比关系、刺激物的活动和变化、刺激物的差异性；二是人的内部状态，包括人的需要和兴趣、情绪状态、知识经验等方面。

2）有意注意

有意注意也叫随意注意，是有预定目的、需要做一定努力的注意。有意注意可在人的实践活动中形成和发展起来。实践活动离不开有意注意，假如一个人缺乏有意注意的能力，要想在学习、工作中做出成绩，是很难的。保持有意注意的方法有以下三种。

（1）消除与完成任务无关的干扰，坚定意志力，如保持环境的安静，降低干扰声音的强度，坚定自己的意志力。

（2）加深对任务的理解，不断优化活动组织。经常按照任务的要求提醒自己去注意正在进行的活动，在活动进行的过程中经常提出问题，以加强对活动的注意。在进行智力活动时，把内部智力活动与外部实际活动结合起来等。

（3）利用间接兴趣，特别是稳定的间接兴趣的作用。

3. 注意的特征

1）注意的范围

注意的范围指在同一时间内意识能清楚把握对象的数量，这是注意在数量上的特征。在同一时间内，人能清楚地看到或听到的事物，其数量是很有限的。注意的范围本质上也是知觉的范围，其影响因素：一是知觉对象的特点，一般的规律性表现是注意的对象越集中，排列得越有规律，越能成为相互联系的整体，注意的范围就大；二是知觉者的活动任务和知识经验，任务繁重、知识经验少，注意范围小；三是把握对象的方法，对象多时，宜进行分组和逐个把握，而对象少时，则可进行直接把握。

2）注意的紧张度

注意的紧张度指心理活动对某个事物的高度集中，而同时离开其余的一切事物，这是注意在强度上的特征。在紧张的情况下，一个人会沉浸于他所注意的对象，而注意不到周围新发生的事情。高度的责任感、浓厚的兴趣和爱好，都会引起一个人高度紧张的注意。厌倦、疲劳则会大大削弱注意的紧张度。

注意的紧张度与注意的范围是有联系的，注意的紧张度越高，注意的范围越小。长时间高度紧张的注意会引起疲劳，从而导致注意的紧张度减弱，注意逐渐趋于分散。注意的紧张度使人能排除各种无关刺激的干扰，这表明注意具有抗干扰的性能。在工作中，应善于调节注意的紧张度。

3）注意的稳定性

注意的稳定性指人的心理活动长时间地保持在感受某种事物或从事某种活动上，这是注意在时间上的特征。能够长时间地把注意集中在一定的对象上，是学习、工作高效率的保证，是具有良好注意稳定性品质的表现。与注意稳定相反的特征是注意的分散，是指注意离开当前应当完成的活动而被无关的事物所吸引。注意的稳定性并不意味着注意总是指向同一对象，而是说行动所接触的对象和行动本身可以变化，但是活动的总方向始终不变，注意的起伏不会影响对复杂而有趣的活动的完成。

注意的稳定性与注意对象的特点有关，如果注意的对象是单调的、静止的，注意就难以稳定；如果注意的对象是复杂的、变化的、活动的，注意就容易稳定。注意的稳定性与人的积极性关系更重要，如果人对所从事活动的意义理解深刻，态度积极、兴趣浓厚、思维活动积极，注意就容易稳定、持久；如果人对所从事活动的意义缺乏理解、缺乏兴趣，或处于疲劳、疾病的时候，注意就容易分散。

4）注意的分配

注意的分配指一个人把自己的注意指向于不同的对象或活动。注意的分配是有条件的，如活动本身的性质和特点、分配注意的技巧及对活动的熟练程度等，其中最重要的条件是在同时进行的不同种活动中有一种活动必须是非常熟练或相当熟练的。因为，熟练的活动，人不需给予更多的注意就能自动地实现，而可以把大部分注意力集中到比较生疏的活动上。由于某种熟练的活动使注意分配成为可能，因此注意分配的能力可以通过练习而逐步形成。

5）注意的转移

注意的转移指一个人根据新的任务，主动地把注意从一个对象转到另一个对象上。注意的转移有一个过渡阶段，“万事开头难”指的就是注意转移过程中的表现。注意转移的速度取决于两方面：一是原来注意的紧张度，原来注意的紧张度越大，注意的转移就越困难、越缓慢；二是新的注意对象的特点，新的注意对象越符合于人的需要和兴趣，注意的转移越迅速。

注意的转移与注意的分散是不同的，转移是根据任务的需要主动地、有目的地把注意转向另一个对象；分散是在需要注意稳定的时候，不随意地改变注意的对象。

上述五个方面的注意特征，既有好的作用，也有不好的作用。高速铁路客运服务人员在工作中，应使注意的特征得到灵活的运用，才能取得好的效果。例如人们往往不喜欢看悲剧，是因为悲剧会将人们的注意完全地吸引去，人们会好几天快乐不起来，但给人们留下最深刻记忆的往往却是悲剧，这是注意力提高使记忆增强的结果。人对生活中快乐的事记忆得很少，而不快乐的事会记得很多。

（七）语言

语言是一种社会现象、是人类通过高度结构化的声音组合，或通过书写符号、手势等构成的一种符号系统来交流思想的一种行为。狭义的语言是指通过词汇以书面或口头表达的内容，广义的语言包括狭义的语言和肢体动作。

1. 语言的特征

1）目的性

语言活动是一种有目的的活动，人是为了满足某种交际的需要，达到某种目的才使用语言的。例如，简单的话语“喂”，它的目的是跟别人打招呼，引起别人的注意。

2）离散性

人在说话的时候，他的语流好像是由一连串的声音组成的，但实际上是由一系列离散的单元构成的，这既反映在音节、声音片段上，又反映在所表达的内容上。

3）开放性

人们可以利用大量的句子来表达一定的意义，而表达的内容随人与人之间交流的场景随时进行变化。

4）规则性

人的语言活动是受规则制约的，只有在一定的词汇和语法规则的范围内，人才能正确地表达和理解某种语言。

5）社会性和个体性

语言是个体之间进行交际活动的载体。由于作为交流方式的语言是一种社会现象，它随社会的产生而产生，发展而发展，因此，运用语言进行的交际活动，也具有社会性，离开了社会生活和社会上已经形成的语言，人类个体就只能发出非语言的声音，不可能进行语言的交际。

2. 语言的结构

语言是按层次结构组织起来的。语言表达的基本形式是句子。在句子的下面可分为短语、单词、语素和音位等不同层次。每个层次又都包含一定的语言成分和将这些成分组织起来的语言规则。如语音规则、缀词法规则、句法规则等。人们按照这些规则可以将音位组成语素，然后由语素组成单词，再由单词组成短语和句子。

1）音位

音位是能够区别意义的最小的语音单位。一般来讲，音位和字母相对应，但是也有这种情况存在，即一个字母在不同的单词中，可代表不同的音位。另外，几个字母合并也可代表一个音位。

2）语素

语素是语言中最小的音义结合单位，是词的组成要素。语素的种类较多。例如，既可以独立成词，也可以同别的语素组合成词的语素称为自由语素。

3）词

词是语言中可以独立运用的最小单位。在口语中，词是语音和语义的结合体，同时它还传递构词法与句法的信息。在书面语中，词还具有图形信息。因此，词是图形、语音、语义、构词法与句法五种信息的复合体。

4）句子

句子是独立表达比较完整语义的语言结构单位。根据乔姆斯基的转换生成语法理论，任何一个语句都包含两个层次的结构：表层结构和深层结构。

3. 语言的种类

语言活动分两类：外部语言和内部语言。外部语言又包括口头语言（对话语言和独白语言）、书面语言和身体动作语言。

1）对话语言

对话语言是指两个或几个人直接交际时的语言活动，如聊天、座谈等。对话语言的特点如下。

（1）对话语言是一种情境性语言。

（2）对话语言是一种简略的语言。

（3）对话语言是对话双方的直接交际。

（4）对话语言常常是一种反应性语言。

2）独白语言

独白语言是个人独自进行的，与叙述思想、情感相联系的，较长而连贯的语言。它表现为报告、讲演、讲课等形式。独白语言的特点如下。

（1）独白语言是说话者独自进行的语言活动。

（2）独白语言是有准备、有计划进行的语言活动。

3）书面语言

书面语言指一个人借助文字来表达自己的思想或借助阅读来接受别人语言的影响。书面语言的特点如下。

（1）随意性。书面语言在用文字表达自己的思想时，允许字斟句酌、反复推敲；在阅读别人写出的东西时，允许反复阅读难懂的地方。

（2）开展性。书面语言要求用精确的词句、正确的语法和严密的逻辑进行陈述，既要避免词不达意，又要力戒“言过其实”和“空话连篇”。

（3）计划性。书面的计划性常常以腹稿、提纲等形式表现出来。

4）身体动作语言

身体动作语言是利用身体动作来表达自己的思想和接受别人的影响，如舞蹈、手势等。利用身体动作语言表达自己的思想或接受别人的思想，往往需要接受专门的训练。

5）内部语言

内部语言是自问自答的语言活动或不出声的语言活动。它的特点如下。

（1）隐蔽性。内部语言是一种不出声的语言，它以隐蔽性为特点。

（2）简略性。内部语言不是一种直接用于交际的语言，它不存在别人是否理解的问题，因而常常以十分简略、概括的形式出现。在内部语言中句子的大量成分常常被省略，如只保留主语和谓语。它可以用一个词或词组来代表一系列完整的陈述。

4. 语言的表征与加工过程

1）语言的表征

表征是信息在头脑中存在的方式。根据信息加工的观点，当人们对外界信息进行加工时，这些信息是以表征的形式在头脑中存储的。

语言的表征就是语言材料所负载的信息在头脑中存在的方式。

表征既可以是词语的表征、也可以是句子的表征、段落的表征。

2）语言的加工过程

语言的加工过程就是对输入的语言信息进行编码、转换、储存、提取的过程。

根据语言加工过程中需要资源参与的程度，语言的加工可分为自动化加工和受控制的加工两种形式。自动化加工是无须参与，不受人的意识控制的加工；受控制的加工是一种受人的意识控制的加工。

根据语言加工时，各种成分间是否存在相互作用，语言的加工又可分为模块化的加工和交互作用式的加工。模块化的加工：语言各成分间的加工是单独进行的，各成分间不存在相互的作用。交互作用式的加工：语言各成分间的加工不是单独进行的，它们存在着相互作用。

二、情感过程

人在认识客观事物时，总是表现出一定的态度和体验，如满意、喜欢、厌恶、愤怒等，这些主观的心理体验，属于情感过程。

事业的成功，朋友的支持，家庭的团聚，使人感到愉快、兴奋和喜悦；工作的失利，朋友的讥讽，亲人的争吵，使人感到沮丧、痛苦和愤怒，这些都伴随着情感过程体验。情感在认识的基础上产生。“知之深，爱之切；爱之深，责之苛。”深厚、真挚的情感来源于对人、对事的真切、深刻的了解，而情感又对认识产生巨大的影响。积极的情感能引起人们认识的积极性，使人进取；消极的情感会使人消沉、沮丧，消减人们认识与创造的热情。

1. 情绪和情感的含义

情绪和情感是人对客观事物的态度的体验，是人对客观事物与人的需要的关系的反映。认知过程是人对客观事物本身的反映，而情绪和情感反映的则是客观事物与人的主观需要之间的关系。情绪和情感有积极与消极之分，这是有别于认知过程的另一特征。人对客观事物采取不同的态度是以该事物是否满足人的需要为中介的。一般来说，需要得到满足就会引起积极的情绪和情感，需要得不到满足就会引起消极的情绪和情感。例如，在旅客运输过程中，如果旅客的需要得到了满足，就会有积极的情绪和情感，而需要未得到满足时就会引起消极的情绪和情感，进而产生矛盾，甚至投诉现象。

2. 情绪与情感产生的基础

情绪和情感是由客观事物引起的，但客观事物本身并不直接决定情绪和情感，它对情绪和情感的决定作用是以需要为中介的。凡是符合人需要的客观事物，就会引起肯定的情绪和情感。例如，渴望学习知识的人得到一本好书会感到满意。高兴、满意、欣慰、敬慕、幸福等都是肯定的情绪和情感。凡不符合需要或妨碍需要满足的客观事物就会引起否定的情绪和情感。例如，失去亲人引起悲痛，无端遭到攻击产生愤怒，工作失误出现不满和苦恼，看到社会上某些不道德的行为感到气愤，等等。悲痛、愤怒、不满、苦恼、气愤等都是否定的情绪和情感。

同样的客体，在不同人身上引起的情绪反应可能会不同，甚至在同一个人身上，也会因主体当时不同的心理状况而不同。情绪的产生以需要为基础、以期望为中介，通过认知评价决定。

3. 情绪与情感的区别与联系

情绪与情感是既有区别又有联系的两个概念。

1）情绪与情感的区别

（1）情绪具有较大的情景性、激动性和暂时性，它往往随着情境的改变和需要的满足而减弱或消失。情感则具有较大的稳定性、深刻性和持久性，是对人、对事稳定态度的反映，因而情感是个性结构或道德品质中的重要成分之一。

（2）情绪是情感的表现形式，通常具有明显的冲动性和外部表现，如高兴时手舞足蹈，愤怒时暴跳如雷等，情绪一般由生理、安全等较低级的需要所引起，人和动物都具有，情绪一旦产生，往往难以控制。情感则一般由自尊、认知等较高级的社会需要引起，常以内心体验的形式存在，比较内隐，如深沉的爱、殷切的期望、痛苦的思虑等，往往深深地埋在心底，不轻易外露。

2）情绪与情感的联系

情绪与情感总是彼此依存，情感离不开情绪，稳定的情感是在情绪的基础上形成的，同时又通过情绪反映出来得以表达，离开情绪的情感是不存在的。情绪也离不开情感，情绪的变化往往反映情感的深度，在情绪发生的过程中，常常深含着情感，情绪与情感是不可分的。

4. 情绪与情感的两极性

一个人的情绪和情感往往表现为两极性的特点，在一定的条件下它们之间是可以相互转化的，下面的四个维度之间不同程度的组合构成复杂多样的情绪状态。

（1）在性质上，情感与情绪往往表现为肯定或否定相对立的两极性，如满意和不满意，喜悦和悲哀，爱与憎等。一般地说，人们的需要得到满足时产生肯定的情绪与情感，如高兴、满意、爱慕、欢喜等。人们的需要不能得到满足时则产生否定的情绪与情感，如烦恼、不满意、憎恨、忧愁等。肯定的情绪与情感是积极的，可以提高人们的积极性。否定的情绪与情感是消极的，会降低人们的积极性。

（2）在强度上，各类情绪与情感的强度是不一样的，在强弱之间又有各种不同的程度。例如，从微怒到狂怒的发展过程是：微怒—愤怒—大怒—暴怒—狂怒。从好感到酷爱的发展过程是：好感—喜欢—爱慕—热爱—酷爱。情绪与情感的强度由引起情绪与情感的事件对人的意义的大小来决定。意义越大，引起的情绪与情感就越强烈，“爱之深，责之苛”。情绪与情感的强度也和个人的既定目的和动机能否实现有关。

（3）在紧张度上，情绪有紧张和轻松之别。紧张和轻松往往发生在人的活动最关键的时刻，紧张的程度既取决于当时情景的急迫性，也取决于人的应变能力和心理准备状态，通常紧张状态能导致人们的积极行动，但过度紧张也会使人不知所措，甚至使人的精神瓦解、行动停止。

（4）在激动性上，情绪与情感具有激动和平静的两极。激动是由生活中的重要事件引起的，它是一种强烈的、为时短暂的情绪状态，如激怒、狂喜、极度恐惧等。平静与激动对立，是一种平稳、安静的情绪状态，在正常生活的情况下，情绪是平静的。平静的情绪是人们正常生活、学习与工作的基本条件。

同一件事对同一个人有时会出现两极的对立情感与情绪。例如，学习中遇到困难时，可能引起愁闷，也可能引起激奋。对立的两极在一定的条件下可以相互转化。转化的条件是人能否认识这种情绪的消极作用，并有意识地加以调节。高速铁路客运服务人员应培养良好的对待工作、对待旅客的情绪与情感，学会控制和调节自己的情绪，这是做好本职工作的基础。例如，想对旅客发火，如果想到与旅客吵架，可能会受到批评，扣发工资、奖金。这时，火可能就不会发出来了。

5. 情绪的种类

人的情绪表现多种多样，千姿百态。按基本表现形态，可将情绪分为以下三类。

1）心境

心境是一种微弱、平静而持续时间较长的情绪状态，如心情愉快、舒畅或心情烦闷、抑郁不快。心境在一个相当长的时间内有持续性。这种情绪状态倾向于扩散和蔓延，在心境发生的全部时间内，它影响着人的整个行为表现，好像自己周围一切都染上当时的这种情绪色彩。

心境在人的现实生活中有重要的意义，积极的、良好的心境能使人精神振奋，乐观地对待困难和挫折。消极的不良心境使人精神萎靡，意志消沉。培养良好的心境、克服消极的心境，是与意志、性格的锻炼分不开的。

2）激情

激情是一种爆发式的、猛烈而时间短暂的情绪状态，如狂喜、暴怒、痛哭等，通常是由突然发生的对人具有重大意义的事件引起的。人能够意识到自己的激情状态，也能够有意识地调节和控制它。人要善于控制自己的激情，作自己情绪的主人，培养坚强的意志品质、提高自我控制能力可以达到这个目的。只要具有正确的思想意识，遇事善于分析判断，在面临激动的情境时，命令自己“冷静”，以坚强的意志力克制自己，就可以使这种情绪减弱或得到控制。必要时采取转移注意力的方式，去做与激动情绪无关的事情，也可以暂时避免激情的爆发。激情具有积极性和消极性之分，必须学会控制消极的激情。

3）应激

应激是出乎意料的紧迫情况所引起的急速而高度紧张的情绪状态。人在工作和生活中，往往会遇到突然发生的事件或偶然发生的危险，它要求人迅速地集中自己的智慧和经验，动员自己全部机体的力量，即时做出决定，以应付紧急情况，这时产生的特殊体验即是应激。例如，汽车司机、机械操作工人，不可避免要遇到一些紧急情况，使情绪处于应激状态。但是，长时间持续的应激则能引起精神创伤，危及身体健康。

因此，保持适度的应激状态，能更好地发挥积极性，使思维的判断力明确，增强人的反应能力。一个人要使自己能经常保持适度的应激状态，在相当大的程度上取决于人对出现的意外情况能迅速地做出判断和决策的能力，以及具有果断、坚强的意志力等品质，而这些方面都是可以通过实践锻炼而获得或增强的。

6. 情感的种类

情感是同人的社会属性需要相联系的主观体验，是人类所特有的心理现象之一。随着年龄的增长和社会生活的拓展，人的社会需要会越来越丰富，进而会促进情感的发展。人类高级的社会性情感主要有道德感、理智感和美感。

1）道德感

道德感是根据一定的道德标准在评价人的思想、意图和行为时所产生的主观体验。道德感属于社会历史范畴，不同时代、不同民族、不同阶级有不同的道德评价标准。当人的言行符合道德标准的要求时，人们会对他产生爱慕、崇敬、尊重、钦佩等情感，自己也会产生幸福、自豪等肯定性情感，当人的思想和行为违背了道德标准的要求时，人们会产生厌恶、反感、鄙视、憎恨等体验；当人尽到了责任会感到心情舒畅，未尽到责任会感到内疚。道德感在工作中，表现为爱国主义情感、集体主义情感、责任感、义务感、事业心、荣誉感等，每个高速铁路客运服务人员都应努力培养这些方面的情感。

2）理智感

理智感是人在智力活动过程中认识、探求、评价事物时产生的情感体验，同人的认识活动的成就获得、需要的满足、对真理的探索及思维任务的解决相联系。例如，人们在探索未知的事件时所表现的求知欲望，认识的兴趣和好奇心，在解决问题过程中出现的迟疑、惊讶、焦躁及问题解决后的喜悦，在评价事物时坚持自己见解的热情，为真理献身时感到的幸福与自豪，由于违背和歪曲事实真相而感到羞愧，等等，都属于理智感。

理智感对于人们学习科学知识、认识和掌握事物发展的客观规律具有动力作用，这种作用的大小同个人已有的知识水平、学习的愿望有关。因此，培养理智感，应从学习知识，树立正确的人生观和价值观入手。

3）美感

美感是根据一定的审美标准评价事物时所产生的情感体验。美感能够增加人们的生活情趣，帮助人们以美丑的评价去赞扬美好的事物与心灵，蔑视、鞭挞丑陋与粗野的行为，从而促进人类文明的发展。人的审美标准既反映了事物的客观属性，又受人的思想观念和价值观念的影响。

美感作为情感的一种形式，是由客观情境引起的，即是对客观现实美的反映，这包括以下两方面的内容。

（1）自然景象和人类创造的美的特征。自然景象和人类创造的美的特征，能引起人们愉快的、肯定的情感体验，但也存在丑的特征，如不成比例的造型，不协调的色彩等，能引起人们不愉快的、否定的情感体验。

（2）人类的社会道德品质和行为特征，能够引起美的体验。那些为人善良、纯朴、诚实、坚强、公正坦率、不徇私情、有自我牺牲精神的品质和行为都是美的。那些丑恶的品质和行为，如损人利己、虚伪、胆小怕事、两面三刀、狡猾奸诈等，都会引起人们的厌恶、憎恨的情感体验。可见美感是按一定的标准，评价自然特征和社会行为特征时所产生的内心体验。我们应根据时代对美的评价标准，培养美感，将美在工作中体现出来，努力塑造环境美、仪表美、语言美。

7. 情绪和情感的功能

1）适应功能

人类的情绪具有适应功能，表情的发展是情绪和情感适应功能发展的标志。婴儿的情绪和情感是随他们的适应功能逐渐适应社会环境而发展起来的，笑对初生的婴儿而言只是一种生理上适应的反应，情绪的社会性参照作用是儿童以情绪为信号进行社会交往的典型例子。

2）动机功能

人的各种需要是行为动机产生的基础和主要来源。积极的情绪状态会成为行为的积极诱因起正向推动作用；消极的情绪状态则起消极因素作用，会起反向推动作用。

3）组织功能

积极的情绪和情感具有调节和组织作用；消极的情绪和情感则有干扰破坏作用，影响工作记忆、影响思维活动、影响人的行为表现。

4）信号功能

面部表情、身段表情和言语表情都能显示主体的情绪状态。言语尚未发展起来的婴儿能通过观察周围成人的表情来调节自己的行为。情绪和情感的适应功能也是通过信号作用得以实现的。

三、意志过程

人在与周围客观环境相互作用时，为处理和改造客观事物想办法、制订计划、采取措施和克服困难，这种努力实现某种目标的心理活动过程，称为意志过程。在高速铁路客运服务人员为旅客提供服务的过程中，尤其是直接的面对面的服务的过程中，面对各种问题和困难，需要坚强意志。

（一）意志的含义

意志是指人为了达到一定的目的，自觉地组织自己的行为，克服种种困难以实现预定目的的心理过程，其是意识的能动表现。人在反映客观现实的时候，不仅产生对客观对象及其现象的认识，也不仅对它们形成这样或那样的情绪体验，而且还有意识地对客观世界进行有目的的改造。这种最终表现为行动的、积极要求改变现实的心理过程，就是意志过程。意志过程和认识过程、情感过程一样，也是人脑的机能。

意志包括感性意志和理性意志两个方面。意志是人类特有的心理现象，是在人类认识世界和改造世界的需要中产生的，也在人类不断深入地认识世界和更有效地改造世界的过程中发展。

在旅客运输过程中，高速铁路客运服务人员既然明确了让旅客满意的目标，就要克服服务过程中的各种困难，需要做出意志努力，而不是让“全心全意为旅客服务”成为一句空话。

（二）意志行为

1. 意志行为的特点

（1）意志行为是自觉的、有目的的行动。

意志行为以行动的明确目的性为特征，正是由于有了这种目的，人才能发动有机体做出符合目的的行动，并且制止某些不符合目的的行动。意志行为的水平及效应的大小，是以人的目的水平的高低和社会价值的大小为转移的。一个人的行动越有目的，他的目的的社会价值越大，那么他的意志水平就越高，行动的盲目性与冲动性也就越小。中外许多著名的科学家、艺术家，他们之所以能在自己的领域中取得优异的成绩，一个重要的原因是具有明确的工作、生活目的。

（2）意志行为和克服困难相联系。

并不是所有的随意行为都叫意志行为，意志行为总是和克服困难相联系，人的意志行动总是与调动人的积极性去克服困难，排除行动中的各种障碍分不开。例如，一个人偶尔参加一两次晨间锻炼，这不是意志行为，但一个人坚持天天锻炼，风雨无阻，就需要坚强的意志努力。一个人能克服的困难越大，表明这个人的意志越坚强，反之则表明其意志薄弱。

困难有两种：一是内部困难，指思想上的困难，如存在相反的目的与愿望；二是外部困难，指客观条件的阻碍，如缺乏工作设备、工作和生活环境比较艰苦、存在外在的干扰和破坏等。人的意志既表现在对内部困难的斗争中，也表现在战胜外部困难的努力中。

2. 意志行为过程

研究意志行为，主要是分析行为的心理方面，即心理对行为的调节过程。意志行为的心理过程分为确定决定和执行决定两个阶段。

1）确定决定阶段

确定决定阶段是意志行为的开始阶段，它决定意志行为的方向，规定未来意志行为的轨道。决定的采取并不是瞬时完成的，它是一个过程，有着丰富的心理内容，体现出人的意志品质。

确定决定，包括行为目的的确定、行为手段的选择和行为动机的取舍等环节。行为目的是指人的行为所达到的目的是什么，行为手段是指借助怎样的具体行动去达到目的，行为动机则反映着人为什么要达到这一目的。

确定决定，是在面临复杂的情境时做出抉择的过程。从动力方面看，要求这个过程进行得迅速而有效，才有利于下一步执行决定的顺利实现。对人的意志过程而言，这就是意志的果断性。果断表现在迅速而合理地做出决策并采取行动的能力上；反之，如果在各种动机之间，在不同的目的、手段之间摇摆不定，迟迟做不出取舍，那是优柔寡断的表现；如果确定决定缺乏合理性，不经深思熟虑就贸然抉择，那是草率的表现。

2）执行决定阶段

该阶段是意志行为的完成阶段。在这个阶段里，人的主观目的转化为客观结果，观念的东西转化为实际行为，实现对客观世界的改造。决定一经确定之后，决定的执行便是意志行为实现的关键阶段。再好的决定，如果不付诸实施，就失去意义，也不再能构成意志行为。执行决定，常要求付诸更大的意志努力。

（1）执行决定的行为要求巨大的智力或体力，并要忍受由行为或环境带来的种种不愉快的体验。

（2）积极而有效的行为，要求克服人的个性中原有的消极品质。

（3）执行决定过程中，与既有目的不符的各种动机还可能在思想上重新出现，引诱人的行为脱离预定的轨道。

（4）行为过程中总会出现意料之外的新问题、新情况，而主体又可能缺乏应付新情况、解决新问题的现成手段，从而造成人的行为的踌躇或徘徊。

（5）在行为尚未完成之时，还可能产生新的动机、新的目的和手段，它们会在心理上同既定目的发生竞争，从而干扰行为的进程。

上述各项因素，都是妨碍意志行为贯彻到底的困难，要求人做出意志努力。执行决定是使行为按照预定方向和轨道坚持到底的过程。从动力方面看，这一过程要求不能半途而废，要求行为不偏离基本方向，反映在意志品质上，就是意志的坚忍性。意志坚韧的人，不论前进道路上有何艰难险阻，决不会放弃对目标的追求；不论行动中遇到何种困难，总是坚持既定的方向，百折不挠。

（三）意志与认识、情绪、情感的关系

认识、情绪、情感和意志是人的主观心理活动，分别反映了事实关系、价值关系和行为关系。人为了生存和发展就必须首先感知和了解各种事物的事实关系，其次要掌握这些事物对于人的价值关系，最后要掌握每个行为的价值关系并且判断、选择、组织和实施一个最佳的行动方案。

1. 意志与认识的关系

离开认识过程，就不会有意志行为。人们在实现每一个具体的意志行为的时候，为了确立目的和选择手段，通常要观察客观的形势、分析现实的条件、回顾以往的经验、设想未来的后果、拟定种种方案、编制行动计划，并对这一切进行反复的权衡和斟酌，这些都依赖感知、记忆、现象、思维的过程。这些过程是意志活动的理智部分。

意志在认识的基础上产生，又对认识活动产生巨大的影响。首先，人对外部世界的认识，是有目的、有计划并需要克服各种困难的过程，如解决问题的思维活动，离不开人的意志努力，即离不开意志过程。其次，人对世界的认识，是在变革事物的过程中完成的，而一切变革现实的实践活动都是有意志的行动，都必须受意志过程的支配和调节。因此，没有意志，也不会有深入的、完全的认识活动。

2. 意志和情绪、情感的关系

人的情绪和情感是人活动的内部动力之一。当某种情绪或情感对人的一定行为起推动或支持作用时，情绪或情感可以成为意志的动力。如一个非常热爱他所从事的事业的人，会克服各种困难做好自己的工作；而一个对所要达到的目标抱着无所谓或冷漠态度的人，不可能以坚强的意志去做好工作。

当人们在从事他所不愿做的事情时，情绪或情感也可能成为意志的阻力。“不乐意”的情感，对于这项活动而言，是一种消极的体验，它妨碍着意志行为的贯彻，造成意志行为的内部困难。由外部困难所引起的消极的情感体验，如困惑、焦虑、彷徨、痛苦等，也能动摇人的意志。

意志受情绪和情感的鼓励，而且在对情绪和情感的调节和控制方面发挥着巨大的作用。所谓理智战胜情感，就是意志对情感的调节作用。人们需要抑制过分的喜悦、愤怒或悲痛，而使情感服从于理智所确定的目的。一个意志坚强的人，常常是一个善于调节和控制自己情绪体验的人。

认识是情感、情绪的源泉，情感、情绪是意志的源泉。情感、情绪最初是从认识中逐渐分离出来的，又反过来促进认识的发展，意志最初是从情感、情绪中逐渐分离出来的，又反过来促进情感、情绪的发展，认识、情感、情绪和意志是相互渗透、相互作用、互为前提、共同发展的。

（四）意志的品质

人的意志品质，存在着巨大的个别差异。人的主要意志品质有自觉性、坚定性、果断性、自制性。

1. 自觉性

自觉性是指能否深刻地认识行为目的的正确性和重要性，并主动地支配自己的行动使之符合该目的的意志品质。有高度自觉性的人能够按照自然界和社会发展规律，提出自己的行动目的，不轻易受外界的干扰和影响，但能接受有益的意见，经常主动地使自己的行动服从于该目的。既不会鲁莽行动，也不会盲目附和。

与自觉性相反的意志品质是盲从和独断。盲从就是盲目地受他人的暗示或影响，高度盲从的人没有主见，不了解自己行为的意义，因而极易受他人的影响和怂恿，极易轻信他人。独断就是盲目地拒绝他人的意见或劝告，独断专行的人，对于他人的意见或劝告不论正确与否，一概顽固地拒绝；对于自己的决定总是自信不疑，一意孤行，而不顾主客观条件的变化。盲从和独断虽然表现上不同，但实质上都是缺乏自觉性的表现。

2. 坚定性

坚定性是指在完成艰巨任务时坚持不懈地克服困难的意志品质。有高度坚定性的人，有顽强的毅力，能充满信心地为正确的目标而奋斗，不怕困难和挫折，善于总结经验和教训，既不为无效的愿望所驱使，也不被预想的方法所束缚。

与坚定性相反的意志品质是动摇性和刚愎自用。动摇性是遇到困难便怀疑预定目标，不加分析就放弃对预定目标的追求。这种人不善于迫使自己去达到预定目标，偶遇挫折便望而却步，做事见异思迁。刚愎自用是对自己的行为不做理智的评价，这种人不能客观地认识形势。尽管事实证明他的行为是错误的，但仍然不思悔改，自以为是。动摇性和刚愎自用实质上都是对待困难的错误态度，属于消极的意志品质。

3. 果断性

果断性是善于迅速地明辨是非，迅速地确定决定和坚决地执行决定的意志品质。果断不同于轻率，它是以周密考虑和足够勇气为前提的。果断的人对自己的行为目的、行动方向和行为后果，都有深刻的认识和清醒的估计。所以，当事态发展到最紧急关头时，能当机立断，及时行动，毫不动摇。

与果断性相反的意志品质是优柔寡断。优柔寡断者的显著特点是无休止的动机冲突，在确定决定时，迟疑不决，三心二意；紧急关头不认真思考，仓促决定；做出决定后又反悔，甚至开始行动之后，还怀疑自己决定的正确性。优柔寡断是缺乏勇气，缺乏主见，意志薄弱的表现。

4. 自制性

自制性是善于控制自我、约束自我的意志品质。在意志行动中，欲望的诱惑，消极的情绪等都会干扰人做出决定和执行决定。有自制力的人能够驾驭自我，克服自己的欲望和情绪干扰，迫使自己执行已经采取的、具有充分根据的决定，或者奋力地进取，或者坚决制止某些行为。自制力是意志的抑制功能，易冲动、意气用事、不能律己，知过不改等都是缺乏自制力的表现。

与自制性相反的意志品质是任性和怯懦。任性的人不能够约束自我，常常言语伤人、行为放纵。怯懦的人则胆小怕事，一遇到困难就慌乱失措，畏缩不前。

如果一个人的某些意志品质是稳定的，这些意志品质就反映了他的意志发展水平。每个人的意志发展水平是不一致的。有些人的某些意志品质（如自觉性、自制性）发展水平高些，有些人的某些意志品质（如坚定性、果断性）发展水平却较低。人们意志品质存在差异，是普遍的客观实际。

第三节　个性心理的一般性认识

【知识目标】

1. 了解人的个性意识倾向的表现形式；
2. 了解人的个性心理特征的具体体现。

【能力目标】

1. 能够根据旅客的行为表现分析其个性意识倾向或其心理特征；
2. 能够面对客运服务过程中所遇到的挫折进行自我分析与调节。

【学习要求】

1. 能够结合旅客的外在行为表现分析其心理动机及服务需求；
2. 能够通过旅客的气质特征分析其气质类型进而提供相应服务。

【学习内容】

现实的心理活动总是在一定的个体身上发生的，个体的心理活动既体现着一般规律，又具有个别特点。在个体身上经常地、稳定地表现出来的特点，称为个体心理特征。个体带有倾向性的、本质的、比较稳定的心理特征的总和，称为个性。个性包括两个方面：一是个性意识倾向；二是个性心理特征。本节主要从这两个方面对个性做简要的介绍。

一、个性意识倾向

个性意识倾向是指人进行活动的基本动力，是个性结构中最活跃的因素，其表现在对认识对象和活动对象的趋向和选择上。下面主要从人的需要、动机、兴趣、期望、挫折、人性几个方面进行介绍。

（一）人的需要

1. 需要的含义

需要是个体在生活中感到某种欠缺而力求获得满足的一种内心状态，它是个体自身或外部生活条件的要求在脑中的反映。

1）需要是对现实要求的反映

需要的形式和内容主要取决于所需对象的存在。当给予、改变或剥夺对象时，需要会发生相应变化，或因满足而消失，或因缺少而增强。从需要是对现实要求的反映来看，需要的特性表现在以下方面。

（1）多样性。由于人的社会实践活动范围极其广泛，在此基础上形成的需要也是多样的，有衣、食、住、行等物质方面的需要，也有知识、交往、尊重、成就等精神方面的需要。

（2）结构性。多种需要之间相互关联、相互制约，形成复杂的结构体系，具有结构性和层次性。

（3）社会制约性。需要是主观感受和客观环境共同作用的结果，受所处社会条件的制约，由特定社会历史条件下的生产力水平、社会关系性质及个人的社会角色地位决定。

（4）发展性。社会历史条件的发展变化，会引起需要的内容范围及满足方式的相应变化，人类需要不会停留在同一个水平上。随社会经济的发展，人的需要不断被满足后又产生新的需要，从而推动了人们不断寻求新的满足的方式和手段。

马克思认为，劳动力价值包括生存资料、发展资料和享受资料三部分。这三种资料是需要的三种表现。劳动力价值的构成，可以反映出需要的多样性和结构性。劳动力价值的三个方面，在不同时期，每一需要的强度是不同的，它受社会经济发展水平的制约。在社会经济发展落后时，生存资料的需要占主导地位；当社会经济发展相对发达时，发展和享受资料占主导地位，因此，劳动力价值也体现了社会制约性和发展性的特征。

2）需要是个人的一种主观状态

需要是在内外条件的作用下产生并为自己所感受和体验到的一种内心状态。从主观状态上看，需要的特征表现为以下方面。

（1）对象性。需要总是表现在对具体事物的需求或追求。

（2）紧张性。需要使人感到某种欠缺，在希望需要得到满足而又未得到满足的过程中，常会体验到一种特有的紧张、不适感或无法实现的苦恼感等。

（3）驱动性。需要一旦出现，会成为一种支配行为去寻求满足的力量，推动人去从事某种活动，并使人保持这种行为，直到需要得到满足。

（4）起伏性。已经形成的需要一般不会消失，它作为一种实际上起作用的力量总是断断续续的，时而呈现活跃的动态，时而转入潜伏的静态。

例如，人对爱的需要，这是人最根本的需要表现之一。当一位小伙子到了一定的年龄，便会产生对姑娘的爱的需要。这种需要作用在具体的某个人身上，形成对具体人的爱慕。这时，他心里就会产生想和她在一起的愿望。可见到她或真和她在一起时，又心慌、脸红。想对她表达自己爱意，又怕对方拒绝。这些心理活动达到一定的程度，他最终受爱的需要的驱动，鼓足勇气向她表达了对她的爱。如果他努力地使自己的心理平静下来，暂时没有表达，但随时间的发展，可能对她的爱还会活跃起来。

2. 需要的运动过程

人的需要是一个周而复始、循环往复的运动过程，这是人的动机和行为的一个客观规律。需要的运动过程如图 2－4 所示。

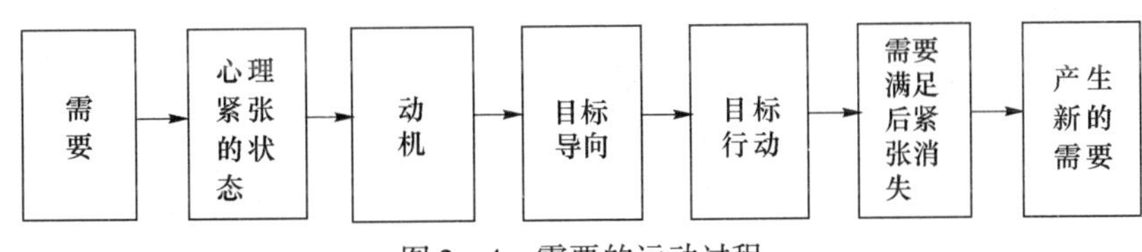

图 2－4　需要的运动过程

3. 需要的分类

人的需要是多方面的，一般有以下三类划分方式。

1）从需要的性质划分

从需要的性质划分，需要可以分为生理需要和心理需要。

（1）生理需要，也称为物质需要，包括衣、食、住、行、安全等方面。这是人类生活的基本需要，是推动行为的强有力动力。

（2）心理需要，也称为精神需要，是除生理需要之外的其他需要，包括文化、成就、地位、归属等方面。

需要构成激发人行为的动机，是支配人行为的最有普遍意义的原因。

2）从对需要的迫切程度划分

从对需要的迫切程度划分，需要可以分为远期的间接需要和近期的直接需要。

（1）远期的间接需要是指那些比较概括的、抽象的、总体方面的需要，它常以理想、志向等形式表现出来。这种需要是促使行为持久的、稳定的动力，其使人有明确的方向和目标。

（2）近期的直接需要是随远期的间接需要而产生的一系列具体的需要，这种需要是促使人行动的直接动力。

3）从需要的范围划分

从需要的范围划分需要可以分为社会成员个体需要和社会成员共同需要。

社会成员的个体需要和共同需要之间表现为一致性和矛盾性，这种关系可划分为以下四种情况。

（1）社会需要和个体需要是一致的。这种一致的结果，使社会和个人融为一体。

（2）社会需要和个体需要之间部分一致，部分不一致。例如，遵守交通规则，它与个人安全的需要是一致的，但又与个人绝对自由的需要对立。这就要求通过各种外部控制，使一致部分处于需要结构中的主要地位，不一致部分处于次要地位，这样也能够使人自觉地接受。

（3）个体需要与社会需要没有直接的联系，但事物是普遍联系的，通过分析，可将间接的联系转变为直接的影响，使人接受。

（4）个体需要与社会需要相冲突。冲突的核心是把个人的需要放在了突出的位置。由于人是生活在人群之中的，个体的需要应服从社会需要的总要求，否则，他就不能被与他共同生活的人群接受。

4. 需要层次理论

美国心理学家马斯洛在1943年提出“需要层次理论”。

1）需要层次理论的基本内容

如图2－5所示，需要层次理论把人的需要归纳为五个等级。

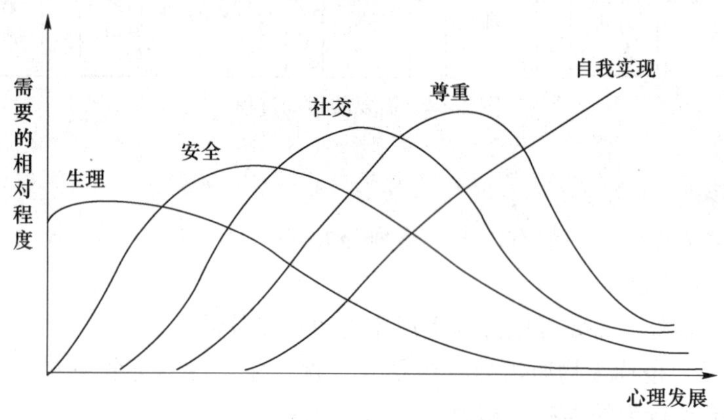

图2－5 需要层次相关图

（1）生理需要。生理需要是人类最原始、最基本的需要，包括饥、渴、冷、热等生理机能的需要，这些需要如不能得到满足，人类的生存就成了问题。

（2）安全需要。安全可划分为两方面：一是生活中的安全，如生病、事故等；二是工作中的安全，如失业、职业疾病等。

（3）社交需要。社交需要分为两个方面：一是爱的需要，人们总是希望伙伴之间、同事之间的关系融洽，希望爱别人，也渴望得到别人的爱；二是归属的需要，人会有归属感，这是一种要求归属于一个群体的感情，希望成为群体中的一员从而可以相互关心和照顾。社交需要与个人的生理特征、经历、教育、宗教信仰有关系。

（4）尊重需要。人总是希望自己有稳定的地位，有对名利的欲望，要求个人能力、成就得到社会的承认。尊重需要分为两个方面：一是内部尊重，即希望在各种情境中，自己有实力，充满信心，能胜任工作，能独立自主，有自尊心；二是外部尊重，即人希望有地位，有威望，受别人的尊重、信赖及高度评价。尊重需要得到满足，能使人充满信心，对社会满腔热情，体会到自己生活在世界上的用处和价值；尊重需要一旦受到挫折，就会使人产生自卑感、软弱感、无力感，使人失去生活的基本信心。

（5）自我实现的需要。自我实现的需要是指实现个人理想、抱负，将个人能力充分发挥的需要。为满足自我实现需要采取的途径是因人而异的，有人想成为科学家，有人想当好教师，有人希望成为一位称职的母亲。

2）马斯洛的观点

（1）上述五种需要是按次序逐级上升的，当下一级的需要获得满足后，追求上一级需要就成了驱动行为的动力。在这种需要层次逐级上升的过程中，并不是遵照“全有”或

“全无”的规律，而是某种需要部分地得到满足。

(2) 五种基本需要又分为高、低两种，生理需要、安全需要、社交需要属于低级需要，这些需要通过外部条件得到满足。尊重需要、自我实现的需要是高级需要，通过内部因素使人得到满足，而且是永远不会得到完全满足的。

(3) 五种需要既不一定是有意识的，也不一定是无意识的，一般情况下，是无意识的。对个体来讲，无意识的动机比有意识的动机更重要，但对于具有丰富经验的人而言，通过适当的技巧，可以把无意识的需要转化为有意识的需要。

(4) 大多数人的需要层次是一个固定的系列，但因为人与人之间的个体差异，也存在例外。有些人把自尊看得比爱重要，这种人自高自大，想突出自己；有些人的需要水平可能永远被压抑或天生低下，其需要始终停留在低层次上；病态人格的人可能永远失去“爱”的需要；有些某种需要长期得到满足的人，他们反而会对这种需要的价值估计不足；有些人受到许多其他因素的影响，不按自己的需要和愿望行事；有理想、有崇高社会标准的人，为了追求真理、实现理想，可能牺牲个人的其他需要。

(5) 需要层次理论的核心是自我实现，把优势需要上升为自我实现的人称为有理想的人。有理想的人往往表现出坚强的意志、百折不挠的决心。得到自我实现的人，他们的行为必须获得社会的承认，因此，追求自我实现的人，他们的行为取向往往是和社会发展相一致的。

3) 需要层次理论的意义

(1) 需要是一个从低级向高级发展的过程，这一过程的一般趋势在某种程度上是符合人类需要发展的一般规律的。例如，一个人从出生到成年，其需要的发展基本上是按马斯洛提出的需要层次理论来进行的。

(2) 需要层次理论指出了在每一时期都有一种需要占主导地位，而其他需要处于从属地位，这对人的管理具有启发作用。在管理的过程中，有重点地满足人心理处于主导地位的需要，会调动人工作的积极性，提高管理工作的效率。

(3) 马斯洛的需要层次理论对于需要的分类比较全面、细致，基本包含了其他各种分类方法所划分的类型，因此受到普遍的重视。

5. 人的欲望

欲望是尚未得到满足而又强烈要求获得满足的一种需要。形成欲望的基本条件有两个：一是缺乏，有不足之感；二是期待，有求足之感。

1) 欲望的种类

欲望的种类有很多，与需要的种类基本相似，只是在表现程度上存在差异。欲望大体上有以下几种划分方式。

(1) 以属性划分：有形的欲望（用物质可以满足）和无形的欲望（用精神可以满足）。

(2) 以时效划分：现在的欲望和将来的欲望。

(3) 以弹性划分：弹性小的欲望（如生存必需的食欲）和弹性大的欲望（如奢侈欲，其不影响生存）。

(4) 以个体需要分：生存欲望、发展欲望、荣誉欲望、舒服欲望等。

2) 欲望的特性

在欲望的形成和发展中，存在以下特征表现。

（1）欲望的无限性。随着生产的发展和科学的进步，人们的物质生活和精神生活的不断提高，人的欲望也没有止境。从某种程度上说，欲望是推动科学发展和人类进步的一个重要动力。

（2）欲望的关联性。各种欲望不是独立的，而是相互关联的，欲望之间存在密切的联系。

（3）欲望的反复性。欲望的反复性就是某种欲望满足后还会再产生。

（4）欲望的竞争性。两种或两种以上的欲望可能同时或先后产生，在竞争过程中，较有力的欲望会代替其他欲望，或迫使其他欲望趋于减弱。

（二）人的动机

1. 动机的含义

动机是指引起个人行为，维持该行为，并将此行为导向某一目标，使个人需要得到满足的过程。例如，人在饥饿时便会开始寻找食物，直到寻找到食物，吃饱，行为才停止。

动机是促使人产生行为的原因，而动机的主要来源有两个方面：一是内在条件，即需要；二是外在条件，即刺激。行为是内在和外在条件相互影响的结果，会因时、因地、因情景及其个人内部的身心状况不同，而有不同的表现。

如图2－6所示，需要引发动机，动机产生行为，行为的结果实现目标，有时刺激也会引发需要。有的心理学家认为，从人的行为的产生来看，需要与动机，欲望与驱动力在某种程度上是同义词，可以替换使用。

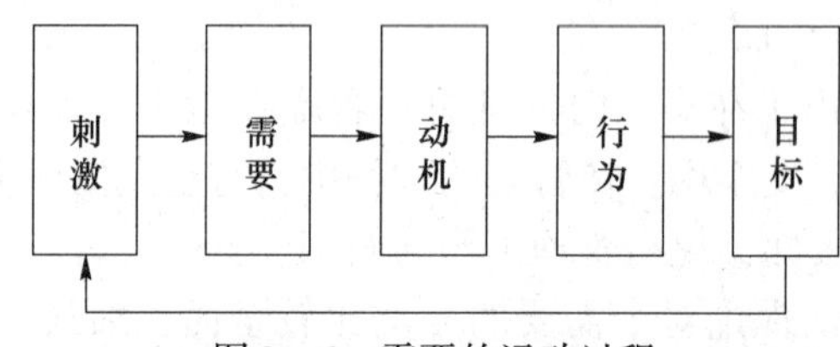

图2－6 需要的运动过程

2. 动机的分类

动机是在需要的基础上产生的，需要的性质不同，引起的动机也不同。

根据动机的性质，动机可分为生理性动机和社会性动机。生理性动机以人机体自身的生理需要为基础；社会性动机以人的社会文化生活的需要为基础。

根据学习在动机形成和发展中所起的作用，动机可划分为原始的动机与习得的动机。原始的动机是与生俱来的，以人的本能需要为基础；习得的动机是后天获得的各种动机，是经过学习产生和发展起来的。

根据动机的意识水平，可划分为有意识的动机与无意识的动机。人的动机有一部分处在意识的水平上，人能意识到自己的行为动机是什么，也能意识到自己的行为在追求什么样的目标。

由于高速铁路旅客运输心理学研究的对象是旅客和高速铁路客运服务人员的心理活动和行为规律，根据动机的性质而划分的生理性动机和社会性动机成为高速铁路旅客运输心理学对动机研究的重点。

1）生理性动机

旅客生理性动机的主要表现形式如下。

（1）饥饿。这是由于体内缺乏食物或营养引起的一种生理不平衡状态，具体表现为一定程度的紧张不安，甚至是饥饿的折磨和苦楚，从而形成个体内在的紧张压力，并使个体产生求食的渴望和展开觅食的活动。

（2）渴。这是由于体内水分不足而引起的一种生理不平衡状态，它能推动个体产生找水的活动。与饥饿相比，渴具有更强的驱动力，一个人可以几天不吃食物，但不能几天不饮水。

（3）睡眠。这是由于机体疲劳产生休息的需要而引起的动机，它使个体由活动状态趋于休息状态，这和其他动机总是推动机体趋向活动是不同的。实践证明，如果一个人的睡眠被剥夺几天，他就不能忍受，甚至出现精神错乱现象。睡眠与疲劳有关，越是疲劳越需要睡眠休息。

2）社会性动机

旅客社会性动机的主要表现形式如下。

（1）兴趣。兴趣是人们探究某种事物或从事某种活动的心理倾向，以认识或探索外界事物的需要为基础，其是推动人们认识事物、探求真理的重要动机。人对有兴趣的事物表现出极大的积极性，会有力地推动行为。

兴趣的最高境界是达到“迷”的程度。目前社会上有很多的“迷”，如歌迷、影迷、球迷、集邮迷、网迷、旅游迷，等等，不胜枚举。“迷”有两个主要的特征表现，一是“累”，而他又不怕累。如球迷可以忍受累、渴、饿等，但不能错过一场球赛；二是“精”，是“迷”就有所精通，如球迷能够说出各个球队的队员、教练，某两个球队在某时、某地的对阵人员，比分的多少，球是何时踢进的，由谁踢进的，等等。如有人在高速铁路客运服务中能达到“迷”的程度，他的工作也就做好了一半。“迷”的基础是有兴趣，喜欢。因此，应加强对高速铁路客运服务人员职业爱好的培养和训练至关重要。

（2）交往动机。交往动机是在交往需要的基础上发展起来的。当这种动机促使人们满足交往需要时，人们会感到安全，有依靠，增强了生活和工作的勇气；相反，人们会感到孤独、寂寞而产生焦虑和痛苦。

交往动机反映了劳动和人类社会生活的要求，人要劳动，要参加社会生活，就必须与别人交往。如果没有交往，人类的社会生活就要解体，与自然的斗争也就会软弱无力。

（3）成就动机。人希望从事对自己有意义的活动，并在活动中取得满意的结果。成就动机的强弱影响成绩的大小，成就动机强的人往往会取得较大的成绩。成就动机的强弱影响人们对职业的选择，成就动机弱的人，愿意选择风险小、独立决策少的职业，而成就动机强的人，喜欢担任富于开创性的工作，并在工作中敢于自己决策。

人的成就动机是在生活环境的影响下产生的，其中家庭的特征与生活方式对个体成就动机的发展有重要意义。

人的成就动机推动人们去争取一定的社会地位、政治地位等，因而它和交往动机有着密切的联系。

（4）劳动动机。劳动需要引起劳动的动机，它推动人们去使用与制造工具，从事创造物质财富和精神财富的活动。劳动是一种基本的社会实践，人们通过劳动与其他人相互交往，结成一定的关系，并实现自己所设立、所追求的目标，因此，在一定意义上，离开劳动动机，人的成就动机和交往动机都不可能获得完善、和谐的发展。

3. 动机的影响因素

对个人动机模式具有决定影响作用的因素有以下三种。

1）嗜好和兴趣

如果同时有几种不同的目标，同样可以满足个人的某种需要，则个人在生活过程中养成的兴趣，会明显影响和导向他选择那一个目标。例如，同样为了解决渴的问题，有人喜欢喝茶，有人喜欢喝白开水。

2）价值观

价值观的表现之一是理想，它与兴趣有关，但价值观强调生活的方式和目标，牵涉到更广泛、更长期的行为。例如，有人以追求真理为目标，将自己的行为融合在社会发展的大趋势中，努力通过自己的行为影响社会的发展；有人则重视物质享受，对其他方面不管不问。

3）抱负水平

抱负水平是指一种想将自己的工作做到某种质量标准的心理需求，一个人的兴趣和价值观决定行为的方向，抱负水平则决定行为达到的程度。个人抱负水平的高低，基于以下三个因素。

（1）个人的成就动机，即遇事想做、想做好、想胜过他人。

（2）过去的成败经验，这与个人的能力及判断力有关，过去从事某事经常成功，自然就提高了抱负水平。

（3）第三者的影响，如父母、教师、朋友、领导的希望或整个社会气氛指向较高目标，则个人的抱负水平自然也随之提高。

（三）人的兴趣

1. 兴趣的概念

兴趣是人们探究某种事物或从事某种活动的心理倾向，它以认识或探究外界的需要为基础，是推动人们认识事物、探究真理的重要动机。

兴趣是人认识需要的心理表现，它使人对某些事物优先给予注意，并带有积极的情绪色彩。例如，对足球感兴趣的人，总是对足球赛事及足球明星的刊物、消息等优先加以注意；对音乐感兴趣的人，总是对乐器及有关音乐的书籍、刊物等优先加以注意，甚至报纸上有关音乐的报道，别人议论有关音乐的事，对他都有很大的吸引力，并总是以积极情绪去探究和掌握它。

当兴趣不指向认识的对象，而是指向某种活动时，这种动机叫爱好，如对体育活动、书法活动的爱好等。兴趣与爱好是和人的积极情绪体验联系在一起的。当人们兴趣盎然地进行某种活动、获得某种认识时，他们常常体验到快慰和满意等积极情绪。

人的兴趣在个体发育中出现得很早，它最初表现为个体对环境的探究活动。婴儿出生后，对环境中出现的新事物，就会有惊奇和兴奋的反应。年龄稍大的儿童对新玩具，一般表现为注视、抚摩、摇晃、敲打甚至毁坏等。正是在个体生命早期具有的定向探究活动的基础上，才逐渐形成了人对事物和活动的兴趣和爱好。

2. 兴趣的品质

兴趣的品质主要包括以下几个方面。

1）兴趣的倾向性

兴趣的倾向性指人的兴趣总是指向一定的事物。有的人对自然科学感兴趣，有的人对社会科学感兴趣，这就是人与人之间兴趣的倾向性不同。兴趣的倾向性不是天生的，其差异性主要是由于人后天的生活实践不同造成的。

2）兴趣的广阔性

兴趣的广阔性指的是兴趣的广泛程度。如果一个人拥有广泛的兴趣，那么他的生活一定会丰富多彩，并且他本人也会拥有渊博的知识。例如，我国汉代杰出的科学家张衡，正是由于他本人有着广泛的兴趣，才使他不仅在天文学、地理学、数学、机械学方面有所成就，而且他在文学和绘画方面也很有造诣。他的文学作品在文学史上占有重要地位，同时他又是东汉六大画家之一。相反，如果一个人兴趣狭窄，就难免会知识贫乏、目光短浅、生活单调，但如果一个人的兴趣仅仅是广泛而无中心的话，则可能一无所长。

3）兴趣的稳定性

兴趣的稳定性是指兴趣保持在某一或某些对象上的时间持久性。有的人对事物的兴趣能够长时间保持稳定，可以做到数年乃至数十年如一日，不懈地努力和追求，最终取得成就。例如，居里夫人曾经说过："我的生活是不能离开实验室的。"达尔文也说过："我一生的主要乐趣就是科学工作。"与此相反，有的人则缺乏稳定的兴趣，做起事来半途而废、见异思迁，这种人很难在工作和学习中做出成绩。

4）兴趣的效能性

兴趣的效能性是指兴趣在推动认识深化过程中所起的作用。有的人的兴趣只停留在消极的感知水平上，喜欢听听音乐、看看绘画便感到满足，没有进一步表现出认识的积极性，不愿意去理解它，掌握它；有的人的兴趣积极主动，表现出力求认识它、掌握它，因此，后者的兴趣效能高于前者。

3. 兴趣的分类

人类的兴趣是多种多样的，可以用不同标准对它们进行分类。

（1）兴趣根据内容划分为物质兴趣和精神兴趣。

物质兴趣表现为对食物、衣服和舒适的生活等的兴趣。对个人的物质兴趣必须加以正确指导和适当控制，否则会发展成畸形的、带有贪婪的形式。

精神兴趣主要指认识的兴趣，如对学习和科学研究的兴趣等。

（2）兴趣根据所指向的目标划分为直接兴趣和间接兴趣。

直接兴趣是指对活动本身的兴趣。例如，对学习过程本身的兴趣，对劳动过程本身的兴趣。

间接兴趣是指对活动过程结果的兴趣。例如，对通过学习取得职业的兴趣，对工作后的报酬的兴趣。

直接兴趣和间接兴趣在生活中都是不可缺少的。如果没有直接兴趣的支持，活动将变得枯燥无味，而没有间接兴趣的支持，活动便不可能长久地持续下去，只有直接兴趣和间接兴趣正确地结合，才能充分调动积极性。

（四）人的期望

1. 期望的含义

期望是指一个人根据以往的经验，在一定时间内希望达到的目标或满足的需要的一种心理活动。这种心理活动的产生和形成是有条件的，它的变化有一定规律。

2. 期望心理的产生

人的需要是多种多样的，由于主、客观条件的限制，人的某种需要并不能一下子获得满足。但是，人的需要也不会因一时得不到满足就消失。在社会生活中，当人以为可以满足自己的目标时，就会受需要的驱动在心中产生一种期望。这时的期望处于萌芽状态，当根据自己以往的经验对达到目标的可能性进行一番分析判断后，期望才能正式形成（或取消）。期望的心理形成过程如图 2－7 所示。

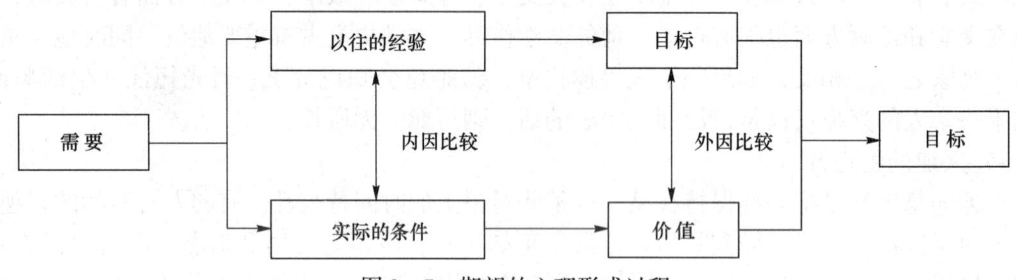

图 2－7 期望的心理形成过程

在人的期望的产生和形成过程中，一般都与目标、目标价值及可行性比较相联系。目标及目标价值是促使人们产生期望心理的外在因素；可行性比较，即个人能力及经验与达到目标所需的条件比较，是形成期望心理的内在因素。当外因通过内因起作用，出现能力及经验接近或大于客观要求时，人的期望心理便会产生和形成。

3. 期望的心理特征

期望心理一旦形成，不仅带有普通心理特征，还有着区别于其他心理现象的特征。

1）表现出一定的期望概率

这个概率值是人的经验与能力的总和，但期望概率的大小并不同经验的多少成正比，一般说，经验丰富或比较成熟的人的期望概率主要表现在准确上。例如，新领导上任，人们对他有不同程度的期望。首先是根据自己以往的经验和印象，对他进行一番分析；其次把他的能力与解决现实问题所需要的能力加以比较、判断；最后人们根据各自不同的结论表现出对新领导不同的期望值。有的人期望值高，有的人期望值低。

2）表现出一定的行为动力

期望心理是人的行为的内在动力之一，当期望成功的概率较高，成功后满足需要的价值大时，驱使行为的动力就越大；反之，则小。

3）期望心理随客观环境及目标的变化而变化

当客观环境发生了变化，会影响到人对期望概率的确定，目标价值的认证；会改变人的行为动力。如出现了新的目标，该目标比原有的目标更具有价值和高的期望概率，人的行为则表现为对新目标的追求上。

4. 期望理论

期望理论是美国心理学家弗鲁姆提出的。他认为，人们采取某种行为的动力或激励力量取决于他对行动结果的价值评价和实现目标可能性的估计。当人们有需要，又有达到目标的可能性时，积极性才能高。激励水平取决于期望值和效价的乘积：

$$激励水平 = 期望值 \times 效价$$

期望值是个人对某一行为导致特定结果的可能性或概率的估计与判断，这种主观概率受个人的个性、情感、动机的影响，因而人们对这种可能性的估计不一样，有人趋于保守，有人趋于冒险。

效价是指个人对某一行为结果的价值评价，它反映着个人对某一结果或奖励的重视与渴望程度。重视与渴望程度越大，效价也就越大。

激励水平是直接推动或驱使人们采取某一行动的内驱力。当人对某一行为成果的效价和期望值同时处于较高水平时，才有可能产生强大的激励力量。当一个人对某项工作的期望值越大，效价也越大时，所产生的激发力量也就越大。

（五）人的挫折

1. 挫折的含义

需要产生动机，动机引导人的行为指向目标，但这种指向目标的行为，由于受到社会、政治、经济的制约，并不是任何时候都能够达到目标的。在行为的过程中，受到阻碍而达不到目标的情况是常有的。挫折是当个人从事有目的的活动时，在环境中出现阻碍或干扰，使其动机不能获得满足时的情绪状态。

一般动机产生后，可能遇到的结果如下。

（1）动机能够轻易获得满足，无须特别的努力即可达到目标。

（2）动机可能受到阻碍或延迟，但此过程给予个人许多解决问题的机会，人们通过对问题的解决而最终达到目标。

（3）当一种动机行为正在进行时，突然有一个较大的动机出现，个人可能先满足后一个动机而暂时放弃前一个动机。

（4）实施动机的行为受到严重干扰或阻碍，个人无法达到目标而受到挫折，这时的心理表现为沮丧、失意，进而产生了挫折感。

挫折有弊也有利。从利的方面看，它引导个人的认识产生创造性的变迁，助人增长解决问题的能力，引导人们以更好的方法去满足欲望；从弊的方面看，如果挫折太大，可能使人们心理痛苦、情绪骚乱、行为偏差，甚至引起某些疾病。

如图 2－8 所示，一个人遇到阻碍时，会产生对抗行为倾向，企图通过各种尝试行为，努力克服这种阻碍。

2. 挫折的产生

1）产生挫折的一般原因

① 外在因素。外在因素包括个人无法克服的自然因素的限制，以及在社会生活中所遭遇到的政治、经济、道德、宗教、风俗习惯等人为因素的限制。

② 内在因素。内在因素包括个人具有的智力、能力、容貌、身材及生理上的缺陷所带来的限制，以及个人在日常生活中，经常同时产生两个或两个以上相互排斥或对立的动机而无法同时满足所产生的限制。

内在因素对人的影响受外在因素的制约，通过外在因素的改变，可以消除因内在因素而产生的挫折。同时，各种内在因素间能够相互调和、转化，有利于挫折的消除。

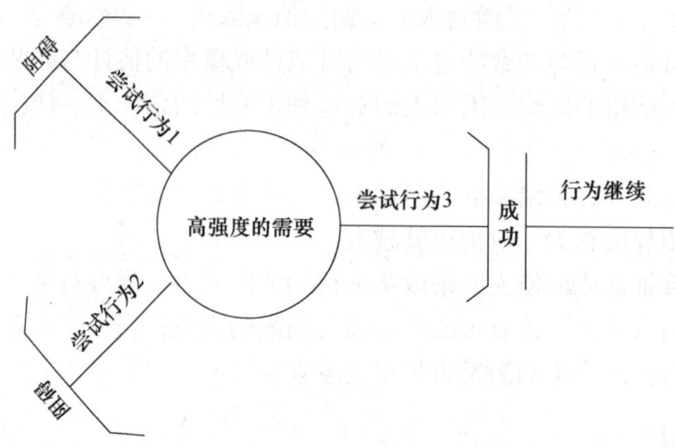

图 2－8　尝试行为满足或受阻碍

2）产生挫折的组织原因

（1）组织管理方式。组织与管理环境不良，阻碍了个人需求与人格的发展，如组织内的不正之风，低下的办事效率和拖沓的办事作风。

（2）组织内的人际关系。在不好的或过分强调竞争的人群内，会造成紧张的气氛，使人缺乏信赖，产生不满情绪。

（3）工作性质。工作对人的心理有两种重要的意义：一是能表现出个人的才能与价值，获得自我实现的满足；二是能使个人在群体中表现自己，以提高个人的社会地位。如果工作的性质不适合个人的兴趣及能力，则工作会成为心理上的负担，分权的不当，大材小用或小材大用，都将构成工作人员的挫折。

（4）工作环境。工作场地的通风、照明、噪声、安全设施及卫生设备等，如不理想，将直接影响职工的身体健康，也会引起情绪上的不满，容易引起挫折感。

（5）其他。如工作与休息时间安排不适当，偏低的工资，不公平的晋升制度等，都会影响职工的情绪。

3）对挫折的容忍力

对挫折的容忍力是受到挫折时避免行为失常的能力。对挫折容忍力的高低，受下列因素的影响。

（1）生理条件。一个身体健康、发育正常的人，对生理需要的容忍力比一个有疾病、生理存在缺陷的人高。

（2）过去的经验和学习。挫折的容忍力与个人的习惯或态度一样，可以通过学习而获得，因此，增加实践经验和阅历，可以提高对挫折的容忍力。

（3）对挫折的知觉判断。由于个人对世界认识的不同，即使客观的挫折情况相同，个人对此感到的威胁也不同，因此同一挫折对每个人所构成的打击或压力也不同。

3. 挫折行为

人们受到挫折时会产生各种行为。

1）情绪上的反应

（1）愤怒的攻击。愤怒的攻击包括两方面：一是直接攻击，即对构成挫折的人或物直接攻击；二是间接攻击，表现在责备自己，或把愤怒的情绪发泄在其他的人或物上。

（2）不安。不安表现在情绪上，出现不稳定、忧虑、焦急的情绪。

（3）冷淡。将愤怒的情绪压抑下去，在表面上表现一种冷淡，无动于衷的态度，失去了喜怒哀乐的表情。

（4）退化。当人受到挫折时，其行为表现比其年龄应有的表现幼稚。如一个人在遇到挫折时，失去控制，像小孩一样哭闹。

2）防卫的方式

个人为了减轻或避免挫折可能带来的不愉快与苦恼，从生活经验中学会某些适应挫折情况的方式，这些方式在性质上是防卫性的。

（1）合理化作用。当人遇到挫折时，给自己找出适当理由来解释，以此说服自己，进而感到心安理得。

（2）逃避作用。个人不敢面对挫折情境，而逃避到较安全的地方，包括逃向另一个现实、逃向幻想世界等。

（3）压抑作用。将可能引起挫折的欲望及与此有关的感情、思想等进行抑制而不承认其存在，将其排除于意识之外。

（4）代替作用。个人对某一对象所抱持的动机、感情与态度，若不为社会所接受，则会将此种感情与态度转向其他对象。

（5）表同作用。个人为了迎合能够使其需要得到满足的人的要求，在思想及行为上模仿他们，将自己与他们视为一体，照着他们的希望行动，借此以减轻挫折。

（6）投射作用。对一些自己不愿承认的，或者因为承认之后会引起内心的不安及厌恶感的动机，无意识中把它及与此有关的态度、习性等排除于本身之外，加到别人或物体上。例如，一个对别人抱有成见的人，却常常说别人对他有成见。

（7）反向作用。个人为了防止某些自认为不好的动机呈现于外表行为，常采取与动机相反方向的行动，抑制内心的某些动机。例如，过分的亲热和屈从，背后可能隐藏憎恶与反抗的动机。

3）环境的不良适应

个人的思想、性格、行为习惯与其生活环境中所要求的社会规范、道德标准、价值观念等相符合时即为良好的适应，不相符合时为不良好的适应。不良好的适应使人产生挫折，具体表现在如下方面。

（1）攻击。如对领导进行恶意的批评和制造谣言、发牢骚、出怨言，对同事采取不友善的态度等。发生这种问题，应追究原因，采取建设性对策。

（2）退化。对某一人物及组织的盲目性效忠，情绪缺乏控制，易受谣言影响，不能明辨是非，此时，须进行判断力和自信心的培养和训练。

（3）固执。盲目排斥革新，不接受别人的建议，明知方法无效，还一再地重复，对这种表现的人，需要让他认清形势和社会的发展趋势，开阔视野。

（4）冷漠。冷漠是因需要长期得不到满足而表现出因循苟且，得过且过，对任何事皆消极不感兴趣，自暴自弃的现象。

4. 避免挫折的措施

（1）对于因一般原因而产生的挫折，可采取转移注意力的方法。

（2）因组织环境因素引起的挫折，需要改善组织环境，使其健康发展。

（3）提高对挫折的容忍力。增长知识、经验和生活阅历等，都可以提高对挫折的容忍力。

在历史的长河中，人不过是沧海一粟。内外环境的一切因素，在其不能满足自己的需要而自己又无法使其改变时，人便容易产生挫折。面对挫折，人应该学会应付挫折的方法，以减轻自己生活的负担，使自己生活得愉快、轻松。人毕竟要走很长的路，又何必为自己徒增烦恼呢？人生活在期望中，对未来的事物怀有期望，因有期望往往容易产生挫折，期望越大，越容易产生挫折，但人是在期望和挫折中不断进步的。

（六）人性

1. 管理心理学的人性观

人性具有阶级属性和自然属性两方面的表现。哲学上所讲的人性主要是指人的一般本性和各个时代发生了变化的本性，是人类本性的最高概括。管理心理学讲的人性是指管理者对职工需要和劳动态度的看法，主要是从人的自然属性方面展开的。管理心理学认为人性的特点主要表现在以下几个方面。

（1）人有高度自我、自尊及求得生存的欲望。

（2）人是有智慧、有感情的动物。

（3）人受先天的遗传与后天环境的影响。

（4）人的欲望并不完全相同，同一欲望也有强弱的差别。

（5）人可能受到某种激励而要求上进，努力去实现某一目标或理想，甚至不惜牺牲自己的生命；也可能因为受到某种刺激而感到内心空虚，甚至感到人生毫无意义。

人有人的尊严与“自我”，这种自我的主要特征是渴望得到别人的尊敬。任何一种外界不良影响，都可能或多或少伤害一个人的自尊心。一旦自尊心受到伤害，就有可能进行反抗。这种反抗的行为即使不表现出来，也可能埋藏在心底，其结果可能形成情绪不安、工作消极、感到自卑或不合群，甚至导致有害的行为。

2. 人性的假设

从传统管理到现代管理，西方管理心理学家对人性做了四种假设：经济人、社会人、自我实现人、复杂人。

1）经济人

传统管理思想认为，在企业内，人活动的主要目的是追求自身的利益，工作动机是为了获得经济报酬，这便是泰勒提出的“经济人”理论。美国心理学家麦格雷戈用“X 理论”归纳了“经济人”的假设，其要点如下。

（1）大多数人生来懒惰，总想少干一点工作。

（2）大多数人没有什么雄心，不喜欢负责任，宁可被别人指挥。

（3）大多数人以自我为中心，对组织的目标不关心。

（4）大多数人缺乏自制能力，容易受他人影响。

基于此，相应的管理观念认为，为了达到企业经营目标，追求生产的高效率，应将管理与作业分开，并运用严格的管理制度，也就是强制性的管理对人进行控制。

X 理论的特点是“胡萝卜”加“大棒”。“胡萝卜”的作用在于满足人的物质追求，使其保持行为动力；“大棒”的作用在于迫使人的行为与组织目标保持一致。

2）社会人

美国哈佛大学教授梅奥提出“社会人”的理论，其要点如下。

（1）人的行为动机不只是追求金钱，也包括人的全部社会需要。

（2）由于技术的发展及工作合理化的结果，使工作本身失去了乐趣和意义，人们便从社会关系中去寻求乐趣和意义。

（3）与组织所给予的经济报酬相比，人们更加重视同事之间的社会影响力。

（4）工作效率随着上级满足职工社会需求的程度而改变。

“社会人”的观点与“经济人”的观点相比，无疑是一个进步，它强调了人的社会性需求，突出了人际关系对个人行为的影响。与“社会人”假设相对应的管理观念如下。

（1）管理者除了应注意工作目标的完成外，更应该注意职工在各项工作过程中产生的各种需要，并设法给予满足。

（2）在激励职工工作积极性之前，应先了解他们对团体的归属感及对社会需求的满足程度。

（3）重视团体对个人的影响，建立团体的奖励制度，施行职工参与管理的民主管理机制，以满足职工的社会性需要与成就的需要，使其为达到企业目标而努力工作。

3）自我实现人

美国心理学家麦格雷戈提出“X 理论”的同时也提出了“Y 理论”“Y 理论”提出了“自我实现人”的概念，这是对“社会人”理论的发展，其要点如下。

（1）人的需要从低级向高级发展，低级需要满足后，将会追求高级的需要，自我实现是人的最高级需要。

（2）人们因工作而变得成熟。有独立、自主的倾向。

（3）人有自动、自发的能力，又能自制，外界的控制可能构成威胁，而不利于行为。

（4）个人目标与组织目标没有根本的冲突，在有机会的情况下，它会自动地把个人目标与组织目标统一起来。

“Y 理论”的管理要点是尽量把工作安排得富有意义，具有挑战性，使工人工作之后能引以为豪，满足自尊。组织不用对职工进行激励，而是提供机会，由职工自我激励，而自然地达到组织目标。

4）复杂人

持“复杂人”人性假设观点的人认为，前三种对人性的假设都没有考虑人的个性，以及需求的差异性和客观环境对人的影响。“复杂人”的观点是：人不只是单纯的“经济人”，也不是完全的“社会人”，更不可能是纯粹的“自我实现人”，而应是因时、因地、因各种情况采取适当反映的“复杂人”，这被称为“超 Y 理论”，其要点如下。

① 人不但复杂，而且变动很大。

② 人的需要与他所处的组织环境有关系，在不同的组织环境与时间、地点情况下，会有不同的需求。

③ 人是否愿意为组织目标做出贡献，取决于他自身需求状况，以及他与组织之间的相互关系。

④ 人可以根据自己的需求、能力，而对不同的管理方式做出不同的反映，没有一套适

合于任何人、任何时代的万能的管理方法。

与“复杂人”观点相对应的管理理论即“权变理论”。权变理论认为，管理者在应用理论或方法时应考虑现实情况，管理者要具有洞察人们个性差异的能力，能够随机应变地采取适当的管理方法。

二、个性心理特征

个性心理特征是指人们在生活过程中形成的某些稳固而经常出现的心理特征，包括气质、性格、能力等。

（一）个性的形成

1. 个性的特点

根据个性的定义，个性具有以下特点。

1）独特性

每个人都有与别人不同的气质和能力，都有独特的性格与爱好。人与人之间存在个别差异。正如没有两片完全相同的树叶一样，世界上没有两个完全相同的人。

2）综合性

个性是一个人所有特点的综合反映，它包括一个人的能力、兴趣、气质、爱好及性格方面的所有特点。

3）稳定性

个性是在一个人身上经常表现出来的比较稳定的特点，其在一定的时间内保持相对不变。但个性的稳定性是相对的，一个人的个性一旦形成之后，随社会环境的变化和个人的发展，以及人与人之间关系的改变，也会有所改变，特别是年轻人的个性，具有很大的可塑性。

2. 影响个性形成的因素

一个人个性的形成，取决于两个因素：一是先天决定因素，即遗传因素；二是后天决定因素，即环境因素。遗传是个性形成和发展的前提和可能性，环境决定个性的发展方向和水平，特别是社会生活环境对个性形成的影响更为显著。一个人个性的形成与发展，是一个复杂的过程，个性主要是在社会实践中，经过长期的塑造而逐渐形成和发展的。

3. 环境对个性的影响

个性是在个体生理素质的基础上，在一定的历史条件下，通过社会实践活动形成和发展起来的。每个人生活在社会关系中，都要受到一定的社会生活环境的教育和影响，受到社会的制约。在社会关系中，主要的关系是生产关系，以及由此决定的政治、法律、道德、艺术、科学、宗教关系等。人的个性是在社会关系的交往中逐步磨炼而形成的。

人对环境是能动的，在接受外界影响时表现出积极性和主动性。人在改造客观世界的同时改造自己的主观世界，改变自己的认识能力、气质、性格。

个性的形成和发展大致经历以下三个阶段。

1）儿童时期

儿童时期受父母、亲友的影响，大人是孩子的一面镜子，大人在孩子个性发展上打下的烙印，往往会影响他的一生。

2）学生时期

学生时期受师长和同学的影响较深，每个人的社会知识和自然知识主要是从学校开始一步步积累的。师长和同学对一个人个性的影响是与父母等同的，有时甚至比父母的影响还要明显。因此，加强学生时期个性的培养非常重要。

3）走向社会时期

走向社会时期是个性发展最复杂的阶段，一个人面对所有的社会关系，在处理各种关系时，个性也在不断地得到完善和改变。社会制度、政治形势、文化教育等，这些方面对个人个性的发展也有着重要的影响。

（二）人的气质

1. 关于气质

气质是人的个性心理特征之一，是指个人典型地表现于心理过程的强度、心理过程的速度和稳定性，以及心理活动的指向性等方面的特征。

（1）心理过程的强度是指情绪的强弱、意志努力的程度等。

（2）心理过程的速度和稳定性是指知觉的速度、思维的灵活程度、注意力集中时间的长短等。

（3）心理活动的指向性是指有的人倾向于外部事物，从外界获得新印象，有的人倾向于内部心理，经常体验自己的情绪，分析自己的思想状态。

每一个人生来就具有一种气质。同一种气质类型的人，常常在内容很不相同的活动中显示出相同性质的特点。一个人的气质特点不依活动的内容为转移，它使一个人的全部心理活动染上个人独特的色彩，表现出一个人生来就具有的自然属性。气质具有极大的稳定性，但在环境和教育的影响下，也会发生某些变化。

2. 气质的类型和特征

气质可根据高级神经活动的强度、平衡性和灵活性等基本特征进行划分。

气质类型及其表现和高级神经活动及其特征对照表见表 2－1。

表 2－1 气质类型及其表现和高级神经活动及其特征对照表

神经系统的特性及类型				气质	
强度	平衡性	灵活性	特性组合的类型	气质类型	主要心理特征
强	不平衡（兴奋占优势）		不可抑制型（兴奋型）	胆汁质	精力充沛，情绪产生快而强，语言动作急速而难以自制，内心外露，率直，热情，易怒，急躁，果敢
	平衡	灵活	活泼型	多血质	活泼爱动，富于生气，情绪发生快而多变，表情丰富，思维语言动作敏捷，乐观，亲切，浮躁，轻率
		不灵活	安静型	黏液质	沉着冷静，情绪发生慢而弱，思维语言动作迟缓，内心少外露，坚毅，执拗，淡泊
弱	不平衡（抑制占优势）		弱型（抑制型）	抑郁型	柔弱易倦，情绪发生慢而弱，富于自我体验，语言动作细小无力，胆小，忸怩，孤僻

3. 气质对管理实践活动的意义

气质对人的实践活动有一定的影响。认识自己或别人的气质的特点，学会掌握和控制气质，在生活和学习中有很大的意义。

（1）气质类型无好坏之分。

作为人心理活动和行为方面的特征的综合，气质本身无好坏之分。任何一种气质类型都有积极的一面，也有消极的一面。例如，胆汁质的人精力充沛、生机勃勃，但又表现为暴躁、任性、感情用事；多血质的人灵活、亲切、机敏，但又表现为轻浮、情绪多变；黏液质的人沉着、冷静、坚毅，但又表现为缺乏活力、冷淡；抑郁质的人情感深刻稳定，但又孤僻、冷淡等。要注意气质的培养，认清气质积极的一面和消极的一面，发挥积极的方面，克服消极的方面。

（2）气质不能决定一个人的社会价值和成就的高低。

任何一种气质的人都有可能取得大的社会价值和成就。

例如，中华人民共和国的两位伟大的缔造者毛泽东和周恩来就是两种气质的人。毛泽东的气质表现为“数风流人物，还看今朝”的豪迈，周恩来的气质则表现为“面壁十年图破壁，难酬蹈海亦英雄”的坚毅和执着。

（3）气质影响人的活动效率。

要求迅速做出灵活反应的工作，对于多血质和胆汁质的人较为合适；要求持久、细致的工作，对黏液质和抑郁质的人较为合适。

（4）气质影响人的情感和行为。

气质对形成和改造人的某种情感和行为特点具有很大的影响。例如，严厉的批评对多血质和胆汁质的人会促使他们遵守纪律，对黏液质和抑郁质的人可能使他们产生怯弱的后果。

气质是影响人心理活动和行为的特点，是人稳定的心理特征之一。了解一个人具有的气质类型，从个人角度，可以为自己选择最适合的职业，以及生活环境；从管理的角度，可以将具有某一种气质的人安排在他最适合的工作岗位上去，最大限度地发挥他的作用。虽然人的心理和行为不是由气质决定的，而是由社会生活环境和个人具体生活状态决定的，但气质是构成人各种个性品质的一个基础，必须充分重视。

（三）人的性格

1. 关于性格

性格是指一个人表现在态度和行为方面的较稳定的心理特征。性格具有两方面的表现，一方面反映人的动机和态度，如一个小气的人和一个勤俭的人，在行为方式上可能很相近，但动机和态度不一样；另一方面表现在人的行为取向上，如从一个人的发笑行为中可以看出他的性格是豪爽还是拘谨。

人的性格受一定的思想、意识、信仰、世界观的影响和制约。由于具体的生活环境不同，性格会有不同的特征。性格是在生理素质的基础上，在社会实践活动中逐渐形成、发展和变化的，并具有一定的复杂性、独特性、整体性和持续性。

性格与行为有着密切的关系，要提高人的行为的预见性和控制力，掌握行为的规律性，对人性格的深入研究是必要的。

2. 性格的特征

性格是一个十分复杂的心理特征，包含多个侧面、多种多样的内容，这些特征在每一个人身上以独特的形式结合在一起，成为一个有机整体。以下从四个方面介绍性格的特征。

1）对现实态度的性格特征

对现实态度的性格特征主要表现在处理各种社会关系方面的性格特征。

（1）对待社会、集体、他人的态度所构成的性格特征，主要有善于交际、富于同情心、为人正直、诚实、坦率等，或与此相反。

（2）对待劳动、工作、学习的态度所构成的性格特征，主要有勤劳、认真、细致、节俭、创造精神等，或与此相反。

（3）对待自己的态度所构或的性格特征，主要有谦虚、自信、自尊、严于律己等，或与此相反。

2）性格的意志特征

性格的意志特征主要表现在行为活动的习惯方式，以及对自己行为的调节和控制上。按照调节行为的依据、水平和客观表现，性格的意志特征可做如下划分。

（1）一个人是否具有明确的行为目标并使行为受社会规范约束的意志特征，如独立性、目的性、组织性、冲动性、纪律性、盲目性、散漫性等。

（2）一个人对行为自觉控制的水平方面表现出的意志特征，如主动性和自制力等。

（3）在紧急或困难情况下表现出来的意志特征，如镇定、果断、勇敢、顽强等。

（4）对待长期工作表现出的意志特征，如恒心、坚韧性等。

3）性格的情绪特征

当情绪对人的活动的影响，或人对情绪的控制具有某种稳定的、经常表现的特点时，这些特点构成性格的情绪特征。性格的情绪特征按活动的情况可划分为以下四种。

（1）强度特征：表现为人受情绪的感染和支配的程度，以及情绪受意志控制的程度。

（2）稳定性特征：表现为人情绪的起伏和波动的程度。

（3）持久性特征：表现为情绪在人身上和生活活动中停留的持久程度。

（4）主导心境特征：指不同的主导心境在一个人身上表现出的稳定程度。

4）性格的理智特征

性格的理智特征是指人们表现在感知、记忆、想象和思维等认知方面的个体差异。

（1）在感知方面表现为主动观察型、被动观察型的区别。

（2）在想象方面表现为幻想家和冷静的现实主义者、具有现实感的幻想家和脱离实际的幻想家、主动想象型和被动想象型、大胆想象的人和想象被阻碍或受到限制的人、狭隘想象型和广阔想象型之间的差异。

3. 性格的类型

由于性格的复杂性，给性格类型的研究带来很大的困难，这里只介绍两种性格类型的划分。

（1）德国心理学家斯普兰格根据人类文化生活形式对人的性格进行了划分。

① 经济型：以经济的观点看待一切事物，从实际效果来判断事物的价值。具有这种性格类型的人以获得财产、追求利润为生活目的。

② 理论型：冷静客观地观察事物，根据自己的知识体系判断事物的价值，决定行为的取向。理论型的人以追求真理为生活目的。

③ 审美型：不太关心实际生活，而从美的角度判断事物的价值，强调内心的感受。

④ 权力型：重视权力，并努力去获得权力，总想指挥别人或命令别人。

⑤ 社会型：重视爱，以爱他人为其最高价值，有志于增长他人和社会的福利。

⑥ 宗教型：信仰宗教，有感于圣人的言行，坚信永存的绝对生命。

斯普兰格认为纯粹属于某种类型的人是没有的，多数人是多种类型的混合。斯普兰格按人们的生活方式划分人的性格类型，强调社会生活条件在性格形成中的作用。

（2）美国心理学家霍兰德根据性格特征与职业选择的关系对性格进行了划分。

霍兰德认为，不同性格的人在职业选择上具有明显的差异。

① 实际型：这种人不重视社交，而重视物质的、实际的利益，他们遵守规则，喜欢安定，感情不丰富，缺乏洞察力。在职业选择上，他们希望从事有明确要求，能按一定操作程序进行的工作。

② 研究型：这种人有强烈的好奇心，重分析，好内省，比较慎重。他们喜欢从事有观察、有科学分析的创造性活动。

③ 艺术型：这种人想象力丰富，有理想，易冲动，好独创，他们不喜欢受程序化工作的约束，喜欢从事非系统的、自由的活动。

④ 社交型：这种人乐于助人，善交际，易合作，重视友谊，责任心强，他们愿意选择教育、医疗工作。

⑤ 魅力型：这种人喜欢支配别人，有冒险精神，自信而精力旺盛，好发表自己的见解。他们愿意从事组织、领导工作。

⑥ 传统型：这种人易顺从，能自我抑制，想象力较强，喜欢稳定、有秩序的环境。在职业选择上，愿意从事重复性、习惯性的工作。

根据霍兰德的分类可以预测一个人的职业爱好和职业适应程度，因而对正确指导职业选择有较大实践意义。

4. 性格的本质

每个人的性格，是一个独特的世界，自成一个有机、复杂的系统，形成这个系统的各种元素有自己的排列组合方式。任何一个人，不管性格多么复杂，都是由相反的两极构成的。

（1）从生物进化的角度，有保留动物原始需求的动物性的一极，有超越动物性特征的社会性的一极。

（2）从个人与人类社会总体的关系角度，有适于社会前进要求的肯定性的一极，有不适于社会前进要求的否定性的一极。

（3）从人的伦理角度，有善的一极，有恶的一极。

（4）从人的社会实践角度，有真的一极，有假的一极。

（5）从人的审美角度，有美与丑，喜与悲，刚与柔，崇高与滑稽等的性格两极的矛盾运动。

性格表现出的两极特性，其内容不是抽象的，是由具体的、活生生的各种性格元素构成的。这些元素形成各种不同比重、不同形式的多重结构。

5. 影响性格的因素

影响性格的因素有很多，从性格的形成和发展来说，主要有生理性因素和环境因素。

1）生理性因素

生理性因素对性格发展的影响是多方面的，下面重点分析三个因素。

（1）遗传。由于基因组成的千差万别和基因表现型的多态性，导致了外显性格的不一致性，构成了人与人之间行为的差异性。遗传在人的生理构造中起重要的作用。性格是人心理的重要特征，受心理活动的基础——人脑的遗传影响。

（2）体格与体型。由于外表形象、个人体质的不同，而产生不同的性格。如体格健壮者，性格多外向，比较活跃，富于进取精神；体格瘦弱多病者，性格多内向，沉静，胆小。

（3）性别。男人和女人除生理上有各种差异外，性格方面也多有不同。如男性比较具有好强心、进取心、创造力，对政治活动及团体活动较感兴趣；对艺术及美的欣赏则不如女性。男性对抽象理论及空间关系的领悟，对推理及逻辑的运用比女性有优势；女性则在语言及文字记忆方面比男性有优势。

2）环境因素

人生活在一定的社会环境中，环境由多方面因素组成。影响人性格发展的主要环境因素有以下四个方面。

（1）家庭。家庭是个人最早接触的学习环境，一个人的语言、知识、行动和生活习惯，多从父母学起。

（2）学校。学校教育对个体的身体、智力、知识与性格的发展具有十分重要的影响。

（3）职业。从事一种职业，除需要具备该职业的知识和技能外，还要具备该种职业所应有的兴趣、道德、志向、工作习惯、纪律等，因而，长期从事某种职业的人，就会逐渐养成从事该种职业的性格特征。

（4）社会文化。社会文化的内容十分广泛，如历史渊源、政治经济制度、宗教信仰、民族风俗等，这些因素潜移默化地影响性格的形成和发展。例如，中国人性格中的家庭观念是经过两千多年的社会教育的结果，这不是说改变就能改变的。

6. 性格发展的过程

美国哈佛大学教授阿吉里斯长期从事工业组织的研究，其研究结果表明，一个人在由不成熟向成熟的转变过程中，性格会发生七种变化，表2－2所示的性格的发展过程是连续的，健全的性格由不成熟趋于成熟。一个人的文化水平和性格可能使这些改变受到限制，但随着年龄的增长，人的性格总是日趋成熟。

表2－2　性格的发展过程

不成熟→成熟
被动→主动
依赖→独立
少量的行为→能产生多种行为
错误而浅薄的兴趣→较深与较强的兴趣
附属的地位→同等或优越的地位
不明白自我→明白自我，控制自我

（四）人的能力

1. 关于能力

能力是掌握和运用知识技能的条件，并决定活动效率的一种个性心理特征，是一个人顺利地完成某种活动所必须的条件在心理特征方面的总和。

人的能力总是与人的活动联系起来，能力实际上是个体从事活动的能力。能力表现在相应的活动中，如学习能力、认识能力、组织能力等，这些都是指从事相应活动的能力。能力与活动不是一一对应的关系，一种能力往往在多种活动中发挥作用。

一个人如果个性中具有完成某种活动所需的各种能力，并且能够把这些能力很好地结合起来出色地完成这种活动，那就是说这个人具有从事这种活动的“才能”。“才能”就是各种能力的独特的结合，是知识灵活运用的过程。

如果完成某种活动所必备的各种能力在活动中能够得到最充分的发展和最完善的结合，并能创造性地完成相应的活动，通常把具备这种能力表现的人叫作“天才”。天才离不开社会历史、时代的要求，离不开个人的勤奋和努力。

2. 能力的种类

能力与活动密切联系，不同的活动领域或不同性质的活动，对人会提出不同的要求，从而相应地使人形成各种不同的能力。能力可以根据不同的标准进行分类，具体包括以下几种主要类型。

1）一般能力和特殊能力

（1）一般能力是人从事一切活动所必须具备的一些基本能力的综合，如感知力、注意力、观察力、记忆力、思维力、想象力、创造力等，其中思维力是一般能力的核心。一般能力表现为认识能力，也叫智力。

（2）特殊能力是为了顺利地从事某种专业活动所必须具备的一些能力的综合，如数学能力、绘画能力等。

一般能力与特殊能力有机地联系，一般能力的发展为特殊能力的发展提供了更好的内部条件，特殊能力的发展也积极地促进一般能力的发展。

2）模仿能力和创造能力

（1）模仿能力是人们通过观察别人的行为、活动，学习各种知识，然后以相同的方式做出反应的能力。

（2）创造能力是根据一定的目的，创造出有社会价值的、新的、独特的事物的能力。

两种能力是相互联系的，模仿性活动一般包含有创造性的因素，创造性活动也包含模仿性的因素，人的活动一般是先模仿、再造，然后才能有所创造。

3）认知能力、实践活动能力和社会交往能力

（1）认知能力，如感觉和知觉能力、注意和观察能力、记忆和理解能力、思维和想象能力等，这是人们完成活动的最基本、最主要的条件。

（2）实践活动能力，如技术操作、生产劳动等，这是有意识地调节自己外部动作，作用于外界环境的能力。

（3）社会交往能力是参加社会群体生活，与周围人们相互交往，保持协调的能力。

人是在实践活动和交往活动中认识客观世界，提高认识能力的。人又依靠对客观世界的认识去调节自己的实践活动和交往活动。

3. 能力与兴趣的关系

兴趣是人们力求认识某种事物或爱好某种活动的倾向。当一个人认识到某种事物或某种活动与需要有密切关系以后，就会努力地认识它，热情而耐心地对待它，这种努力地去认识、热情而耐心对待的心理状态，就是兴趣的表现。能力在有兴趣的活动中发展起来。兴趣具有驱动人行为的作用，而且人在行动中会心甘情愿地去忍受劳苦，并努力克服困难。在这一过程中，人的能力便发展起来了。所以，通过提高对客运服务的兴趣，可以达到提高高速铁路客运服务人员素质，提高高速铁路客运服务质量的目的。

（1）兴趣以需要为基础划分为直接兴趣和间接兴趣。

直接兴趣是由于实践本身的需要而引起的兴趣。间接兴趣是对于某种事物本身没有兴趣，只是由于某种实践的间接需要而引起的兴趣。

（2）兴趣与认识和情感相联系

没有对某一事物的深刻认识，就不会对这一事物有浓厚的兴趣，对某一事物没有深厚的感情，也谈不上对这一事物有兴趣。认识越深刻，情感越强烈，兴趣才会越深厚。

（3）兴趣具有社会制约性

人们所处的社会制度不同，阶级地位不同，其兴趣有不同的特点。高速铁路客运服务人员需要培养积极、健康的兴趣。

4. 能力与知识、技能

1）能力与知识、技能的区别

知识是人们所掌握的人类改造自然和改造社会的历史经验；技能是人们通过练习而获得的动作方式和动作系统。它们表现了一个人已经达到的成就水平。

能力是顺利实现目标的心理条件，包括顺利掌握知识和技能的心理条件，它预示着人在活动中可能达到的成就水平。

因此，不能根据一个人知识的多少简单地断定这个人能力的大小，一个人的能力可能已经表现出来，也可能没有表现出来。同时，正确评定一个人的能力，不能用对知识的评定代替对能力的鉴定。

2）能力与知识、技能的联系

（1）能力是掌握知识和技能的前提，一个能力强的人比能力弱的人更容易获得某方面的知识与技能。

（2）能力表现在掌握知识和技能的过程中，从一个人掌握知识和技能的速度和质量上，可以看出一个人能力的大小，能力制约着掌握知识和技能的快慢、深浅、难易和巩固程度，离开了人们掌握知识、技能的活动，能力无从表现，也无从得到鉴定。

（3）能力是在知识、技能的基础上发展的，能力作为顺利完成活动的心理条件，不能离开知识、技能的掌握，人在掌握知识和技能的过程中，同样发展了自己的能力。例如，人在观察自然与社会的过程中，发展了观察力；在掌握知识的过程中，发展了良好的记忆力；在探索事物本质和规律的过程中，发展了思考力。

知识、技能不同于能力，但熟练的知识和技能同样是人们顺利完成活动的必要条件，一个有经验的人比一个没有经验的人处理同样的事时进展要快得多，成功的把握要大得多，完全没有某一领域知识的人，即使他在其他方面是优秀的，但在这个领域中也是无能的。因此，知识、技能是能力形成的基本要素，知识和技能经过概括化和广泛迁移而逐渐形成能力。

能力是掌握知识、技能的前提，是掌握知识、技能的结果，两者相互转化、相互促进。

5. 性格与能力的关系

性格和能力是在人的发展过程中形成起来的。

（1）性格的形成需要一定的能力为基础。

一个人在接受教育和社会实践中发展了体力和智力，性格也在相应地形成中。例如，在观察过程中，一方面发展着观察力，另一方面也形成着性格的理智特征。

（2）能力发展水平受性格特征的影响。

一个人具有高度责任感、首创精神、热爱集体、严于律己、自信心强等性格特征，这些优良的性格特征表现在对待工作、对待集体与个人等方面时，对能力的发展具有很大的促进作用。如果一个人具有工作不负责任、不关心集体、缺乏自信心等不良的性格特征，则会使能力的发展受到很大的制约。

（3）优良性格特点往往能够补偿某些方面能力的弱点。

“勤能补拙”，说明性格对能力发展的补偿作用。电影《阿甘正传》在世界上获得很高的声誉。人们喜欢这部电影，其中一个重要的原因是喜欢阿甘这个人。他在生活中，经历了第二次世界大战之后美国的几乎所有的重大事件。这个人的智商不高，但他的一切行为却是成功的。使他成功的最重要的原因是他对待生活和工作的执着和勤奋。

6. 能力的个体差异

人的能力是有个体差异的，能力的个体差异表现在质和量两方面。

1）能力的质的差异

能力的质的差异表现在每个人可能具有不同的特殊能力，也表现在完成同一种活动时，不同的人可能以不相同的能力结合为基础。在一般能力上，人也具有个体差异。例如，同是观察力，有的人在观察中侧重分析，对细节感知清晰；有的人则侧重综合的感知，获得事物的整体印象，而忽略细节。同样是记忆能力，有人有较好的机械记忆能力，有人则善于理解记忆。

2）能力的量的差异

能力的量的差异表现在能力发展水平和快慢上。能力水平以数量的形式表现，即智商。例如，正常人都具有记忆能力，但不同人的记忆力强度不同。

尽管可以从质和量两方面分析能力的差异，但质和量总是统一于能力整体之中。了解能力质与量的差异性，在管理实践中，就能结合工作的要求，合理安排每一个高速铁路客运服务人员的工作，做到知人善用，人尽其才。

一个人应能够了解自己的能力构成及能力优势之所在，善于发展自己的长处，弥补自己的短处。

【思考题】

1. 从人的行为的角度说说如何调动旅客及高速铁路客运服务人员的积极性？

2. 心理过程与个性心理的联系是什么？

3. 群体心理和个体心理的关系是什么？

4. 旅客是属于哪一类的群体？这类群体具有什么样的特征？

5. 群体对个体有很大的压力，你认为该如何利用这些压力为旅客服务？

6. 研究高速铁路旅客运输心理学，需要涉及哪些方面的基础知识？它们之间的关系如何？

7. 心理过程包括什么？在实际旅客运输过程中如何体现？

8. 感觉的基本特性是什么？在旅客运输中如何利用感觉的特性提高旅客对运输服务质量的感知和评价？

9. 在实际工作中对表情和情绪的判断，你有什么好的经验和建议？

10. 当高速铁路客运服务人员感到挫折后，高速铁路客运管理人员应该如何做？

11. 性格和气质有何区别？学习气质的相关知识对你有什么指导意义？

12. 哪些动机是有利于高速铁路客运服务人员全身心地投入工作的？

第三章

高速铁路部分旅客群体的心理特征

【导读】不同的旅客群体在乘车旅行期间会有不同的旅行需求，遇到相同的问题也会表现出不同的心理特征，铁路客运服务部门应针对不同的旅客群体，提供相应的服务，所以，工作中不但要对旅客群体进行分类，更应该研究旅客群体的心理特征，分析他们的心理需求，掌握他们在乘车旅行期间不同环节的心理特征，这将有助于提高服务质量。

从心理学的角度入手，可以对旅客按不同的特点进行分类，例如，按照旅客年龄分为年轻旅客群体和非年轻旅客群体；按照旅客的地域分为本地旅客群体和非本地旅客群体；按照旅客出行原因分为通勤旅客群体、因公出差旅客群体等旅客群体。对旅客进行分类，有助于根据同类旅客群体基本相同的出行期望和心理需求，提供相应的服务。

第一节　年轻旅客群体的心理特征

【知识目标】

1. 了解对旅客群体进行分类的方法；
2. 了解年轻旅客群体心理特征中的积极特点；
3. 了解年轻旅客群体心理特征中的消极特点。

【能力目标】

1. 能够根据年轻旅客的行为表现分析其心理活动；
2. 能够根据独生子女的行为表现分析其心理特征；
3. 能够掌握与年轻旅客群体沟通的技巧。

【学习要求】

1. 树立良好的服务意识；
2. 多了解年轻旅客群体的心理特征及行为表现，以便在工作中提供个性化的服务。

【学习内容】

年轻是一个中性的词语，指年纪不大者，多指年龄介于十几岁至二三十岁间的人，强调的是相对来说年龄处于较小状态的成人，本书将 30 岁及以下年龄的成年旅客纳入年轻旅客的范围。

年轻人由于涉世不深、血气方刚、精力充沛，因此在生理和心理上都具有自己的特点。以心理学角度进行分析：整个青年期就是成长过程中的过渡期，就其心理发展水平来说，是迅速走向成熟而又尚未达到完全成熟的阶段，这是我们分析青年心理的一个总则。

心理的成熟以生理的成熟为前提，并受个体社会化过程所制约。在当前世界性的生理成熟提前的情况下，一般认为约经过一个世纪人类就可能平均提前一年进入心理成熟期。我们经常听见老人们惊叹说：现在的年轻人真比我们小时候厉害多了，这就是生理和心理成熟提前的一个明证。

如果以人生观的确立作为心理成熟的标志，那么一般来说只有到了青年中期之末，一般相当于大学毕业时，人生观才基本形成，并逐步趋于稳定。青年心理发展的特点：一是积极面明显突出，但也伴随着消极面；二是自我意识存在明显矛盾。

一、年轻旅客心理特征中的积极和消极特点

年轻旅客群体首先是属于青年人的范畴，因此在心理和生理特征中，必然有着青年人在心理发展过程中的积极和消极特点，需要进行甄别和引导。

1. 朝气蓬勃勇往直前

由于年轻人在生理和心理上都处于成熟高峰期，因此具有充沛的青春活力，对自己的力量充满信心，感到没有任何力量能阻碍自己不断前进。其外在精神面貌表现为意气风发、朝气蓬勃、无所顾忌、勇往直前。

如果不对这种积极的冲动行为加以自我控制，超过了一定的限度，就会走向反面，成为消极因素。也有些青年因精力旺盛，但没有找到正确的途径发挥作用，就会无事生非，进行一些无益甚至有害的活动。

2. 主动积极、勇于创新

抽象思维在青年时期将有大的发展，他们对事物的认识与评价就不仅限于当前直接接触到的事情，能进行更多间接的判断和推理，并具有一定程度的预见性，他们对新鲜事物特别敏感，厌恶因循守旧，勇于探索和创新。

有时年轻人也容易把尚未认识清楚的腐朽、错误的东西当真理来接受。抽象思维能力较强，也容易脱离实际产生片面性结论，虽善于推理论证，但也可能表现为坚持己见的强词

夺理。

3. 类似成人的新需要大量涌现，激起对生活的美好憧憬

随着社会阅历的增加，交往范围和生活领域的扩大，青年们的新需要就会大量涌现。例如：渴求完全独立自主；要求受别人尊重；渴求参加社会活动，关心政治；要求丰富多彩的业余文化生活；渴望与同辈人广泛交往，特别是志趣相投的知心友伴；强烈希望获得异性的亲密情意；对未来充满美好的愿望和向往。由于富有想象力，年轻人易于陶醉在憧憬中，而削弱了进取心和实际行动。

人的需要是无止境的，何况许多要求未必能被社会环境所许可，即便是合理的需要，如果没有充分考虑客观允许和具体情况，往往也会受到挫折。

在遇到阻碍而难以实现自己的理想时，青年容易引发对现实的不满，或凭冲动而蛮干，一旦努力受挫又容易引起悲观和失望。

4. 情绪强烈、情感丰富

情绪、情感和需要是紧密相连的，强烈的需要，也会激起强烈的情绪。如果误以为凡是需要的都是合理的，则在个人愿望不能满足时，就会引起强烈不满。年轻人还容易误认为人间所有的关系都应是合理、公正的，对自己认为不公平的事就特别反感，而且常常以自己的情感体验去度量别人，对自己认为受到不合理待遇的人富有同情心。易被某种宣传影响而诱发激情，并由于认知、判断能力的下降，会发生一些有害的盲动行为。在与异性交往中也会因激情冲动而超越正常友谊界线。

总之，青年人具有富有理想、向往真理、积极向上的特点，但也往往由于认识上的局限性和心理上尚处于走向成熟的过程，容易在客观现实与想象不符时遭受挫折打击，以致消极颓废甚至萎靡不振，强烈的自尊也会转化为自卑、自弃。这些情况如果处理不当都会影响青年的身心健康。

二、青年自我意识的矛盾

青年时代的自我意识发展，逐渐摆脱了少年儿童时代，开始自我审视，探索内在的自我，并形成了在自我意识方面的矛盾。

1. 孤独感与强烈交往需要的矛盾

青年自尊心强，许多思想情感不轻易向他人吐露；认为自己的内心世界是自己的个人秘密，是不能随便向外泄露的；如果此时长辈们不能正确地看待，在这个阶段就会造成青年心理上的闭锁性。

心理闭锁性导致青年与父母、师长及熟悉的人之间产生距离，感到缺乏可以倾诉衷肠的知心人。由于长辈对青年往往训诫多于鼓励，批评多于同情，更加重了他们由闭锁性产生的孤独感。

2. 独立性与依赖性的矛盾

心理发展使青年度过儿童的他律阶段，进入自律阶段，青年自认为已经成人，强烈要求自作主张，竭力摆脱家长的管束，并往往自以为是。青年人最忌别人不把他当作成人对待，有人称这种力求摆脱幼稚时代的心理状态为心理上的“断乳”，即心理上割断对父母的依赖关系，想与以往的时代决裂。心理上的“断乳”要比生理的“断乳”复杂得多，往往会引起许多矛盾。处理不妥就会导致身心障碍。产生矛盾的原因，一方面是由于青年实践阅历少，当处于陌生、复杂的情境时，心中无数；另一方面我国青年特别在求学期间在经济上还得靠父母供给，不可能得到真正的独立，同时由于既往意识的倾向作用，要想摆脱多年来形成的对家庭的依赖性并非易事，如报考大学、选择就业、择偶婚配等，一般都要征求父母意见。

心理上力求摆脱对父母的依赖，而在经济上又不得不依靠父母，尤其在青年人找工作比较困难的形势下，就形成了被称为“啃老”的青年人群，他们在心理上受到压抑，更容易走极端，遇事容易发怒。在铁路和地铁等交通工具上，往往能遇到脾气暴躁的青年旅客，他们无端寻衅实际上是长期受到压抑的一种心理发泄。

3. 求知欲强而识别力低的矛盾

青年求知欲旺盛，这对学习知识十分有益，但由于识别能力低，有时会瑕瑜不分，甚至吸取了有害的糟粕。由于顾及自己的形象，对于自己不理解的东西往往不再像儿童那样去询问别人，而是按自己的想法去理解，自圆其说，因此可能造成一些错误。

4. 情绪与理智的矛盾

青年对自己的追求和需要，往往奢望能尽快得到满足，并往往容易感情用事地处理这些问题。虽然他们也已懂得了一些人情世故的道理，但却不善于处理情感与理智之间关系，以致难以坚持自己正确的认识和理智的控制，而成为情感的俘虏，做出一些出格的事，事后又都往往为此追悔莫及、苦恼不已。在列车突发运营故障时，那些挑头闹事的年轻人，大都是在理智与情绪的掌控方面没有把握好造成的，而他们事后的忏悔书上几乎千篇一律地写满了后悔。

5. 幻想与现实的矛盾

青年想象力丰富、抽象思维活跃。对未来充满希望，对当前一时难以满足的需要，往往容易靠想象构思“美妙”的幻境。以“白日梦”来补偿和逃避现实。这种不切实际的理想，往往容易和现实发生矛盾，甚至导致对现实的不满，轻者苦闷牢骚，重者可能受不良倾向影响而做出越轨行为。此外，这种矛盾也会表现为“理想的我”与“现实中的我”的冲突。冲突的结果往往是自寻苦恼，并造成自己的心理危机。

总之，青年自我意识发展过程中的矛盾是复杂的，除以上所述外，还有反抗与屈从、自负与自卑，等等。这些都是青年心理不成熟的表现。青春期的精神病发病率是相当高的，所以善于和青年交知心朋友，循循善诱，平等、友好地给他们以指导，对于高速铁路运输安全具有有重要意义。

三、独生子女的心理特征

我国自从 1978 年开始在城镇全面推行独生子女政策后，大量的独生子女在 21 世纪逐步步入职场，因此在高速铁路运输系统众多二三十岁的旅客中，独生子女占有相当的比例，有必要对独生子女的心理进行较深入的分析。从他们出生、成长的环境，研究他们的心理，从而掌握独生子女旅客共同关心和思考的问题，进而提高高速铁路运输的服务质量。

独生子女不是我国特有的现象，在国外也很普遍，因此国内外对独生子女的教育和个性心理都有较成熟的研究，这些研究普遍认为，由于独生子女成长环境不同于一般多子女的家庭，因此在个性心理的形成方面的确有其特点。

独生子女在物质、精神等诸多方面一般都有着较强烈的占有或参与欲望，并表现出较高的渴望度。例如：在物质方面，由于独生子女的衣、食、住、行等条件往往比较优越，因此易形成相互攀比的氛围，进而就逐步形成了一个以“质高物新”为追求目标的生活圈。

独生子女由于在家庭里没有年龄相近的伙伴，因此缺少与兄弟姐妹共同生活和交往的经历；同时由于家长对独生子女过多的关爱，也使独生子女在得到超量的爱和呵护的同时，严重淡化了家长的教育效果，因此养成大多数独生子女独有的一些共性的心理特点。

独生子女的个性心理的特异性已成为社会关注和心理学家们研究的热点问题之一。现实情况表明，独生子女获得的物质生活条件、教育条件普遍比非独生子女优越。独生子女在身体健康、智力水平等方面都得到了较好的发展，而在心理状态、个性特点等方面则表现得与非独生子女有所不同。许多独生子女在独立性、合作精神、同情心、耐挫性及自理能力等方面，往往表现得与他们的年龄不相称。独生子女的心理特征主要表现在以下 2 个方面。

1. 正面心理特征

独生子女的个性心理不全都是负面的，在社会生活中，毕竟正面的、积极的、正能量的教育是孩子成长的主流环境，在这样的环境下，包括独生子女在内的绝大多数孩子都有着良好、积极的心理特征。

1）聪明开朗、善于思考，创造力强

独生子女家庭一般人口较少，经济比较富裕，能充分提供孩子身体发育需要的营养品，较大限度地满足他们吃、穿、玩和学习用品等要求。

因是独生子女，家长望子成才之心尤为强烈，重视教育投资。同时由于教育对象集中，目标专一，父母双方心往一处想，劲往一处使，教育意见容易统一，而且家长有充裕的时间，充沛的精力和热烈的情感来精心教育和培养孩子。这种得天独厚的优越条件，使独生子女性格开朗，体格健壮，智力发展良好，且具有较强的进取心和好胜心，以及优越感和自豪感。

人智力的高低与遗传有一定的关系，但后天的教育起着决定性作用，独生子女在家里受到的教育的机会多，父母也舍得投入，因而智力普遍较非独生子女好，才思敏捷，一项研究成果表明，一对夫妇子女的智力，与其所生子女数目有很大关系。孩子少的家庭子女平均智力高于多产的家庭的孩子们。多数科学家诊断独生子女或长子的智力高于非独生子女及次子。如牛顿、伽利略、爱因斯坦等都是长子。独生子女性格孤僻。这种孤独的性格在长大后，容易独立自主，思考力强，想象力较为丰富。

2）同情心强，乐施好善

独生子女从小受到爱的抚育，性格善良，善于观察，能够理解别人的感受，因而有较多的同情心，对于一些无关紧要的问题，能够表示理解与体谅，也会大方地接受道歉，他们还喜欢亲近年纪比他们小的孩子，表现出关注、爱护与忍让，很希望体会一下当大哥哥或大姐姐的滋味。

3）办事认真，有进取心

在独生子女家庭里，父母对于子女期望高，普通重视早期智力开发和知识教育及多种训练，对于孩子能力的培养与训练也颇注重实效，因而独生子女逐渐形成做事认真的习惯，无论做什么事，都非常用心，并且尽可能做得好一些，在上了小学之后，进取心也强，这是独生子女所能够取得成就的一个不可忽视的因素。

当然，就某一个具体的独生子女来说，其日常表现，可能与上述所说的不完全相同，从总体素质看，独生子女一般要优于非独生子女。

2. 负面心理特征

城市中大多数的独生子女从小就生活在予取予求的环境中，尤其是生活在三代同堂的家庭中，爷爷、奶奶、姥姥、姥爷对第三代的孩子往往宠爱有加，孩子想要什么大人就给什么，如果缺少正确的教育，往往会造成独生子女性格上的负面心理特征。

1）依赖性大

随着生活条件的改善，在独生子女的家庭里，父母们把全部的心血都倾注在唯一的孩子身上，家人往往对子女过分溺爱、纵容，有关孩子的事都大包大揽下来。孩子衣来伸手，饭来张口，自己什么也不用做，像个小皇帝。长此以往孩子就认为自己受到这些特殊礼遇是理所当然的，感到自己生来就应当受人关心、由人侍候，因此自己什么事也不干，也不会干，对大人的恩爱，完全不懂得珍惜，稍不顺心，还会大发雷霆，发泄对大人的不满。平时在家里娇气十足，遇上什么难题也不想自己解决，总想依赖家人。

另外还有的家长对子女呵护太多，因为怕孩子出意外，限制孩子的户外活动，不让孩子做自己想做的事。甚至因为怕孩子被人欺负，而不让孩子与小伙伴一起玩耍，使孩子失去了与伙伴交往的机会，失去了学习、模仿各种社会技能的机会。这种过度保护下成长起来的儿童就像温室里的花朵，禁不起挫折、打击、胆小怕事、畏畏缩缩、事事依赖别人，一旦离开父母的怀抱，就难以独立地生活。

2）任性专横

独生子女的特点就是独。没有兄弟姐妹，独来独往，缺乏集体生活的经验，不懂得合作分享。

在家中父母唯恐独生子女有意外，因此在生活上往往过度照顾，过度保护，使孩子生活自理能力差，具有较强的依赖性；在思想情感上，父母又视孩子为掌上明珠，百般宠爱娇纵，使孩子养成唯我独尊，娇气十足的个性；在劳动方面，父母唯恐独生子女累坏了身体，影响了学习，宁可事事自己动手，让孩子小小年纪就养尊处优，不爱劳动，不会劳动，不珍惜劳动成果，甚至不尊重劳动人民，包括不孝敬父母。

一般地说，独生子女家庭的经济条件较多子女家庭为优，独生子女自出生之日起，就得到家人很多的照顾，父母对孩子的吃、穿、用，玩都会尽量地满足。正是由于家人的宠爱、事事姑息迁就，孩子要什么就给什么，从而逐渐养成了他们放任、自私、不合群等不良习惯。有的甚至稍不如意，就对父母随意打骂。

3）自我中心

因为孤独，家长又自觉不自觉地迁就溺爱，独生子女容易形成孤僻、任性的性格。在家里盛气凌人，在外面胆小如鼠，不善于正确处理人际关系，自私、冷漠，形成一切以自我为核心等心理，导致心理的畸形发展。

溺爱是一种畸形的、丧失理智的爱。因为爱，对孩子一味迁就，甚至姑息孩子的缺点和错误。由于家中只有一个孩子，孩子就成为家庭的中心，为全家人所关注，在这种氛围的感染下，独生子女心目中便形成了周围的人都得听我的，都受我支配的心理，在与别的孩子相处时，也依然以自己为中心，不考虑别人感受，养成自私、骄横、唯我独尊的性格。

4）性格孤僻

由于没有兄弟姐妹，独生子女得到父母全部的爱，加上城市生活中多数家庭都是各守各户很少往来，因此，孩子失去了群乐的机会，没有同伴间融洽的思想感情交流，没有同伴间健康的互相帮助和团结友爱的氛围，不知道什么叫手足之情，也很少理会朋友的关心和友爱，漠视一切。把自己藏在蜗居中，使得孩子逐渐养成孤僻、内向的性格，不知道如何合群与讨人喜欢，性格孤僻，待人冷漠，不合群，更不懂得关爱、谦让和分享。其实独生子女们也是十分渴望走出孤独，融入集体的，但常常发现自己做不到也做不好，为避免受到他人讥笑，就更加远离集体、性格也更加孤僻。

四、年轻旅客的心理特点

年轻旅客具有青年人的心理特点，而其中的独生子女旅客，更是不可避免地体现出青年人和独生子女的心理特征。

1）热情好动、独立性强

年轻旅客的身上处处洋溢着青春的气息，活泼好动，在正常情况下并不与人有过多的交往，往往不是玩手机就是玩平板电脑或者独自看书报，透出一股旁若无人、拒人于千里之外的神情。

2）维权意识强、态度固执

由于从小养成了以自我为中心的倾向，走向社会后也要求得到别人的尊重。在心理上往往自觉或不自觉地表现出一些任性的心理迹象，当感觉到自己的合法权益受到侵犯，甚至有些是自以为受到的侵犯，都会表现出一种强烈的维权言行，如果感到维权言行未被人重视，行为态度就会更趋强硬。

3）服务要求高、肯提意见

一分付出一分收获的思想是年轻旅客的想法，因此他们觉得自己出钱购票乘车，就应当享受良好的服务，换言之他们比较重视实际的服务质量。如果他们认为实际服务质量低于他们的心理期望目标，就会产生不满情绪，提出口头意见或形成书面投诉意见都是常见的现象。

4）自尊心强、情绪易偏激

年轻旅客的自尊心较强，尤其在大庭广众的场合，一般都不愿意接受批评或当众认错，因为这严重伤害了其自尊心，因此高速铁路客运管理和服务人员要避免在大众场合对年轻旅客进行批评或呵斥，必要时可以在合适的地点进行个别处理。

年轻旅客一般脾气性格都比较急，在自己认为正确的事情上往往难以听从别人的解释或意见，过多的解释有时反而会激化矛盾。

5）尊重权威、能服从管教

年轻旅客对于来自其他旅客的规劝一般并不会放在心上，即使是旅客中的年长者的意见，一般也听不进去。年轻旅客总认为大家都是旅客、都是购票乘车，在乘车出行上是完全平等的，轮不到谁来教训谁。但是他们对于车站列车上穿制服的公安、服务人员的规劝一般还是能接受的，尤其对公安人员，甚至带有一种敬畏之心，在年轻旅客与其他旅客发生争吵或纠纷时，掌握这一点是很有用的。

掌握了高速铁路的年轻旅客群体的心理特点，高速铁路客运服务人员就应当以车站、列车管理者的权威身份，明确指出旅客应尽的义务，同时根据年轻旅客群体的心理特征和年轻旅客的个人性格特点，辅以有针对性的服务态度，往往就能对年轻旅客群体施行有效的管理。

第二节　本地旅客群体的心理特征

【知识目标】

1. 了解本地旅客群体的组成及其出行规律；
2. 了解高峰客流的特点；
3. 了解高峰期旅客的心理特征；
4. 了解非高峰时段本地旅客的心理特征。

【能力目标】

1. 能够根据不同时段的旅客的行为特点分析其心理特征；
2. 能够结合本地旅客群体的心理特征提供个性化服务；
3. 能够掌握与本地旅客群体沟通的技巧。

【学习要求】

1. 树立良好的服务意识；
2. 熟悉不同地区的风俗习惯，并了解不同地区本地旅客群体的出行特点；
3. 认真分析不同时段本地旅客群体心理特征并有针对性地进行个性化服务。

【学习内容】

本书所说的本地旅客不是指户籍意义上的本地居民，而是指在当地生活了一段时间，而且经常以高铁为交通工具的旅客群体。

一、本地旅客是高峰客流的主体

在高速铁路交通系统中，本地旅客是主流的旅客群体，在全部客流量中占有较大的比例。在高速铁路未开通之前，在一些区域，乘坐高速大巴是人们出行的第一选择，而乘火车往往是第二选择。高速铁路开通后则改变了这种状况，高速铁路在时间、安全及舒适度等方面远超普铁，特别是乘坐高速铁路不会有塞车的顾虑，而价格与大巴相差无几。以无锡到上海为例：乘坐大巴价格约 50 元，历时 2 小时（在一路畅通的情况下）；乘坐沪宁高铁约 60 元，历时 50 多分钟；乘坐京沪高铁（车站在郊区）约 50 元，历时半小时，在长三角区域范围内，这部分旅客可作为本地旅客看待。因此掌握和理解这部分旅客的心理和由此形成的行为特点，是高速铁路客运服务人员必须掌握的基础知识。

1. 高峰客流的主体与特点

公共交通工具的客流分布是不可能一直保持均衡的，其中客流最集中、客流量最大的状态就称为客流高峰状态。这种客流高峰状态发生的时段就称为高峰时段；客流高峰的最大客流量就称为高峰流量。

人们在社会上生存，就要工作上班、子女就要上学接受教育，工作单位和学校就在家门口的情况并不多，除了自由职业者或居家工作者以外，人们大都需要定时出门，赶往工作单位或学校，因此上班或上学是城市居民家庭生活中的最频繁、最普通也是最日常、不可或缺的日程之一。高速铁路网特别是城际高速铁路网的建成，让人们乘坐高速铁路通勤成为可能。

跨省上班客流一般是构成早晚高峰客流的要素。跨省上班族是指那些每天需要“跨省上班”的群体。他们每天花在路上的时间少则3小时，多则5个小时。跨省上班，每天这样奔波，可以说是全家人权衡各种利弊后的决定。尤其近些年来，北京、上海、广州、深圳等一线城市人口数量大，交通拥挤，造成一部分人上班路上花费的时间比较长，再加上房价不断上涨，很多人在一线城市买不起房子，宁愿到周边城市买房子，而他们的工作地点仍然在一线城市，这也造成这部分人群不得不跨省上班，而高速铁路又是这部分人群首选的交通工具。

案例：

14+94.5+4=112.5，这是一道算术题，算的是姜女士从河北沧州到北京跨省上班所花的路费，加上返程，一天就是225元，一个月花费四五千元。

2015年年初，李先生所在的公司在河北沧州建设工厂。李先生被派往沧州参与筹建，李先生的妻子姜女士仍在北京上班，而他们的孩子才刚刚一岁，由爷爷奶奶在北京的家里照看。坚持了半年后，夫妻俩觉得有必要认真地讨论如何解决两地分居的问题。于是姜女士开始了跨省上班的历程，每天在北京和沧州两地奔波。姜女士每个工作日的早6时10分起床，洗漱、吃饭；6时50分下楼坐出租车前往沧州西高铁站，不堵车的情况下打车费是14元；7时23分从沧州始发的G9004高铁出发前几分钟上车，58分钟后到达北京南站，高铁费用为94.5元；8时21分到达北京南站后，跟着早高峰人流挤上地铁；9时15分到达位于北京西南二环附近的上班地点，花费4元。下班，她会倒着重复早晨的路线，在晚上8时40分左右回到沧州的家。14+94.5+4=112.5，加上返程，一天就是225元，一个月花费四五千元。姜女士算了笔账，交通费每月四五千元，减去这个成本，她在北京上班的收入也要比在沧州工作收入多。从时间上来说，跨省上班花在路上的时间大概是两个半小时，比她之前从北京东六环到单位的时间多了不到半小时。去年年底，当她整理近一年的车票时，自己也感叹：“能坚持这么长时间，我都觉得自己挺厉害的。”对于每月高额路费，他们不是没有想过。“花销的确不少，但为了一家人在一起都是值得的，感情比钱重要”，姜女士很认同丈夫李先生的这句话。最终他们也得到了父母的理解，带孩子和做家务都被老人承担。公司老板也对她进行了交通补助，让她能安心工作。

通勤客流一般是构成早晚高峰客流的要素，高峰客流量越大，说明通勤客流搭乘的比例越高，因此高速铁路早晚高峰客流量，在很大程度上也可以判断其在解决城际交通拥堵方面发挥的实际作用。

2. 高峰客流旅客的心理特征

通勤旅客是高峰客流的主体，正是因为他们将高速铁路作为上下班、上下学的交通工具，因此高峰客流旅客具有明显的通勤旅客群体的心理特征。

1）赶点心理

通勤旅客由于预留的上班路途时间较紧张，往往是走出家门就直奔单位的两点一线式的出行路线，因此他们追求的是花最少的时间就能到达单位，他们对交通工具的选择也是基于这一点。

只要在覆盖范围内，高速铁路运输具有的安全、快捷、准时、时间容易掌握等特点，就必然成为通勤的重要交通工具。

早高峰旅客群体除了占较大比例的通勤旅客外，还有一批必须在早高峰时段出行的旅客群，例如：赶飞机、赶下一趟列车的旅客。与通勤客流相比，这类旅客希望列车运行正常的心理期望比通勤旅客群更高，因为这类旅客如果不能及时到达，其贻误后果远比通勤旅客严重。

由于列车的运行速度与运行状态是旅客不能掌控的，因此列车上的旅客大多只能用一种听天由命的心理安静地度过旅途的时间。

2）将就心理

通勤旅客每天的出行一般都相对固定的，例如：几点几分出门，几点几分到达高铁车站、从某入口进站后通过某进站检票设备进入候车区、从某个楼梯进入站台、乘坐每天准时会出现的某一班车，如果没有特殊情况，他们在工作日基本上总是这样重复着这一乘车过程，并逐渐形成了固定的乘车规律。他们对几乎每天都要光顾的车站的布局、乘车线路、服务设备位置、设备性能等都非常熟悉，因此养成了规范候车的好习惯。

旅客的进站、购票、候车、出站是必须履行的乘车程序，对于熟知车站布局的通勤旅客而言，必然希望在每一个环节都花费最少的时间，如果由于服务设备数量不足，在上述各环节都不能顺畅、快速地进行，往往会引起旅客的急躁情绪，但是囿于时间，他们没有时间与车站管理方争论，为了赶时间，他们一般也不愿意花费时间与高速铁路客运服务人员理论，只要能尽快到达目的地，他们对于非原则性的问题，一般都采取得过且过的将就策略，此时旅客的将就心理占主导地位。在旅客的行为表现方面“就近心理”“从众心理”“自我心理”的倾向就比较严重，伴随而来的是较明显的“焦虑”和“疲劳”的表现，如果遇到突发运营事件时，更容易产生“怀疑”和“恐惧”心理。

案例：

本案例改编自网友“红五月777”发表在百度贴吧的帖子。

武清是天津距离北京最近的区，是京津城际高铁线上的中途停靠站。每天早晚赶火车的路上，有很多像我一样的人——都是“通勤移民”，既不是北京人，也不是天津人，在武清大多没有亲戚，也没有同学、朋友。之所以留在这里，是因为这里有不到30分钟就能抵达北京的高铁，我们在这里买了房，每天坐着高铁上下班。

像我们这样选择了双城生活的人，过日子就得更加自律，尤其要特别守时，因为火车是不会等你的。我每天早上赶7点44分发车的高铁，看着火车开进北京南六环的时候就要离开座位，起身到车厢门口排队，只有这样才能保证，在8点9分列车缓缓进站的时候，我能排在距离门口最近的前10个人里。当车门在8点10分开启的那一瞬间，以最快速度冲出车厢，在后续人流没有挤过来之前奔向出站口，避免人多排队，迅速刷卡出站换乘地铁——要知道，那又是一场需要精准计算时间才能赶得上的战斗。看吧，一分钟其实可以做很多事情。在这样的时间管理下，我每天几乎都能在9点之前踏进办公室大门。直到那一刻，我才能稍稍松一口气，至少今天没有迟到。到了中午吃饭的时候，我又得开始为下午回家买票，做好赶晚高峰火车的准备。有时候看着列车时刻表，我会想，其实我也是活在一张标准的时刻表里，一分钟都不能耽搁。路上哪怕只是稍微出个神，就有可能晚跑一步，被汹涌的上下班高峰人群超越，赶不上火车。如果因为加班要坐晚上8点56分的末班高铁回家，就更要绷紧神经，因为稍一疏忽，就会错过回家的最后机会，回不到那个100公里以外的家。

二、非高峰时段的本地旅客

本地旅客一般都有主人情结的心理，尤其在遇到非本地旅客问询或求助时，只要时间允许，自己又恰好是知道的，一般都会给予热情的帮助，但是高峰时段例外，因为高峰时段往往没有足够的时间为求助者提供帮助。只有在非高峰时段，本地旅客不用赶时间，在心态上也比较放松，于是为非本地旅客热情地提供帮助就成为一种主人情结的具体体现。

这种心理指导下，他们的行为表现可以是热情、耐心、周到和不厌其烦的，也可以是简单明了的语言或体态指示，这完全取决于个人的个性特征。

由于本地旅客熟知自己经常乘坐线路的运营规律，因此在高速铁路列车运营正常时，他们一般并不关心车站和列车广播、通告，而往往是一如既往地按照自己的经验完成出行和乘车，因此他们对车站和列车导向、广播、告示等一般都采取“熟视无睹”或“充耳不闻”的心态；但是在遇到突发事件时，由于自认为熟知高速铁路的运营规律，因此会成为激烈的批评者，所提意见往往“激烈而又尖刻”，高速铁路客运服务人员必须了解他们的心理特点，进行及时引导和指点。

案例：

某日17时左右，三亚火车站站台工作人员看见一名中年男子从站台来回走动并往站台下的轨道内看，随后蹲下想跳下轨道，车站工作人员立刻上前喝止该男子，将其带离站台边缘，并报告铁路公安部门。

据了解，这名中年男子姓梁，海南省三亚市人，梁某之所以铤而走险想跳下站台没有别的原因，只是因为在下车时他的充电宝不慎掉进了轨道里，而自己又以为对车站设备设施非常熟悉，于是等动车组离开后想跳下站台捡拾。所幸，他的行为被工作人员发现并制止，没有造成严重后果。随后，民警对梁某开展安全教育，鉴于梁某未造成危害，警方对其处于口头警告处理，梁某深刻认识到自己行为的危险性，表示接受教育，不会再犯类似的错误了。

民警说，在高峰的时候出现这样的情况，如果工作人员没有及时制止乘客的行为，后果将可能非常严重。一是动车组运行密集，轨道上随时都有动车组调度运行，二是因为站台高度非常高，如果有人跳入站台下的轨道，基本很难一下子爬上来，甚至在攀爬过程中会摔在铁轨上，后果将是生命安全受到直接威胁，同时影响动车组运行安全。

第三节 非本地旅客的心理特征

【知识目标】

1. 了解非本地旅客的组成及其行为特点；
2. 了解非本地旅客群体乘车旅行时的心理特征。

【能力目标】

1. 能够根据人的行为分析其行为目的；
2. 能够结合群体特点提供个性服务；
3. 能够掌握与服务群体沟通的技巧；
4. 能够熟悉服务对象的心理活动规律及其个性心理特征。

【学习要求】

1. 树立良好的服务意识；
2. 能够根据旅客的外貌特征、言谈举止对旅客进行分类；
3. 能够结合旅客的文化修养分析其心理需求进而有针对性地提供个性化服务。

【学习内容】

一、非本地旅客的分类

非本地旅客可以按不同的研究需要进行分类。例如，根据国籍可以分为本国旅客群体和外国旅客群体；根据出行目的可分为旅游旅客群体、公务旅客群体等；根据从事的职业可分为白领旅客群体、蓝领旅客群体和无职业旅客群体，等等。

二、旅客的文化修养

非本地旅客群体中，不乏文化修养层次较高的人群。文化修养层次较高的旅客，可以很容易地从旅客个人的衣着打扮、风度气质、言语谈吐、行为举止等外观上进行识别，其中较具有代表性的是白领旅客群体。

因公出差或度假、旅游等旅客群体，也可列入文化修养层次较高的一类。他们的共同特点是：不需要考虑一日三餐的温饱，他们追求获得人们的尊重，在遇到突发事件时能以自身行为影响周边的人群，以体现自身价值、表现自己的潜能，在需要层次理论中，这是人们追求的最高层次。

三、一般的非本地旅客

本书中介绍一般的非本地旅客是指非本地的、位于较低需要层次的、不熟悉本地高速铁路车站布局或较少乘坐高速铁路列车的旅客。初次进城打工谋生的、文化程度不太高的“打工族”就是典型的代表。

由于一般的非本地旅客往往文化层次较低、大都只能从事体力劳动，从社会分工角度看，他们从事的是比较简单、机械的工作，因此容易产生心理上的自卑感。他们往往对车站的文字或图形类的提示或导向的理解不够，较多地体现出“从众”的心理现象，对于从未见识过的车站服务设备，如自动售票机，查询机，进、出站闸机等往往不敢先用，看到有其他旅客使用后，才敢使用。

戒备心理形成了他们如下的行为特点：不敢轻易相信其他旅客的提示，更愿意服从车站、列车客运服务人员的提示；更愿意听从穿着制服的工作人员或公安人员的指挥；在遇到突发事件时，他们不会是领头闹事者，仅是“察言观色”和“人云亦云”的“大多数”。

他们有时有处处要求与其他旅客的“平等对待”，唯恐受到不公正待遇的心理，主要是“自卑感”的心理造成的。高速铁路客运服务人员在回答他们的问讯时，必须有极大的耐心，在用词、语气等方面一定要考虑他们的心理，避免引起误会。过分的关心和漠视都很容易引起他们的反感和误会。

尊重旅客、消除他们“担忧”心理，是对非本地旅客最基本、最关键和最重要的服务态度。对首次乘坐高速铁路列车的非本地旅客更要为他们提供耐心、细致和周到的服务，才能获得他们的信任和良好的口碑。

【思考题】

1. 年轻旅客群体有哪些心理特征？
2. 本地旅客群体有哪些心理特征？
3. 非本地旅客群体有哪些心理特征？
4. 高峰客流主体有哪些？其客流特点是什么？

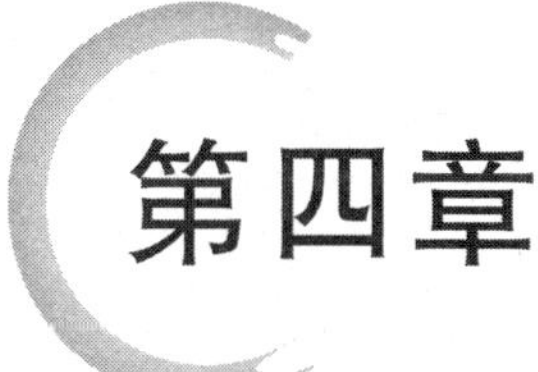

第四章

高速铁路旅客心理活动与服务

【导读】高速铁路运输面对的旅客形形色色，他们年龄不同、性格各异，各自有着不同的成长境遇，随着年龄增长、生活环境的变化，其心理特征也不断发生变化。作为旅客运输的管理者和高速铁路客运服务人员，应该熟悉不同旅客的心理特征及其变化，才能提供有针对性的服务。

大多情况下，人的心理特征会通过其行为、情绪的变化表现出来，作为高速铁路客运服务人员，通过分析旅客的情绪表现，探究其内心的心理活动，对于做好服务工作至关重要。要做到这一点，需要对情绪及情绪的表现有一个基本的认识。

第一节　常见的旅客心理现象

【知识目标】

1. 了解人格的形成及影响人格发展的因素；
2. 了解高速铁路运输中常见的人格心理现象；
3. 了解高速铁路运输中旅客的平等心理及从众心理表现；
4. 了解高速铁路运输中旅客常见的嫉妒心理表现及其心理特征。

【能力目标】

1. 能够根据旅客的行为表现分析其内在的心理特征；
2. 能够结合不同旅客群体心理特征的表现提供个性化的服务；
3. 能够掌握与不同心理特征旅客群体沟通的技巧。

【学习要求】

1. 树立良好的服务意识；
2. 认真学习、掌握不同旅客的不同的心理特征的外在表现；
3. 能够换位思考为不同的旅客提供个性化的服务。

【学习内容】

随着高速铁路技术的普及与发展，老百姓选择乘坐高速铁路出行已经是平常之举。日常生活中常见的一些典型的人类心理现象不可避免地会出现在高速铁路客运领域，在分析旅客心理之前，首先要了解这些典型的日常心理现象和这些日常心理现象在高速铁路旅客中的表现。

一、人格心理

人类的活动是丰富多彩、形形色色的，即使面对同一件事，由于各人的性格秉性、社会地位、文化修养的不同，在行为表现上也会有所不同，不同的人格是造成人们行为表现各异的原因之一。心理学提供的研究方法可以透过人的行为表象，深入研究和指导这些行为发生的心理活动，采取适当的措施，纠正、指导或组织人们的行为，使之符合环境的要求，为此就需要研究人们的人格心理现象。

（一）日常生活中的人格心理现象

人格一词最早源于西方，是对人的个性心理特征的另一个称呼，其现已成为心理学的一个专业词汇。心理学认为人格整合和统一了人的心理特征，并成为一个相对稳定的结构组织。正是由于人格具有相对稳定的心理特点，因此即使在相同时间、地域和环境条件下，个人所具有的人格，始终还是有着影响人的内隐和外显的心理特征和行为模式的作用，因此人格属于人类的高级心理活动范畴。

1. 人格的形成过程

人格是指一个人一致的行为特征的集合。人格的组成特征因人而异，每个人都有各具特点的人格和个性。这种独特性使不同的人在面对同一情况时都可能会表现出不同的反应。人格不仅是指人的性格，还包括人的信念和自我观念，等等。人格具有三重含义：人的道德品质、做人的权利与尊严，以及人的行为模式。

人格是个体在先天生物遗传因素的基础上，通过与后天社会环境的相互作用而形成起来的相对稳定的和独特的心理行为模式。人格是一个人的心理行为模式，而且这种心理行为模式是独特的和相对稳定的。

人格的特征可以是外在的，也可以是隐藏在内部的。每个人的行为、心理都有其各自的一些特征，这些特征的总和就形成各自的人格，因此人格被认为是个体在行为上的内部倾向，它表现为个体适应环境时在能力、情绪、需要、动机、兴趣、态度、价值观、气质、性格和体质等方面的整合，是具有一致性和连续性的。

人格不是生下来就有的，人格的形成是先天的遗传因素和后天的环境、教育因素相互作用的结果。先天的遗传因素即素质，是婴儿出生时所具有的生理的特性，包括脑和神经系统类型、内分泌腺状态及身体外表特征等。

2. 影响人格发展的因素

人格发展除了受到个体生活的影响，还会受到社会、历史等条件的影响。例如，我国许多女同志以苗条作为美丽的重要衡量标准，将减肥作为重要的生活内容；殊不知至今在世界的某些地方，当地妇女以肥胖作为美丽的评判标准，这就是不同的社会、历史环境对个人人格形成的影响。

为了对人格进行深入的研究，心理学家们设计了一套人格测试模型，这个模型包括五个向度，即最具代表性的“五大人格”特征。从个人性格发展角度上来说，“五大人格”在参加工作大约一至四年期间趋于稳定。同时研究数据还发现，即使经历重大人生事件，成人的性格特质也不会发生太大的变化。

“五大人格”是指五种普遍的人格特征：外向性、神经质性、和善性、严谨自律性和开放性。这里的开放性仅是指个人接受新事物的能力。心理学家认为：这五项特征能够基本确定一个人的性格。

“五大人格”特征的表现特点见表 4 – 1。

表 4 – 1 “五大人格”特征的表现特点

“五大人格”特征	外向性	神经质性	和善性	严谨自律性	开放性
有关特征	爱交朋友、亲切	焦虑、感情脆弱	有信任感、宽厚	能自律、有组织性	想象力丰富、有创意
常见表现	外向、有活力、热情	神经质、消极情绪、神经过敏	愉快、利他、有感染力	公正、拘谨、克制	直率、有创造性、思路开阔

上述“五大人格”特征是现代心理学研究发现的最高级组织层次的五大人格特质。这“五大人格”特征基本包含或者说构成了现今发现的大多数的人格特质。当然人们为了提高对环境的个人适应能力，在个人人格的形成过程中，上述“五大人格”特征不可避免地会受到遗传、文化、所受教育和成长环境的影响，但是任何人在人格基本形成后，就可以从“五大人格”特征去对人格进行分析和研究，这也是分析研究旅客人格和旅客心理的重要方法。

（二）旅客中的人格心理现象

人格心理是最普遍、最常见和最为基础的人类心理活动。高速铁路运输中每个旅客的外在表现也都渗透出他的人格，因此高速铁路客运服务人员必须了解和学会分析旅客的人格，只有在充分尊重旅客人格的基础上，旅客才会愿意接受相应的服务。

我们主要针对成人旅客的心理和人格进行分析，不涉及影响个体人格形成的生活史，更不研究先天遗传因素对旅客人格形成的影响，而只是介绍一些有关的心理常识，以提高高速铁路客运服务人员对旅客人格尊重的认识，进而改进服务态度、提高服务质量。

高速铁路客运服务人员必须认识到虽然每个旅客的人格都不完全相同，但他们对服务的基本要求是一致的，即自己的人格必须得到尊重。

高速铁路旅客运输中的旅客来自四面八方，各种阶层、不同的文化背景和风俗习惯的人都有。面对着来自五湖四海的、具有不同人格个性的旅客群体，车站、列车客运服务人员须研究具有不同人格个性的旅客的特点，才能为每位旅客提供他们所需的服务。例如西方国家的旅客对于自己不熟悉的事物，比较愿意自己探索和动手，“DIY（do it yourself）”是这些旅客信奉的处世准则；而国内旅客较多地习惯于询问，所谓“鼻子底下一张嘴、多问不吃亏”是上一辈的长者从小对我们的教育。这样的处世信条必然造成在人格方面的差异，对待前者如果未经他本人的同意，贸然地主动提供服务，会令外国旅客感到自己的能力被低估、被怀疑，有些敏感的旅客甚至会感到自己的人格受到了侮辱；而对后者，如果不能及时提供服务，旅客就会觉得铁路部门的服务不主动。

高速铁路客运服务人员需要针对不同人格特征的旅客，有区别地提供服务。大多数旅客在心理上并不追求过高要求的人格尊重，当然对于高速铁路客运服务人员提供的高标准的人格尊重也是乐意接受的；反之，对于追求高要求人格尊重的旅客，如对具有严谨的自律性或神经敏感的旅客而言，当高速铁路客运服务人员提供的服务低于他的期望时，就会有较大的心理落差，从而产生不满，因此，应该要求高速铁路客运服务人员对所有旅客都提供统一的人格尊重服务，并在尊重旅客人格的基础上，发挥旅客的自我管理潜力，这对确保和提高高速铁路客运服务质量是不无裨益的。

二、平等心理

平等是人和人之间的一种关系、是人对人的一种态度。人和人之间的平等，不是指物质上的相等或平均，而是在精神上互相理解、互相尊重，把对方当成和自己一样的人来看待。现代社会的进步，就是人和人之间从不平等走向平等的过程、是平等逐渐实现的过程，因此平等是指人们在社会、政治、经济、法律等方面具有相同地位，享有相同待遇。

平等是人类最基本、最普遍和最常见的心理特征之一，也是人类追求的终极理想之一。

（一）平等心理的产生

人类历史发展和进化的自然结果之一是阶层的出现。任何有人群聚集的地方，都会不由自主地发生人群的分类现象，例如：根据人的社会地位分为领导和平民；根据从事工作的性质分为白领、蓝领和灰领；根据拥有的财富分为富人和穷人，等等。

上述这种分类往往是相对的，身处这群人中的富人，可能就是另一群人中的穷人，所以即使是同一个人在不同的环境中也会有不同的心理：对低于自己的人群会产生一种心理上的“优越感”，而身处在高于自己的人群中时则会产生一种“自卑感”。人们一般都希望获得较高的社会认同，或获得与较高层次人群相同的社会待遇，这就是每个人都具有的与生俱来的平等心理产生的缘由，所以追求平等就自然而然地成为人类的一种基本的、共同的心理。

（二）旅客的平等心理

高速铁路运输中的旅客群具有多样性和复杂性，各种不同心理的人群都有可能成为高速铁路运输的旅客，购票乘车是他们最基本的要求，受到的服务也应当是相同的。无论是男人、女人、富人、穷人、健康人、残疾人、领导、平民，在高速铁路运输的环境中都只能有相同的一个身份——旅客，旅客的平等心理要求也是对高速铁路客运服务最基本的要求。

然而日常生活中的一些不平等的心理现象不可避免地会被旅客带进车站。例如：为方便残疾旅客出行，高速铁路车站一般都设有无障碍升降梯，但是许多非残疾旅客照样大模大样地乘用这些设备，究其心理，除了贪图方便的心理外，平等享受车站服务设备也是这些旅客的心理因素之一。

旅客的平等心理最容易反映在旅客的切身利益方面。例如：如果车站、列车对不遵守车站规章制度的旅客听之任之，其他遵章守纪的旅客就会觉得吃亏了，在心理上就会产生一种“上当受骗”的不平等感觉，正常的客运秩序就难以长期坚持，因此纠正旅客的违纪行为，实际上就是为了创造一个人人平等的乘车环境。

高速铁路客运服务人员首先必须对全体旅客提供一视同仁的平等服务，而不能根据旅客的衣着打扮、语言口音、谈吐风度在服务质量上区别对待；其次，要对违反客运管理制度的旅客进行必要的、适当的处理，确保车站、列车上有一个平等的、公平的乘车环境。

一般而言，需要重点关注的旅客群有：非本地旅客、进城打工族旅客、残疾旅客、体弱旅客、老年旅客等，他们往往对平等服务的要求比较敏感，也最容易产生误解。

三、从众心理

从众心理是人类的一个思维定式。思维上的从众定式使得个人有一种归属感和安全感，能够消除孤单和恐惧等心理。

（一）日常生活中的从众心理现象

从众是指个人受到外界人群行为的影响，而在自己的知觉、判断、认识上表现出符合公众舆论或多数人的行为方式。心理学的实验表明：只有很少的人能保持独立性，所以从众心理是大部分个体普遍拥有的心理现象。

由于在通常的情况下，多数人的意见往往比较客观和正确，因此从众心理就表现为个人服从多数。如果人们缺乏自己的分析，不做独立思考，不分是非曲直地一概服从多数，随大流走，这就是一种消极的盲从心理，是不可取的。

从众是社会上普遍存在的心理特征和行为现象。通俗地讲就是人云亦云、随大流，在思想上放弃了独立思考，想当然地认为大家都这样，我也就这样；大家都这么做，我也就跟着这么做，法不责众的思想往往也会助长从众行为的发生。

一般来说，群体成员的行为，通常具有跟从群体的倾向。当他发现自己的行为和意见与群体不一致，或与群体中大多数人有分歧时，会感受到一种压力，这促使他趋向于与群体一致。

从众心理对人的影响确实很大。造成人产生从众心理的原因，是多方面的。在群体中，由于个体与众不同就会感到孤立，而当他的行为、态度与意见同别人一致时，却会有一种“没有错”的安全感。从众源于一种群体对自己的无形压力，迫使一些成员违心地产生与自己意愿相反的行为。

有些人对从众现象持全盘否定态度。其实从众心理具有两重性，消极的一面是：束缚思维、扼杀创造力、抑制了个性的发展、使人变得无主见和墨守成规；积极的一面是：有助于学习他人的智慧经验，扩大视野，克服固执己见、盲目自信，可以修正自己的思维方式、减少不必要的烦恼和误会等。

在客观存在的公理与事实面前，有时我们也必须从众，不能简单地认为从众就是无主见。

对从众这一社会心理和行为，要具体问题具体分析，在生活中，我们要发扬从众的积极面，避开从众的消极面，努力培养和提高自己独立思考和明辨是非的能力；遇事和看待问题，既要慎重考虑多数人的意见和做法，也要有自己的思考和分析，从而使自己的判断能够正确，并以此来决定自己的行动。凡事都采取从众态度或都采取反对态度，都是要不得的。不同类型的人，从众行为的程度也不一样。一般来说，女性比男性更从众；性格内向、有自卑感的人比性格外向、自信的人更从众；文化程度低的人比文化程度高的人更从众；年龄小的人比年龄大的人更从众；社会阅历浅的人比社会阅历丰富的人更从众。

（二）旅客的从众心理现象

从众行为表现在方方面面，工作中、生活中、学习中，都会有所表现，高速铁路客运中也不乏从众现象，因此了解从众心理，并恰当地处理其行为，是很有意义的。

很多时候，在明知一件事是违法或犯罪的情况下，一个人可能不会去做，但是如果一群人中有人已经做了，并且在当时获取了收益而没有产生处罚后果的时候，从众定式就会使人们产生非理想思维，法不责众的心理就会充斥于胸，这在犯罪心理学上叫越轨的集群行为。比较典型的如聚众哄抢财物、集体盗墓、球迷闹事等。这种集体行为是在相对自发的、无组织的和不稳定的情况下，通过人们之间的互动、模仿、感染而产生的。

从众心理中的法不责众的想法，究其本质，往往是一种侥幸心理，如果以此为借口，试图用来原谅和宽恕自己因为从众而犯的过错，那就错了，因为群体中的每一个行为人都有独立的思维、判断、选择和决策能力，不仅《刑法》中规定群体犯罪的每个人都要根据所起的作用和社会危害大小负各自相应的刑事责任，而且在民事上，行为人也要因自己的侵权行为而负相应的民事责任。毕竟成年人是必须为自己的行为承担法律责任的，法律不会因为从众就对当事者免责。

四、嫉妒心理

嫉妒是指人们为竞争一定的权益，对相应的幸运者或潜在的幸运者怀有的一种冷漠、贬低、排斥、甚至是敌视的心理状态。嫉妒俗称“红眼病”“吃醋”“吃不到葡萄说葡萄酸”，等等。

（一）嫉妒心理的日常表现

嫉妒心理的发生、发展，从内心感受而言，一般有3个层次：前期表现为由攀比到失望的压力感；中期表现为由羞愧到屈辱的心理挫折感；后期则表现为由不服、不满到怨恨的发泄行为。

嫉妒是一种比较复杂的心理，它包括焦虑、恐惧、悲哀、猜疑、羞耻、自咎、消沉、憎恶、敌意、怨恨、报复等不愉快的心理状态。别人天生的身材、容貌和逐渐显现出来的聪明才智，可以成为嫉妒的对象；其他如荣誉、地位、成就、财产、威望等有关社会评价的各种因素，也都容易成为嫉妒的对象。

每个人对自身价值都有一种认识和估计，并采取一种符合自身价值的处世心理。一般而言，只有处于基本同一价值层次的人群才会进行相互比较，从而形成高人一等或自叹不如的心理。例如：市民不会与市长、国民不会与总理、一般职工不会与总经理比收入、比贡献，因为他们各自对自身价值的认同不一致，双方不在一个价值层次，因此无法进行比较。

嫉妒心理是一种社会心理，它一定要有第二者或第三者存在，而且这个第二者或第三者在某些方面可能比嫉妒者要优越，或虽不优越，却对嫉妒者产生一定的压力。嫉妒心理属于一种内心情绪的体验，其产生是差别和比较的产物，其结果是在差别和比较中产生心理的不平衡，想要使这种不平衡心理得到平衡，采取的方式往往是消极的。嫉妒心理总是与不满、怨恨、烦恼、恐惧等消极情绪联系在一起，从而构成嫉妒心理的独特情绪。

“嫉妒是对别人幸运的一种烦恼”，可见嫉妒具有明显的对抗性，这种对抗性表现为攻击性，攻击目的就是要颠覆被嫉妒者的形象。

一般来说，除了轻微的嫉妒仅表现为内心的怨恨而不会付诸行动外，大多数的嫉妒心理都伴随着发泄行为。嫉妒引出的发泄主要有 3 种方式：语言上的冷嘲热讽；行为上的冷淡、疏远；具体的攻击性行为。

由于社会道德的约束，嫉妒心理被大多数人所不齿，因此嫉妒心理患者一般要千方百计地伪装，不使嫉妒心理直接表露出来或使人不易察觉。

心理专家认为，容易嫉妒的人，其实他的自我价值感是很脆弱的，一旦发现别人在某些方面超过自己，他的自我价值感就会受到威胁，因此，容易嫉妒的人一定需要多一些自我肯定，使他们明白和了解：所有的人都没有高下之分，只是各有各的优点而已。

嫉妒是一种难以公开的阴暗心理。它对我们的生活会造成很大的伤害。我们每个人在成长过程中，在年纪小的时候经常会产生这种嫉妒心理，随着阅历和知识的提高，我们在成长的过程中逐步认识到这种心理的危害，并逐步建立起健康正常的心理。一个健康正常的人应该已经基本上可以控制这种不良心理的产生了。一般来说要克服嫉妒心理，首先要找到产生嫉妒的根源。当自身陷入嫉妒时要及时察觉并提醒自己：即使别人在这方面更优秀，更受关注，我也仍然有足够好的价值。别人的优秀绝对不会损害我的存在价值。

打开心胸是克服嫉妒的良药，美国心理治疗专家提出了一种打开心胸的办法：想象一下，你来到大海边，大海是取之不尽的，无论你用盆、用缸，甚至是巨盆来装，都无法把海里的水装完。想象一下你从大海里面取你要的水，而别人也在那里取水，而大海是取之不尽的。

当我们相信自己的价值是一直存在的，不会因为任何东西而受到威胁，同时也可以接纳和欣赏别人的成功和美好的时候，我们就会发现，我们懂得驾驭嫉妒之心了，我们就可以放松了，也就快乐起来了。

一般认为：嫉妒主要是对自己的不自信造成的，因此嫉妒心理常常发生在一些和自己旗鼓相当、能够形成竞争的人身上。所以当嫉妒心理萌发时，我们要有自知之明、要客观地评价自己、有意识地提高自己的思想水平和文化修养，要有宽大的胸怀，宽厚待人。当你的思想达到一定的境界时，你会发现嫉妒是多么的渺小。如果我们少一分虚荣心，就会少一分嫉妒心。去掉虚荣心对克服嫉妒心理是十分重要的。

其实嫉妒也是无能的代名词。嫉妒者往往是心胸狭窄、不思进取、胆怯又懒惰、自私又贪婪的弱者。嫉妒者，只知怨天尤人，不愿从自己身上找出落后或者失败的原因，却只为粉饰自己的无能，去绞尽脑汁寻找借口，因此虚张声势、强词夺理和过分表现往往是嫉妒心理的另一种表现。

（二）旅客的妒忌心理

有人认为高速铁路运输的旅客都是购票乘车，是平等的，最不会产生妒忌心理，其实不然，在高速铁路的广大旅客中，依然会有妒忌心理的现象。由于妒忌一词被公认为是贬义词，因此一般旅客都不会承认自己是妒忌心理在作祟，大多数旅客的借口是受到不公平待遇，实际上每个人的实际心理表现也确实是多重心理的混合作用，而不是某单一心理活动的结果。

例如：当旅客感觉自己受到了不平等的服务待遇，觉得其他旅客受到了优待服务而自己被冷落时，其嫉妒心理就会爆发，此时高速铁路客运服务人员首先要针对旅客的平等服务需求进行解释，才能纠正旅客的嫉妒心理，取得旅客理解。

同理，对旅客违规行为的放纵，除了会影响其他旅客的公平心理，也会激起其他旅客的嫉妒心理。

第二节　常见情绪与旅客的情绪表现

【知识目标】

1. 了解情绪的含义与构成；
2. 了解常见的人类情绪的表现形式；
3. 了解常见的旅客的情绪表现。

【能力目标】

1. 能够根据旅客的情绪表现分析其心理特征；
2. 熟悉情绪控制与调节的方法；
3. 能够掌握与不同情绪表现的旅客沟通的技巧。

【学习要求】

1. 树立良好的服务意识；
2. 了解人的情绪特点，并能结合不同的情绪表现分析旅客心理活动；
3. 掌握不同的旅客群体或个人的情绪表现，分析其情绪变化的原因，进而提供个性化服务。

【学习内容】

高兴就笑、悲伤就哭、害怕就会战战兢兢，这些都是我们在日常生活中常见的一些正常的心理现象，笑、哭、战战兢兢就是反映人们心理的情绪表现。

人高兴了并不是一定要笑，有些人会喜极而泣。人的心理感受往往不是单一的，而是几种心理的混合。

我们要通过对情绪表现的分析，探究人们内心的心理活动；透过人们情绪的表现，找到隐藏在内心深处的心理活动，这就需要对情绪及其表现有一个基本的认识。

一、情绪与情绪控制

人们在生活中不可避免地要受到外界的刺激，例如：生老病死、升学、就业、退休等客观事物都会刺激人的情绪。何为人的情绪，情绪是如何产生的，其由哪些元素构成，这些是我们在研究情绪之前，首先必须搞清楚的。

（一）情绪的定义

情绪是指个体对本身需要和客观事物之间关系的短暂而强烈的反应，是一种主观感受、生理反应、认知互动。

情绪是个体对外界的一种自然反应。情绪没有好坏对错，只是本身需要对客观事物的反应，而且人人都有喜怒哀乐等情绪，因此要主动接纳自己正在发生的情绪，不去批判和怀疑它。

情绪是感受与认知的一种内在互动。正面或负面情绪的出现，是自身对需求得到满足或者没有得到满足时的一种生理反应。因此任何一种情绪的背后，都对应着自身感受与主观认知的一种互动。

情绪会转化为一种特定的行为。情绪是由外而内地感受、互动，然后又由内而外地表现、行动。外界环境影响并产生情绪，而情绪又会通过特定的表情、语言及动作表现出来。

由此可见人的情绪既是主观感受，又是客观生理反应，具有目的性，其也是一种社会表达。

情绪常和心情、性格、脾气、目的等因素互相作用。人的情绪往往是多元的和复杂的综合现象，因此人的情绪常常被描述为在针对内部或外部的重要事件时，产生的一种突发反应，其表现包含语言、生理、行为和神经机制等互相协调的一组心理和生理的反应。

（二）情绪的构成

人的情绪活动一般包含以下 5 个基本元素。

1. 认知评估

认知评估是指当人受到外部影响时，就会注意到外界所发生的相关事或人，人的认知系统也随之自动对事或人的感情色彩进行评估，并触发接下来的情绪反应。例如：当某人接到大学录取通知书时，他的认知系统把这件事评估为对自身有重要意义的正面事件。

2. 身体反应

身体反应是指情绪的生理构成和身体的自动反应，这种人体的自动反应可以及时调整人的心理，使人的身体能适应这一突发状况。例如：当某人意识到进入大学深造已是事实时，神经系统就会高度兴奋，全身充满力量，心跳频率变快。

3. 感受

感受是指人们体验到的主观感情。例如：在收到大学录取通知后，某人的身体和心理产生一系列反应，主观意识察觉到这些变化，把这些反应感受为高兴。

4. 表达

表达是指人通过面部和声音的变化，表现出的个人情绪，这种个人情绪是为了向周围的人传达情绪主体对一件事的看法和他的行动意向。例如：收到大学录取通知书后，某人舒展眉头，嘴角向上，发出快乐的声音——笑。需要特别指出的是每个人的情绪表达，既有人类通常相同的共性表达成分，也会因个性不同而带有个人独有的个性表达成分。

5. 行动的倾向

行动的倾向是指情绪会产生促使采取行为的动机。例如：悲伤或高兴的时候，常常产生一种希望找人倾诉的欲望，人在愤怒时，常会做出一些平时不会做的事。

由此可见，情绪既是人们主观的一种感受，客观上也是一种生理反应，并具有一定的目的性，是对社会的一种个人情感表达。

（三）情绪的先天性和后天性

在日常的社会生活中，情绪可以帮助我们与其他人交流感情，例如：婴儿虽然不会说话，但是通过情绪的表现也能成功与大人交流。此外情绪也可以影响其他人对我们的态度，例如：快乐的情绪往往可以感染快乐者身边其他人的情绪，使他们也高兴起来。情绪还可以表示善意，例如：陌生人之间礼貌性的微笑，往往并不是由于微笑者内心的喜悦，仅仅只是表示一种礼貌。

人的情绪表现伴随着人的阅历和生活经验的增长，总是在不断地丰富和充实的。

有些心理学家将人类的情绪分为：先天与生俱来的“基本情绪”和后天学习到的“复杂情绪”。

1. 基本情绪

人类的基本情绪一般具有以下特点。

（1）人的基本情绪出于人的本能，是不需要经过后天的学习就能获得的，因此具有先天性。

（2）基本情绪是所有的人在面对同一种情况，都会产生的、相同的一种情绪，因此具有共性。

（3）由于人类的基本情绪是先天的，因此所有人表达基本情绪的方法都是基本相似的，并不需要特别的表达形式就能被其他人所理解。

（4）人类基本情绪的先天性确保了人们在产生这些情绪时，几乎所有的人都会具有相似的生理模式。

一般认为常见的人类基本情绪包括：喜悦（喜）、愤怒（怒）、悲伤（哀）、恐惧（惧）、厌恶（恶）、惊奇（惊）等。

2. 复杂情绪

不同的文化对基本情绪会有不同的诠释，在基本情绪的基础上，还会产生一些只有在特定社会条件下才会产生的情绪，这就是“复杂情绪”。

相对于基本情绪的先天性，人类的复杂情绪则是后天形成的。复杂情绪是必须经过人与人之间的交流才能学习到的，因此每个人所拥有的复杂情绪数量和对情绪的定义也都各不相同。

常见的人类复杂情绪有：窘迫、内疚、害羞、骄傲，等等。一般而言，由道德因素产生的情绪，基本上都属于人类的复杂情绪。

3. 正面情绪与负面情绪

情绪和情感是人对客观事物的态度体验及相应的行为反应。其中人的情绪更是以个人的愿望和需要为中介的一种心理活动，因此必然有积极的、肯定的和消极的、否定的情绪之分，前者我们称之为正面情绪、后者称之为负面情绪。

有些心理学家认为：在外界事件发生后，大脑会自动判断这件事对我们是好还是坏，并据此对事件定性，所以我们会下意识地决定是喜欢还是厌恶这件事，由此产生的情绪如果能引起好的和喜欢的情绪就是积极的正面情绪，反之就是消极的负面情绪。

无论是正面的还是负面的情绪都可以成为我们的动机，使我们接受或排斥刚刚发生的事件。尽管一些由情绪引发的行为看上去没有经过深入思考，但实际上不由自主的意识已成为情绪产生的重要因素。

例如：心理学家经研究发现，在奥运会上获得铜牌的选手往往比获得银牌的选手更高兴，因为前者在庆幸自己获得奖牌，产生的是正面的情绪；而后者则在遗憾自己没能拿到第一，产生的就是负面的情绪。

（四）情绪的控制

每个人都会产生情绪，情绪是不可能被完全消灭的，只能进行有效的疏导、有效的管理和适度的控制。

情绪无好坏之分，一般可以将情绪划分为积极情绪（正面情绪）和消极情绪（负面情绪），但是由情绪引发的行为则有好坏之分。特别需要指出的是，正面情绪也有可能造成坏的行为结果。

由于行为的后果有好坏之分，所以必须加强对情绪的管理。情绪管理并非是要消灭情绪，既没有必要也没有可能消灭人的情绪产生，因此只能是对情绪进行疏导、并使情绪合理化之后，形成良好的信念与行为。

有些职业尤其是服务行业，要求从业人员善于控制他们的情绪。因为他们的服务对象是广大群众，他们经常要与公众接触，因此在工作时间中他们必须善于掌握和控制自己的情绪、必须学会控制自己的负面情绪，即使有些负面情绪是正常、健康的，也依然要求他们学会控制。例如：对于患有传染疾病的人应当敬而远之，这是防止被传染的情绪必然导致的一种防御的、不接近的行为，对一般人而言这是一种负面的正常的和健康的情绪，但是医生作为服务人员既不能厌恶疾病患者，也不能被患者吸引，为某种目的而故意接近患者，因此医学院的常规训练一般都包括有情绪中立的教育培训，要求医生在治疗时抛弃个人感情。

高速铁路客运服务人员要经常保持开朗、热情的情绪，才能在工作时间用礼貌的态度替代自己原先所有的自然情绪。

高速铁路客运服务人员每天都要接触成千上万的旅客，必须要一视同仁，用文明礼貌的工作态度替代自己的自然情绪。

（五）情绪的调整

我们已经知道人的行为是由人的动机激发产生的，无论正面还是负面的情绪，都会引发人们行动的动机。我们也曾经提到人的需要是动机产生的根源，但是在同样的需要条件下，为什么有些人的行为能够坚持较长时间，有些人的行为仅仅是“三分钟”的热度、坚持不了多长时间呢？显然仅用需要产生动机的理论来解释，并不能令人信服。

现代研究证明：情绪对人的动机也有激发作用，情绪是维持人们行为长期性的重要因素之一。例如：在面临威胁和困难时，依然能保持乐观的人往往能够坚持原有的行为，而那些悲观和自我怀疑的人则常会放弃自己的目标。正是因为情绪在动机产生过程中具有如此重要的作用，才要求人们重视情绪的自我调整。

情绪使我们的生活多姿多彩，同时也影响着我们的生活及行为。当出现不好的情绪时，最好加以调整，使负面情绪不要给自己的生活及身体带来坏的影响。

1. 表情调整

有研究发现，愤怒和快乐的脸部肌肉使个体产生相应的体验，愤怒的表情可以带来愤怒的情绪体验，所以当我们烦恼时，用微笑来调节自己的情绪可能是个很好的选择。研究证明：微笑还能给其他人带来一种和谐的气氛，可以有效拉近人与人的心理距离，因此提倡高速铁路客运服务人员在开展客运服务时做到微笑服务。

2. 人际调整

人与动物的区别在于人的社会属性，当情绪不好时，人们可以向周围的人求助，与朋友聊天、娱乐可以使你暂时忘记烦恼，而与曾经有过共同愉快经历的人回忆过去则能引起你回味当时愉快的感觉。

3. 环境调整

美丽的风景使人心情愉悦，而肮脏的环境会使人烦躁。当情绪不好时可以选择一个环境优美的地方，在完美的大自然中，心情自然而然会得到放松。还可以去那些曾经开心过的地方，记忆会促使你想起愉快的事情。

4. 认知调整

人之所以有情绪，是因为我们对事情做出了不同的解释，每件事情不同的人观点不同，则会产生不同的情绪反应。所以我们可以通过改变我们的认知，来改变我们的情绪。在为了某件事烦躁时，我们可以尝试对事情进行重新评价，从另外一个角度看问题，改变我们刻板看问题的方式。例如：当我们为车站、车内旅客拥挤而烦躁时，如果与车站没有旅客，车站设备闲置、服务人员没事可干、企业没有收益的情况相比，忙而充实着一定比闲而空虚的状况要强得多。

5. 回避调整

对于有些能引起情绪的问题，我们既不能改变自己的观点又不能解决时，就可以选择回避问题，先暂时避开问题，不去想它，待情绪稳定时，再去解决问题，而且有时候问题的解决方案会在从事其他事情时不经意地想出来。

二、常见的人类情绪表现形式

人们情绪的发展和变化往往是因人、因时、因地和因事的不同而产生的。情绪在制约人的同时，既可能成就人，也可能损害人。实际上每个人的生活方式都是由他们各自的情绪和性格造成的，从某种意义上讲，情绪决定了人们的生活方式。

我们应管好自己的情绪，使正面的情绪获得应有的表达和展示，避免和克服自己负面的情绪。例如：对癌症俱乐部病人的统计表明，情绪乐观的癌症患者的生存率普遍高于情绪压抑患者。

情绪表现实际上是指人外在的表现态度，是把自己的内心状态以态度的方式，展现给公众的行为表现，因此人的态度实际上显示出的是人内心的心理状态。例如：急躁、愤怒、忧愁、欢乐、悲伤等实际上都反映了人内心的一种心理状态。在我们的日常生活中，究竟有哪些常见的情绪表现形式呢？

（一）人类常见情绪

七情六欲是最常听人们说起的人类基本情绪，虽然不同的学术、门派、宗教对七情六欲的定义稍有不同，但是都承认七情六欲是人类不可避免的情绪表现。

1. 七情

儒教与佛教对于七情的定义略有不同，儒教将喜、怒、哀、惧、爱、恶、欲定义为七情；佛教则将喜、怒、忧、惧、爱、憎、欲等七种人类的情愫定义为七情。在定义上虽然大同小异，但是都一致认为：七情是相对稳定的，是人与外界交流所表现出来的，指挥着人与外界的互动。

目前比较一致的认识是将喜、怒、哀、惧、爱、恶、欲归为七情。

2. 六欲

对于六欲各学派看法不同，有的学派将色、声、香、味、触、法视为六欲，也有将六欲定义为：生、死、耳、目、口、鼻，无论如何定义六欲，认为六欲是泛指人的生理需求或欲望这一点是基本一致的。例如：人要生存，生怕死亡，要活得有滋有味，有声有色，于是嘴要吃、舌要尝、眼要观、耳要听、鼻要闻，这些欲望与生俱来，不用人教就会。后来有人把这概括为：见欲、听欲、香欲、味欲、触欲、意欲等六欲，现代更是进一步将：求生欲、求知欲、表达欲、表现欲、舒适欲、情欲等欲望定义为六欲。

无论如何定义六欲，七情六欲是人类基本的生理要求和心理动态，是人性的基础、是人人皆有的本性，也是人间生活的最基本色调，这一点基本上是公认的。

3. 七情与六欲的差别

虽然大家一致认为七情六欲就是指人们与生俱来的一些心理反应，但进一步分析就可以发现：只有七情才是人的基本情绪表现，而六欲仅只是外界对人的一种刺激、一种诱惑，是客观存在的事物作用于人体生理感官或心理思维后产生的一种感受而已，人对这种刺激、诱惑和感受最终还是要以七情的形式表现出来的。例如：人们看到美丽的风景、听到悦耳的音乐、闻到浓郁的花香、尝到美味的食品、泡在舒适的温泉中时，就会表现高兴、愉悦的情绪。

但是我们也要认识到由于个性的不同，人与人对生活的态度差异很大，七情六欲的表现也就不同，正所谓七情六欲人人有，千差万别各不同。

（二）人类情绪的基本形式

关于情绪的类别，长期以来说法不一。我国古代有喜、怒、忧、思、悲、恐、惊的七情说，美国心理学家普拉切克提出了八种基本情绪：悲痛、恐惧、惊奇、接受、狂喜、狂怒、警惕、憎恨。虽然情绪类别很多，但每一种基本情绪都有其独立的神经生理机制、内部体验、外部表现和不同的适应功能。

七情六欲虽然是人类的常见情绪，但近代研究中常把快乐、愤怒、恐惧和悲哀列为情绪的基本形式，这些情绪与人的基本需要相联系，是人类先天具有的，人类的其他情绪是从这四种基本情绪发展出来的。

1. 快乐

快乐是指一个人盼望和追求的目的达到后产生的情绪体验。由于需要得到了满足，愿望得以实现，心理的急迫感和紧张感解除，快乐也就随之而生。快乐是人们在感受外部事物带给内心的愉悦、安详、平和、满足时的心理状态；快乐是当一个人在追求目标时达成的理想状态和内心喜悦的激情；快乐是一个人对自己美好生活的一次又一次的满足；快乐是一种持续的状态。例如：经过积极准备，收到了大学录取通知书后，考生常常会有快乐的情绪。

快乐的程度取决于目的重要程度和目的达到的意外程度，如果追求的目的非常重要，并且达到的目的带有突然性，往往会引起异常的欢乐，反之一般只能引起微小的满意。

快乐的程度可以分为：满意、愉快、异常的欢乐、狂喜。

2. 愤怒

愤怒是当人所追求的目的受到阻碍，使个人目的不能达到或愿望不能实现或为达到目的的行动受到挫折时，引起的一种紧张而不愉快的情绪体验。

愤怒时人的紧张感增加，有时不能自我控制，甚至出现攻击行为。这种情绪对人的身心的伤害也是明显的，是一种负面情绪。

愤怒是一种原始的情绪，在人的成长过程中出现较早。一般认为，出生3个月的婴儿就有愤怒的表现。限制婴儿探索外界环境往往就会引起他的愤怒。例如：约束婴儿身体的活动、强制婴儿睡觉、限制他的活动范围、不让他玩弄玩具等，均会引起婴儿的愤怒。

当幼儿的目的性行动受到阻挠或威胁时，往往也会引起愤怒情绪。幼儿常见的愤怒表现形式有哭、舞动手足等。

随着年龄的增长，由于愿望不能达到或与同伴争吵，也常引起愤怒。在成人身上，愤怒依赖于人已形成的道德准则，常属于道德感的范畴。

愤怒也有程度上的区别，一般的愿望无法实现时，只会感到不快或生气，但当遇到不合理的阻碍或恶意的破坏时，愤怒会急剧爆发。

愤怒的程度分为：轻微不满、生气、愠、怒、激愤、大怒、暴怒等。

3. 恐惧

恐惧是企图摆脱和逃避某种危险情境而又无力应付时产生的情绪体验。恐惧的产生不仅仅由于危险情境的存在，还与个人排除危险的能力和应付危险的手段有关。一个初次出海的人遇到惊涛骇浪或者鲨鱼袭击会感到恐惧无比，而一个经验丰富的水手对此可能已经司空见惯，表现得泰然自若。

人类大多数恐惧情绪是后天获得的。恐惧的特点是对发生的威胁表现出高度的警觉。

随着危险的不断增加，人的情绪可发展为难以控制的惊慌状态，严重者甚至出现激动不安、哭、笑、思维和行为失控、甚至休克。

恐惧时常见的生理反应有心跳猛烈、口渴、出汗和发抖等。

一般人对特定的环境或事物会产生恐惧心理，例如：当身处黑暗、高处、水或火中时，人们往往本能地产生恐惧反应；当面临陌生少见的事物时，由于害怕被伤害，出于自我保护，也会自然地产生一种恐惧感。这些恐惧都是源于人类在进化过程中，从原始社会起，在野外生活状态中积累起来的一种本能反应的延续，因此恐惧是人类在面对危险时，为了生存而进行防御或逃跑的本能行为，是人类适应大自然的本能反应。

恐惧与快乐、愤怒不同，快乐和愤怒都是使个体接近的情绪，而恐惧则是一种使个体企图摆脱危险的逃避情绪。例如：在遇到地震，人们无力应付时，往往会恐惧万分，引起恐惧的关键因素是人缺乏处理可怕情境的力量。此外，熟悉的环境发生了意想不到的变化时，往往也会引起人的恐惧情绪。

4. 悲哀

积极的对人心理产生健康影响的情绪状态即是正面情绪，反之则是负面情绪。长时间的情绪堆垒甚至可以导致人的性格变换。

悲哀就是一种负面情绪，其通常是由分离、丧失和失败引起的一种情绪反应。

当人们在失去心爱的事物时，或人们的理想和愿望破灭时，往往会产生一种包含沮丧、失望、气馁、意志消沉、孤独和孤立等悲哀的情绪体验。

悲哀程度取决于失去东西的重要性和价值大小，失去的东西价值越大或越重要，引起的悲哀也越强烈；失去的东西价值越小或不太重要，引起的悲哀相对也越微弱。例如：失去亲人的悲痛与丢失物品引起的遗憾是难以相比的。

悲哀的程度还依赖于主体的意识倾向和个体特征。较强的悲伤对人的心理是有害的，持续的悲伤会使人感到孤独、失望、无助、抑郁，损害人的身体。

悲哀时带来的紧张情绪需要释放，哭泣就是一种最常见的情绪释放形式。悲伤时的哭泣可以使人的心理压力得到缓解。人们在安慰极度悲伤的人时，常劝悲伤的人哭出来，这就是一种情绪的释放。

悲哀虽然是一种消极的负面的情绪，但也是一种心理保护的措施。例如：由悲哀所带来的紧张释放产生哭泣，哭泣一般不超过 15 分钟，在这段时间内完全可以减轻过度的紧张。哭泣之后会使人精力衰竭，甚至会神志不清，最后使人感到轻松，然后振作起来重新投入更大的努力，由此可见悲哀并不总是消极的，它有时也能够转化为前进的动力。

与悲哀同步发生的最普遍的消极情绪就是痛苦，悲哀似乎成了人们表达痛苦的形式。悲哀的人是痛苦的，但是痛苦的人未必一定悲哀。例如：受到病痛折磨的人是痛苦的，但是治愈的希望激励着病患者与病魔斗争，因此未必全是痛苦的。

悲哀一般可以分为：遗憾、失望、难过、悲伤、悲痛、极度悲痛。

（三）心理波动与心理调节

1. 心理波动

人的心理与生理一样也有周期。心理周期中有心理低潮期、心理高潮期和心理稳定期。心理稳定期是指人们的心理状态正处于一种平和状态，这种心理状态往往持续的时间最长。

与人的心理稳定相对应的就是人的心理波动，也就是人的心理状态有较大的情绪起伏和波动。心理波动包括心理低潮和心理高涨。

人在社会中生存，面对的是瞬息变化的事物，难免会引起心理的波动，即使是正常的人在某些特定时刻下，有时也会产生短暂的或好或坏的心理波动。

短暂和轻微的心理波动对正常人而言，因时间短、程度轻，一般并不会引起高度关注，但当人们处在心理波动的状态下，很容易受到波动心理的驱使，而做出一些非正常的行为。例如：过量饮酒者往往会有一些特殊的非正常的心理表现。

当人们处于心理波动的低潮状态时，一般表现为情绪低落，对什么事情都没有兴趣。在外观表现上显得郁郁寡欢、懒懒散散、少言寡语、不爱搭理他人。

当人们处于心理波动的高涨状态时，一般表现为情绪亢奋，对什么事情都很敏感。在外观表现上显得跃跃欲试、精力过人、语言激愤甚至寻衅滋事。

当人处于心理波动状态时，其他人需要认真对待，不要使波动的心理往不理智的方向激化。

高速铁路客运服务人员尤其要认真区分旅客的心理，处于心理低潮状态的旅客，他们可能对高速铁路客运服务人员正常合理的规劝充耳不闻；而处于心理高潮状态下的旅客，他们可能对高速铁路客运服务人员正常合理的规劝，不但不服从，还振振有词，我们必须学会应对这两类处于不同心理状态的旅客，在理解旅客心理状态的前提下，耐心解释、因势利导，千万不可激化矛盾。

2. 心理调节

我们已经阐述了情绪调整的几种方法，但是这种情绪的调整往往是治标不治本，因为情绪的产生仅仅只是心理活动的结果，如果不能从心理上进行调节，暂时的情绪调整不但难以长期维持，而且也是勉强的、被动的和压抑的，因此只有对心理活动进行调节，才能使情绪的流露趋于正常。

我们已经知道人的心理活动都有一个发生、发展、消失的过程。正因为人们的活动在很大的程度上取决于人的心理状态，因此往往一些日常生活矛盾和事件都会引起人的心理反应，并且反映在人的情绪表现上。

人们对自己的心理进行控制和调节，也就可以达到调节和控制自己的情绪的目的，使负面的情绪推迟发作、发作的强度适可而止或不使负面情绪发作。这种调节往往与个人对客观的认识和评价及自我评价有着密切的关系。

正因为情绪活动是心理刺激中对健康影响最大、作用最强的成分，因此人必须学会掌握自我，善于控制和调节自己的情绪，这对于适应社会发展和维护自己身心建康至关重要。

人的任何活动莫不以情绪为背景，并伴有情绪的色彩，因此我们要注意培养个人健康的情绪、要注意情绪表现的适当性及情绪的紧张度。情绪的适度紧张不仅使人们的生活富有节奏和情趣，而且能高效地发挥人们的潜能，从而获得身心和谐和心理健康。

适当的情绪表现应该是：想哭就哭，想笑就笑，而不要强制地压抑自己的情绪，此外适度加强自己乐观态度和幽默感的培养，也能使自己保持良好的自我感觉、有效和及时地缓解心理的紧张情绪。

1）心理调节的十大原则

（1）具有充分的适应力；

（2）能充分地了解自己，并对自己的能力做出适度的评价；

（3）生活的目标切合实际；

（4）不脱离现实环境；

（5）能保持人格的完整与和谐；

（6）善于从经验中学习；

（7）能保持良好的人际关系；

（8）能适度地发泄情绪和控制情绪；

（9）在不违背集体利益的前提下，能有限度地发挥个性；

（10）在不违背社会规范的前提下，恰当地满足个人的基本需求。

2）心理调节的四法

（1）暗示调节。

心理学研究表明，暗示作用对人的心理活动和行为具有显著的影响，暗示性的语言可以引起或抑制人们的心理和行为。

自我暗示即通过内心思维来提醒和安慰自己，如提醒自己不要灰心，不要着急，等等，以此来缓解心理压力，调节不良情绪。

暗示是一种正常的心理现象，人群中约有1/3的人有较强的暗示和自我暗示的效应，他们比较容易无条件地、非理性地接受一些受暗示的观念和说法。

（2）放松调节。

用放松的方法来调节因挫折所引起的紧张和不安感。放松调节是通过对身体各部主要肌肉系统的放松练习，抑制伴随紧张而产生的血压升高、头痛及手脚冒汗等生理反应，从而通过生理调节来减轻心理上的压力和焦虑的情绪。

（3）呼吸调节。

通过某种特定的呼吸方法，来解除或减轻精神的紧张、压抑、焦虑和急躁等情绪，这也是一种情绪调节的方法。例如：紧张时，可以采用深呼吸的方法减缓人的紧张感。平时也可以到空气新鲜的大自然中去做些呼吸训练，使人的情绪得到良好调节。

（4）想象调节。

受挫心理调节的能力并不是非要等到受到挫折后再来培养，而是在平时就要进行训练和培养。

想象调节是指在想象中，对现实生活中的挫折情况和使自己感到紧张焦虑的事件的预演，学会在想象的情境中，放松自己使受挫情绪迁移，从而实现能在真实的挫折情境中或紧张的场合下，从容应对各种不良的情绪反应。

想象调节的基本做法是：首先学会有效的放松；其次把挫折和紧张事件按紧张的等级从低到高排列出来，制成等级表；然后由低向高进行想象训练，就能达到逐步提高情绪控制能力的效果。

高速铁路客运服务人员在繁忙的工作过程中，每天都要负责管理和接待大量的旅客，生理和心理上承受着巨大的压力，这种压力在客流高峰期尤甚，客流高峰期也是最需要进行自我心理调节的时候，要避免在客流高峰期因为自己的心理压力造成服务质量的下降。

高速铁路客运服务人员在工作中的自我心理调节一般可以采用放松调节和呼吸调节，如果还不能使自己的心理恢复正常，也可以暂时离开一段时间，喝点水、巡视一圈，这往往也可以达到心理自我调节的目的。

心理调节是通过正确的认识和评价自己所处的环境，尽力消除那些不愉快的心理刺激和生活事件，理智接受非个人能力能改变的现实，使情绪积极而稳定，保持良好的自我意识，达到保持身心健康的目的。

三、常见的旅客情绪表现

正常情况下旅客的情绪表现一般都与乘车出行有关。在运营状态正常时，为出行旅客设计的正常流动路径应该是：进站—购票（通勤职工免此程序）—候车—闸机检票—进入站台—上车—到站—下车—离开站台—出站检票—离开车站，旅客出行的顺利与否完全取决于各部门的配合协调。一旦某环节出现专业故障或衔接不畅，就会直接影响到旅客出行的方便和顺利，从而造成旅客的心理波动。

旅客出行过程中的心理情绪异常必然伴随着一些典型表现症状，通过对旅客出行过程的情绪分析，可以更有效地为旅客提供服务。

（一）疲劳情绪

疲劳是人们连续学习或工作后，效率下降的一种现象。对个体而言，疲劳是一种主观感觉的不适，在客观上往往表现为在相同的条件下，失去其完成原来所从事的正常活动或工作的能力。

疲劳可以分为生理疲劳与心理疲劳：前者是疲劳在生理上的反应，后者是疲劳在心理上的反应。

现代社会生活节奏不断加快，社会和生活压力也就自然地成了人们生活的一部分。如：儿童要面对学业的压力，成年人要面对工作的压力，老年人要面对健康、患病等压力，适度的生活压力，可以使人将压力变成动力、可使人产生积极的进取心和挑战感，使生活充满惊喜，当然过大的压力也会使人紧张，对人造成过大的心理冲击，使人产生挫折感，这时生活中过大的压力就变成了生活的阻力，人就会从生理或心理上产生不适，学习或工作的效率将下降，疲劳感由此产生。

压力对人所产生的影响大小是因人而异的，某件事对某些人是负面压力，对另一些人可能是正面压力。即使是负面压力，由于每个人的经验、能力、价值观各不相同，其化解压力的方法也不同，因此造成的影响也就不同。

当身心得不到充分休息时，人就容易产生疲劳感。轻度的疲劳一般也称为疲倦。我们经常可以听见人们在抱怨："真吃力"，其实就是人们生活在压力下感觉到疲劳时的一种自然反应。其实疲倦并不仅是劳累造成的。生活中有许多因素都会消耗人的精力，令人感到疲倦。如药物、抑郁（抑郁是导致疲倦的最普遍原因之一，其引起人的情绪不好、过度紧张、也会造成睡眠不佳）、缺乏运动、肥胖（身上多余的肉就是沉重的负担）、甲状腺不够活跃（甲状腺控制新陈代谢，当新陈代谢减慢时，令人觉得疲惫）、营养不良、睡眠不足等，都会造成人的疲劳感。

当人感觉疲劳时，在生理上往往出现：头痛、乏力、失眠、食欲减退等不适现象；在心理上则有：不想听任何事、懒得做本应自己做的事。

旅客的疲劳表现有其比较明显的特点：步履蹒跚、动作迟缓、目光呆滞、外观显得懒洋洋，对外界的事物表现得漠不关心，总想找个座位休息。

处于疲劳情绪中的旅客是最不愿意被打扰的，主观上希望车厢不太拥挤，在车站等候的时间少些、列车运行快些。如果此时发生非正常运营事件，一般较难取得此类旅客的理解和配合，因此高速铁路客运服务人员在处理这类情况时，必须充分理解旅客的疲劳状况，尽可能减少他们的体力付出，明确告知发生的运营情况和恢复运营所需的时间，力争最大限度地取得旅客谅解。

（二）焦虑情绪

焦虑是指一种缺乏明显客观原因的内心不安或无根据的恐惧，是人们遇到某些事情（如挑战、困难或危险）时出现的一种正常的情绪反应。例如：当某事物的价值在将来可能会发生明显降低时，就会对该事物产生一种焦虑感。焦虑是由紧张、焦急、忧虑、担心和恐惧等感受交织而成的一种复杂的情绪反应。它可以在人遭受挫折时出现，也可能没有明显的诱因而发生，即在缺乏充分客观根据的情况下出现某些情绪紊乱。

可见焦虑总是与精神打击或者即将来临的、可能造成的威胁或危险相联系，使当事人在主观意识上感到紧张、不愉快，甚至痛苦和难以自制。焦虑是一种极普遍的情绪感受，是每个人从小到老都会有的经验，所以说，焦虑不一定就是不正常的反应，其实适当的焦虑不仅无须避免，反而可以促使个体表现出超出平常的水准。例如，人在紧张的状态下常可工作得更久，在紧急时跑得更快，力气更大，俗话说"狗急跳墙"就是这个道理。因此我们可以了解到不是所有的焦虑表现都是病态的，也不是所有会焦虑的人都是患有焦虑症的，世上恐怕找不到一个丝毫不会焦虑的人。

由于焦虑是人们对情境中的一些特殊刺激而产生的正常心理反应，因此只有当焦虑原因不存在或不明显或在对即将来临的后果有了心理上的承受准备时，焦虑情绪才会消除。

一般而言，旅客产生焦虑的最直接因素是"生活中的压力"。所谓压力是指：个体需要在心理或生理上付出额外能量来面对和应付的情况。造成压力状况的事物，便称为压力事件。个体承受的压力事件也有可能是多项事件同时一起出现，因此在知觉和认知上便有了安危和急、缓、轻、重的判断，而后在心理和生理上便出现了不同程度的反应，焦虑反应便是其一。因为生活中的压力是始终存在的，因此产生焦虑的"源"也是客观存在的。关键在于我们如何正确对待和积极处理。

一般人都有过程度不同的焦虑体验，因为焦虑是人大脑中的一种固有“程序”，每当人们觉察到某种潜在威胁时它就会自动“启动”，提醒自己未雨绸缪，及早防范，避开危险。由此可见，焦虑反应是有一定积极意义的，而且绝大多数焦虑也都是由一定的原因引起，因此是可以为大家理解的，属于正常的焦虑反应。

正常的焦虑反应是指“合理”和“不过分”的焦虑，所谓“合理”是指焦虑反应的发生是有原因的，以生活事件居多；“不过分”指焦虑的严重程度与引起焦虑的原因性质和严重程度基本一致。而异常焦虑是指“不合理”和“过分”的焦虑反应。虽然二类焦虑的发生都是有一定原因的，且会引起生理反应，但仍然存在着明显的区别，其区别主要表现在：焦虑引发原因的可理解度和对焦虑的反应度。异常焦虑不但反应的强度过强，持续时间过长，与个人和现实的实际情况不相称，而且情绪反应的强度异乎寻常且最终不能自控，需要获得医学帮助。

还有些人无明显原因而产生焦虑，焦虑的程度严重，持续时间过长，而且多次服药试图解除焦虑，并导致社会或生理功能损害，为此病人明显感到痛苦，甚至走上轻生的道路，这就是患了焦虑症。

焦虑症是一种以广泛和持续性焦虑或反复发作的惊恐不安为主要特征的神经性障碍。常伴有头晕、胸闷、心悸、呼吸急促、口干、尿频、尿急、出汗、震颤等植物神经症状和运动性紧张。患者的焦虑情绪并非由实际威胁或危险所引起，其紧张不安与恐慌程度与现实处境很不相称。

焦虑症患者在不发病时与常人无异，难以识别。高速铁路客运服务人员必须要学会识别焦虑症旅客，一旦这些旅客情绪表现失常时，能够及时施以援手，不使客运环境受其影响或将影响降到最小。

高速铁路旅客在当发生运营故障、造成运营延误或停运而又没有及时收到相关信息时，往往会产生焦虑情绪。旅客们正常的焦虑情绪比较集中地表现为：“坐立不安”“来回走动”“四处张望”“自言自语”“频频问讯”等外在行为。对此服务员应该及时找出引发旅客焦虑的原因，采用广播、通告等形式消除旅客的焦虑源，对个别旅客也可以采用有针对性地及时提供安慰性的语言或给以理解和安抚的目光，这些都能有效减轻旅客的焦虑反应。

某些旅客的焦虑反应，尤其是胆汁质型气质的旅客，在某些极端情况下，还会发展成歇斯底里、大吵大闹的现象，虽然这种现象在广大旅客群中属于少数，但一旦发生，其影响是极坏的，因此高速铁路客运服务人员要保持高度警惕，以免局面失控。

（三）恐惧情绪

恐惧心理，是在真实或想象的危险中，个人或群体深刻感受到的一种强烈而压抑的情感状态，其表现为：神经高度紧张，内心充满害怕，注意力无法集中，脑子里一片空白，不能正确判断或控制自己的举止，变得容易冲动。

恐惧症是每个人或多或少都有的特征。不管是大人物还是小人物，不管是高层领导还是普通百姓，都存在与生俱来的恐惧心理，只是因人而异各自具有不同的表现罢了。英国女王伊丽莎白一世对玫瑰有难以言喻的厌恶；心理学家弗洛伊德不敢旅游；爱德华七世遇到号码13，马上手脚发软；英国名作家山姆强森每次进家门，一定得在家门口跳舞，等等。这些非同寻常的现象从本质上讲，都是他们各自为掩饰内心的恐惧心理而采取的某些措施而已。

应该说恐惧是人类最基本的情感之一，也是人类一种重要的心理反应。这种反应增强了保护自己和规避危险的能力。另外，恐惧也可以使人的意识变得狭窄，判断力、理解力降低，甚至丧失理智和自制力，使行为失控。生活中的紧张事件，如战争、车祸、迁居、升迁等引起的生活方式和社会地位的改变，可致高血压、溃疡病等发病率的明显上升、丧偶6个月的妇女，其冠心病发病率为正常妇女的6倍，这都说明恐惧会引起一系列生理反应，包括肾上腺素分泌增加，心跳加快。过度恐惧还可使冠状动脉痉挛，心动过速，心律失常，导致心绞痛和心肌梗死。长期处于恐惧状态中，会严重地影响其寿命。实验证明：两只同窝出生的羊羔在相同的阳光、水分、食物条件下生活，一只与拴着的狼为伴，它将因恐惧而不思饮食、消瘦而逐渐死亡，另一只则可以健康地生长。

在正常情况下，高速铁路旅客一般不会产生恐慌情绪，只有在发生非正常运营事件，而旅客又不被告知具体信息时，才会引起恐慌。

例如：列车在车站停留时间已经超出了旅客认为的平时正常停车时间，但仍然没有发车迹象，车站和列车又没有相应的广播告示，在旅客中就会慢慢地滋生一种怀疑情绪并逐步演变成猜测、进而上升为恐惧感。当极度恐慌的情绪在大多数旅客中成为主流时，也就是客流组织面临失控的临界点。由于恐惧心理在人群中具有感染性，其蔓延速度与旅客对危险性的预测和心理承受能力有关。恢复正常客流秩序的最有效手段就是尽快以权威身份向旅客告知造成当前局面的原因及目前采取的措施，对旅客的配合提出明确要求，这才是避免客流组织失控的有效措施。

正因为恐惧是人类逃避危险的本能，是人类与生俱来、先天就具有的心理特征，因此人类的恐惧本能可以使他们远离危险源，获得安全感。

在高速铁路运输中，无论在站内还是在区间，对个别旅客的恐惧情绪如果不能及时消除，往往就会在其他旅客中弥漫和扩散，造成群体性惊慌，甚至使客运秩序失控。一旦运营中遇到突发事件时，客服人员必须及时消除旅客的恐惧情绪。最有效的消除旅客恐惧情绪的办法是让他们认识到：事态已经得到控制、危险源已经消除、整个局面尽在掌控之中；对于一时难以消除危险源的事件，则可以使他们及时了解危险源之处所和正确的规避方法，一般就能因势利导地对处于恐惧中的人群进行合理的组织和疏导。

（四）怀疑情绪

人的心中存在疑问就会产生释疑的心理要求。对于我们大多数人而言，最简单也最方便的释疑方法就是向权威人士求教。

怀疑心理是人类与生俱来的本能、是人类最基本的心理现象之一。

1. 怀疑情绪无对错之分

由于怀疑的实质是人不相信事物的表面现象，产生寻找事物真相的心理冲动，这就产生了人的释疑行为。在人类的释疑行为中，怀疑情绪往往是释疑行为发生的诱因。

人的释疑行为本身并无优劣之分，因此怀疑情绪本身也没有对与错的区别。

在科学研究领域是大力提倡科学家怀疑精神的，因为只有怀疑和批判精神才是推动科学进步的重要因素。

如果在高速铁路客运工作中，由于个别旅客的怀疑情绪，进而发生“挑战运输管理权威”的行为，必然就有不服从客运服务人员管理的实际后果，就会造成公共秩序的混乱。这是任何公共服务场合的管理者都不希望和必须避免发生的现象。

公共服务场合管理者必须及时发现和消除个别人的怀疑情绪。

2. 怀疑情绪的消除方法

心中存疑是怀疑情绪产生的根源，只有消除了人们心中的疑问，也就消除了怀疑情绪的根源，要消除怀疑源最有效的方法是信息的准确性不容怀疑和信息获得渠道的方便、公开。

1）权威信息

人们对权威部门发布的信息，一般是不会怀疑的。

各级政府机构以其政府的公信力而获得人们的信任，例如：国家和政府的新闻发布会上的消息、党和国家领导人的讲话、各级管理部门的对外讲话，等等，都可以起到信息传递和释疑的作用。

2）公示天下

人们产生怀疑情绪的另一个重要原因是不知道如何获得正确的信息。

权威部门的文字或声音，虽然具有信息发布的权威性，对于消除人们的怀疑情绪是十分有效的，但是还需要有“广而告之”的发布渠道。例如：政府的红头文件、报刊上公开的通告、车站公告栏的告示等有效的信息传达渠道，都可以有效地消除人们心中的疑惑，从而消除人们的怀疑情绪，因此要重视车站和列车公告栏的信息发布在消除旅客怀疑情绪方面的重要地位和作用。

3）实际效果

人们常说“事实胜于雄辩”“让事实说话”，这是因为只有当人们看到了实际的事实，心中的疑惑也就自然获得了释放，但是在日常生活中，我们常听到人们反复询问：“是吗?是吗?”这实际上就是一种怀疑心理的表现。

当人们在遇到“之前从未遇见过”的情况时，也就是“没有以往的经验可以参照”时，从心理上往往自然而然地就会产生一种疑惑感。例如：韩国大邱地铁车站发生火灾时，对大多数旅客而言，就是“之前从未遇见过”的情况，立刻就会产生一种“没有以往的经验可以参照”的心理恐慌和究竟应当如何应对的疑惑感，“此时我该怎么办”就是当时那些韩国旅客内心的真实心理。

高速铁路火灾是不会经常发生的，但是运营突发故障的发生，当前还是难以完全避免的，一旦发生运营故障时，高速铁路客运服务人员必须明白，广播就是一种“告示天下”的权威手段，虽然广播者并不与每一个旅客直接见面，但是每一位旅客都知道，广播这种信息发布方式就传达了管理者的意图，即是一种权威性的信息传达。

此外，穿着工作制服的高速铁路客运服务人员的现场指挥，也同样能起到权威性的现场管理效果。工作制服往往能向旅客说明：此人是代表高速铁路客运服务部门在实施管理的。

四、自我牵挂情绪

牵挂的本意是因关心、放心不下而想念。自我牵挂就是过分关心和注重自己，总想深入了解自己在他人心目中留下的印象。

自我牵挂实际上是每个人都天生具有的一种普遍的心理现象，是我们将外界和自我牵连起来的一种倾向，总在想象着外界事物对自己是否影射着某种意义，即假设外界事物对自己影射着某种意义，特别担心对自己不利的影响。例如：当你走进办公室时，人们突然停止了谈话，这时在心理上往往会产生怀疑：他们是否正在议论自己？这种现象通常是暂时性的，而且经过片刻的疑虑之后就会省悟过来，其性质和内容与当时的处境联系紧密。

自我牵挂现象的产生，究其根源就是人们天生就有的对自己的关心和牵挂。过分的自我牵挂会发展为以自我为中心的偏激心理。

五、自笑、自嘲、自言自语情绪

自笑、自嘲、自言自语也是生活中常见的一种心理现象。

自笑和自嘲就是自我嘲笑，也就是以自我为对象进行调侃、嘲笑。

自笑是一种难能可贵的境界。笑自己的人必定明智，笑别人的人难免愚蠢。自笑之后一般就是在自我检讨与自勉，而笑别人后则往往是一种肤浅的满足。

在日常生活中，几乎每个人都会遇到一些让人感到难堪的玩笑，如不知怎样调节情绪，沉着应付，往往就会陷入窘迫的境地；此时如能采取适度的自嘲或自笑，往往就可以化解困境，不但使自己在心理上得到安慰，而且还能使别人对你有一个重新的认识。

例如：有一次在一个舞会上，一位个头偏矮的男子去邀请一个身材窈窕的女子跳舞，可女孩却拒绝说："我从不与比我矮的男子跳舞。"该男子听后稍微一愣，继而淡淡一笑说："我真是武大郎开店——找错了帮手。"该男子的一句自嘲就化解了当时的尴尬局面。自嘲的艺术手法在相声、小品中也经常运用。

大家都知道当前的社会发展迅猛、生活中的竞争也很激烈，因此人们在精神方面的压力也比较大，自言自语往往也是一种释放压力的手段。

据统计，喜欢自言自语的主要是感觉生活压力大和易紧张的人群，其中更以竞争激烈的上班族和学生为主。他们往往在筋疲力尽之时，对自己说一句：别紧张，别着急，慢慢来，无论是有声的话还是内心的独白，这句自我安慰的话就好比一剂清凉的薄荷，能使自己重新调整情绪，给急速膨胀的紧张情绪和心理压力泄泄气、松松土，因此适度的自言自语实际上是一种精神上的放松剂。

心理学家认为：自己的声音有镇静的作用。在和别人交流时，偶尔听听自己的声音，能让心中产生安全感和平衡感，从而促使自己更积极投身于社会交往。一个懂得掌握自嘲、自笑的人，就等于掌握了制造愉快和摆脱困境的能力及反嘲别人的权利。因此，在生活中，面对别人的冷嘲热讽，不妨试试使用自嘲、自笑的方法，也许会收到意想不到的效果。

中、青年人是高速铁路客流的主力军，这些人生活节奏快、工作压力大、竞争激烈等现实给他们造成很大的精神压力，形成心理的波动，旅行的过程中，特别敏感和易发火。高速铁路客运服务人员应该理解这些旅客的心理特点，耐心细致地提供服务，有时高速铁路客运服务人员也可采用自嘲的方式，化解与旅客的争执。

自嘲虽然可以化解矛盾，但是也有一个度，掌握不好极易变成嘲讽，反而引起旅客反感。心理现象因人的性格特征不同而有多种表现，一吐为快的发泄往往也能够调节紧张和疲惫的身心。如果某位旅客反复不断地向高速铁路客运服务人员询问、解释、介绍情况，很有可能他是在一吐为快的解释中调整自己疲惫的身心，高速铁路客运服务人员就应该充分理解，耐心或技巧性地进行诱导，绝对不应断然拒绝倾听旅客的倾诉或予以呵斥。

上面简单介绍了旅客在日常生活中的一些常见的心理表现，虽然实际上并不是每位旅客在参与高速铁路运输的过程中，都会将上述种种情绪全部表现出来，但是以提供服务为目标的铁路运输客运管理部门，还是应当掌握旅客可能表现出来的全部情绪。

以上仅仅只是对旅客们自然表现出来的心理现象进行了简单归纳。作为高速铁路客运服务人员还需要通过观察旅客的各种行为表现，绝过心理分析，探究其心理活动，摸准他们的所思、所盼、所欲、所为，然后才能有的放矢地提供优质的服务。

实际上我们在工作过程中所面对的旅客行为表现，绝不可能仅仅如上文所述的这么简单，由于高速铁路运输中旅客的地域及个性特征的差异性，不同旅客在乘车过程中的表现也不尽相同。同一位旅客的情绪表现也是多种心理的混合，例如：遇到客运突发事件时，旅客的表现，有焦虑、有恐惧、有歇斯底里、有自言自语、有在焦虑中混杂着恐惧、也可能由焦虑发展为歇斯底里，等等。

高速铁路客运服务人员，肩负着组织、管理、疏散旅客的职责，要充分理解和熟悉旅客的行为表现，区别对待，合理运用心理学的分析方法，才能更好地为旅客服务。

第三节　旅客的决策与个性服务

【知识目标】

1. 了解旅客旅行决策要考虑的因素；
2. 了解旅客对旅行服务的期待及其影响因素；
3. 了解旅客旅行各阶段的心理需求及其表现；
4. 了解不同的旅行个体对运输服务的需求差异。

【能力目标】

1. 熟练掌握不同的旅行阶段旅客的心理需求；
2. 能够掌握与不同旅客个体沟通的技巧；
3. 能够熟练对不同的旅客进行分类并分析其心理需求进而有针对性地提供个性化服务。

【学习要求】

1. 树立良好的服务意识；
2. 熟悉旅客对服务的期待；
3. 了解影响旅客满意度的因素；
4. 多与不同性格特征的旅客打交道，掌握与不同旅客群体沟通的技巧。

【学习内容】

高速铁路是目前铁路运输中速度快、服务质量及舒适度较高的一种运输方式，在现代交通运输体系中占有重要的位置。“赢得并留住旅客，实现最大的经济与社会效益”是高速铁路生存与发展的重要目标之一。客运企业要赢得并留住旅客，就一定要让旅客感到满意。分析旅客的决策，了解旅客对运输企业服务的期待与感知，为旅客提供个性化服务成为高速铁路客运服务中的重要一环。

一、旅客的决策

旅客产生旅行需求后，就要进行旅行方式的选择，这一步即旅客的决策。

（一）旅客决策的过程

随着经济的发展，各种交通基础设施不断完善，人们的出行也越发的频繁，出行要求也越来越高。旅客出门前会根据自身的需求选择合适的出行工具，旅客的选择过程可分为两个阶段。首先，旅客根据自己的出行目的、出行距离、收入水平、所在地区的交通条件等选择交通方式的技术经济特性；然后，再根据技术经济特性选择具体的某种交通工具或几种交通工具的组合。

旅客运输系统具有相对的封闭性和很强的可控性，因而旅客的出行决策受到客票约束(购票期限、票额等)、运营时刻等的影响。旅客选择铁路作为出行方式后，会根据出行目的确定期望的出行时间，进而选择服务等级和客票组合（即行程安排），选择服务等级就是确定列车等级和席别等级，选择客票组合就是确定列车车次。显然，铁路旅客必须根据列车时刻表和出行信息，安排候车、转乘等。一般具体出行者不可能考虑所有的服务和客票组合，并进行比较，只能根据列车时刻表和期望的出行时间，在一个波动范围内进行比较和权衡，从而做出决策。在旅客出行决策过程中，出行目的、出行费用、出行信息、出行时间、时间价值和舒适度（包括拥挤程度）等因素，都会对整个出行决策产生很大影响。

（二）旅客决策的影响因素

旅客的出行方式选择受供给属性和需求属性两个方面的影响。

1. 供给属性

供给属性是指外部运输环境特征。旅客所面对的运输供给条件不同则做出的选择决策也将有所不同。选择影响因素是多方面的，主要从运价、运行时间、交通工具的安全性、舒适性、准时性等来分析。一般来说，旅客在出行时会对旅客运输的供给属性进行比较，选择适合自己需求的出行方式。

目前，由于我国仍存在一定程度的时间性、地域性、方式性的运输短缺现象，在一定程度上使得旅客的出行方式选择发生了因短缺引起的强制性替代，造成供给属性对出行方式选择作用的扭曲现象。

2. 需求属性

需求属性是指从出行者自身利益出发来考虑出行方式的选择问题。影响旅客自身利益的因素很多，包括旅客的收入水平、出行目的、出行距离、出行时间价值、方式偏好、职业、年龄、性别等。一般旅客会结合个人的情况选择自身认为最满意的出行方式。

由于旅客出行方式选择问题涉及的对象是处于多变的社会经济环境中的人，因而问题就变得更加复杂。面对多种满足出行要求的方案时，旅客必须从中选择出最优的一个，但仅凭旅客自己的主观感觉往往很难做出正确的判断，这可能会给人们的生活、工作带来损失与不便。

二、旅客对服务的期待

客运服务质量优劣取决于旅客对服务的期待和实际感知之间的对比。从某种意义上讲，服务质量属于主观范畴，对客运企业质量优劣的评价在很大程度上由旅客期望所决定。

旅客期望受各种各样的因素影响，包括可控和不可控的因素。无论是对于最终消费者还是组织消费者、纯粹的服务还是产品附加服务、有经验的消费者还是没有经验的消费者，期望的类型和来源都是相同的。

1. 旅客运输服务

从广义来讲，服务就是为了国家，为了集体，为了企业，为了某种事业和他人的利益而工作。铁路客运部门的服务，就是通过客运人员向旅客提供一定的劳务活动，即提供安全、迅速、舒适的服务，满足其在旅行中的愿望和旅行生活方面的需要。这就要为他们实实在在地工作，为他们送方便，为他们排忧解难，使他们满意。旅客运输服务的实质是保证旅客在旅行过程中，以旅客需求为中心，提供安全舒适的乘载工具和良好的环境，具体表现在：买票便捷、旅行时间少、安全、正点率高、乘坐环境舒适、服务周到、态度好、票价合理等，这就要求旅客运输企业防止一切旅客伤亡责任事故，列车正点到发；车厢内有现代化设备；配备高素质的列车服务人员，提供优质的服务；办理旅行手续便捷；收费规范，对团体客票给予优惠；为方便旅客购票，增设售票点，实现电话售票、网上售票；优化列车开行方案，提倡列车高密度、多等级开行，开行精品列车；全面提高旅客列车的旅行速度。

2. 旅客期望

旅客期望是指旅客心目中认定的客运服务应达到和可达到的水平，是旅客评价服务的关键。旅客期望的服务按服务水平高低可以分为理想的服务、宽容的服务和合格的服务三种。

理想的服务也称“欲求服务”，是指旅客心目中向往和渴望追求的较高水平的服务。由于旅客心目中理想的服务是一种心理上的期望，希望服务能达到渴求的最佳水平。理想的服务实际上有一理想水平区，可称为服务的理想区间。如果旅客感受到的服务水平落在理想区间，那么旅客会感到满意。如果旅客感受到的服务水平落在理想区间上方，那么旅客会感到惊喜。合格的服务是指旅客能接受但标准一般，甚至较低的服务。旅客心目中合格的服务可视为是期望服务的最低要求。宽容的服务是旅客心目中介于理想服务和合格服务之间的服务。在旅客看来，这类服务虽然不那么理想，但比合格服务要好。是正常、使人放心和不必去挑剔的服务。“宽容”的意识就是不挑剔和接受。因此，宽容的服务也可称为不挑剔的服务。

3. 旅客期望与旅客满意的对应关系

客运服务中旅客期望与旅客满意之间的关系，大致可分为以下三个层次。

（1）旅客的要求必须满足，对应的旅客期望是基本期望。旅客认为这类产品或服务是应当提供，也是应当得到的，不需要去明确表达这些期望。例如，列车内部的卫生环境，如果不好，会让旅客产生不满。

（2）旅客要求明显，对应的旅客期望是显性期望。旅客明确知道自己需要什么样的服务，并能够表达和想象出来，而且认为铁路客运企业应该清楚他们的期望，并能够满足他们。如果这个层次的旅客要求和期望得到满足，旅客会对企业的服务表示基本满意。因为旅客这类期望的高低是与旅客消费档次相关联，故可认为是价格关联期望，旅客支出越多，其期望越高，当然高的票价就会对应优质的服务。

（3）旅客期望得到额外的收获和满足。对应旅客期望是超值期望，旅客隐约希望得到这些不确定服务，但这些服务是什么样的，自己又说不清或想象不出，所以他们并不指望能够享受这些服务。正因为如此，即使企业没有满足旅客的这些期望，也不会影响他们对服务质量的感知。然而，一旦旅客得到这些服务，就会喜出望外，十分满意。

旅客的需求是因人而异并不断变化的，而且会越来越高，因此准确地把握旅客的需求是铁路客运企业运营管理的前提。

4. 影响旅客服务期望的因素

1）影响旅客服务期望的可控因素和不可控因素

影响旅客服务期望的可控因素包括明确的服务承诺和含蓄的服务承诺。影响旅客期望的不可控因素包括忍耐服务的强化、个人需要、暂时服务强化因素、可感知的服务替代物、自我感知的服务角色、口头交流、过去的经历、环境因素、预测服务。

2）影响容忍区域的因素

（1）不同的旅客具有不同的容忍区域。例如，体验惯了好的服务的旅客要比一般旅客容忍程度低，挑剔的旅客要比随和的旅客容忍力差。

（2）不同的服务维度导致不同的容忍区域。旅客对服务过程和结果的五个评价维度包括可靠性、响应性、保证性、移情性和有形性。五个维度容忍区具有各自不同的特征，使得最终顾客对总体服务质量容忍区的确定与这五个维度的容忍区位置及形状密切相关。

3）影响理想服务期望的因素

影响理想服务的因素包括两大类：一是忍耐服务的强化；另一类是个人因素。

忍耐服务的强化，一方面受到派生服务期望的影响，指的是某旅客的期望受到另一群人期望的驱动；另一方面受个人服务理念的影响，个人服务理念是旅客对于服务的意义和服务提供商正确行为的根本态度。

4）影响适当服务期望的因素

影响适当服务期望的因素包含五个方面：暂时服务强化因素、可感知的服务替代物、自我感知的服务角色、环境因素和预测服务。

① 暂时服务强化因素通常是短期的、个人的因素，这些因素使旅客更加认识到服务的需要。当初始服务失败时，对补救服务的适当服务期望将会提高。

② 可感知的服务替代物指旅客可以获得服务的其他提供商，如旅客可选择铁路、公路、航空及水运出行。旅客可感知的服务替代物的存在提高了适当服务的水平，缩小了容忍区域。

③ 自我感知的服务角色指旅客对所接受的服务水平施加影响的感知程度。明确说明期望的服务水平的旅客，可能对没有达到该水平的服务更为不满。旅客在服务中积极参与也影响该因素。旅客感觉到他们没有履行自己的角色时，其容忍区域会扩大。如果旅客在服务传递中对服务施加了影响，对适当服务的期望就会提高。

④ 环境因素指旅客认为在服务交付时不由服务提供商所控制的条件。一般而言，环境因素暂时降低了适当服务的水平，扩大了容忍区域。

⑤ 预测服务指旅客相信他们有可能得到的服务水平。这种服务期望可以看作是旅客对即将进行的交易或交换中可能发生事件的预测。

5）影响预测服务的因素

影响预测服务的因素：明确的服务承诺、含蓄的服务承诺、口头交流和过去的经历。

（1）明确的服务承诺是企业传递给旅客的关于个人和非个人说明，明确的服务承诺既影响理想服务水平又影响预测服务水平。

（2）含蓄的服务承诺是与服务有关的暗示，往往被与服务有关的价格和有形性控制。一般而言，价格越高，有形性印象越深，旅客的服务期望也越高。

（3）口头交流由当事人发表的个人及非个人的言论，由于被认为没有偏见，所以是很重要的信息来源。专家、朋友和家庭也是可以影响理想和预测服务水平的口头交流的来源。特别对于旅客运输这种在购买和直接体验之前难以评价的服务中，口头交流非常重要。

（4）过去的经历。旅客会将经历与其最理想的服务进行比较。

三、旅客旅行的个体心理与需求

旅客乘车旅行的心理活动，贯穿了从他产生旅行的需要开始，到他到达目的地结束旅行为止的整个过程。旅客作为个体，心理活动既体现着一般规律，又具有个别特点。

（一）旅客旅行的共性心理与服务

旅客旅行的共性心理是指所有旅客在乘车旅行的过程中从开始买票到旅行终了，经过各个环节，遇到各种情况，所具有的相同的心理活动。一般来讲，人们出门旅行首先要考虑选择乘坐何种交通工具，其共性的心理主要表现为要对交通工具的安全、经济、迅速、方便等方面进行比较，然后再对舒适程度、服务质量等方面进行比较，分析哪种交通工具的旅行条件优越，最后选定交通工具。旅客在旅行中的共性心理，是相当复杂的。下面对旅客共性心理活动进行一般性的分析。

共性心理需要可划分为总体方面的需要和各旅行阶段的心理需要。

1. 旅客旅行总体方面的需要的表现

总体方面的需要是每一个旅客在整个旅行过程中（包括旅行的准备工作及乘车旅行）一直存在的需要，其主要表现在以下几个方面：① 安全心理；② 顺畅心理；③ 快捷心理；④ 方便心理；⑤ 经济心理；⑥ 舒适心理；⑦ 安静心理；⑧ 被尊重心理。以上几个方面的具体内容在之前已经介绍，这里不再重复。

2. 旅客旅行各阶段心理需要的表现

在旅客旅行过程中，不同的阶段，存在不同的心理活动和需要。需要对每一阶段的心理活动进行分析，实施有针对性的服务，以保证旅客的要求得到满足。旅客乘车旅行的心理活动过程可划分为 8 个阶段：① 旅行动机的产生；② 旅行工具的选择；③ 购票；④ 去车站；⑤ 进入车站及上车；⑥ 车上旅行；⑦ 到站下车及出站；⑧ 继续乘车旅行。以上 8 个阶段，在本书之前的内容中已经介绍，这里不再重复。

3. 旅客旅行心理需要的规律性表现

旅客旅行需要，无论是总体的表现，还是在各阶段的表现，都呈现一定的规律性，具体可概括为以下三点。

1）需要的档次性

随着人们生活水平的提高，旅客出门旅行除了基本需要的满足之外，需要的档次在不断提高。对于旅客来讲，在把乘车旅行的需要转变为行动前，总是先把需要水平定在一定程度的基础上，在其行动时，就会出现以下两种情况。

（1）需要水平定得太高，旅行条件不允许，需要不能得到实现。如果出现这种情况，旅客的旅行受到挫折，旅客可能会产生两种反应：一是中止旅行，二是将需要水平降低。然后再看旅行条件是否允许。

（2）旅行条件能够满足需要水平的实现时，旅客旅行的行为就能够进行下去。旅行能够进行下去的同时，旅客的下一步需要水平也会相应地提高，因此，需要的满足，经历了由简单到复杂、低级到高级、物质到精神的发展过程。

例如，旅客在对旅行条件进行分析的基础上，将车票需要水平定为二等座。如果到售票处很容易地买到了车票，这时他就可能想到如果能乘坐一等座更好；如果二等座票没有买到，而他又必须旅行，这时就会想有张无座票也行了。

2）需要的强度性

旅行需要的强度受多种因素影响和制约，尤其是在旅行的目的、距离、时间及服务人员的服务态度和质量等方面。

3）需要的主次性

在旅客旅行的过程中，心理活动反映出的需要不是单一的，而是多种多样的。各种需要之间不是并列的、不分主次的关系。在旅行的每一阶段总有一种或两种需要处于主导地位，其他需要处于从属地位。例如，乘车前，购票需要是第一位的。车票买不到，其他旅行的所有需要都不能成为现实；买到车票后，有关乘车安全、生理等方面的需要则占据主导地位，所以，高速铁路客运服务人员要掌握旅客心理活动变化的规则性，为深入细致地做好服务工作创造条件。

4. 满足旅客旅行共性心理需要的心理服务措施

为满足旅客旅行心理需要，铁路部门提出了全方位心理服务思想。全方位心理服务思想就是将旅客旅行整个过程中产生的所有心理活动综合在一起考虑，使旅客的需要得到满足的一种服务思想。实施全方位心理服务可从以下三方面入手。

1）延伸性服务

延伸性服务包括旅客进入车站前及出车站后的所有方面，其主要服务项目包括以下三个方面。

（1）加强旅客运输服务信息的宣传与信息的咨询。根据旅客旅行的需要预先或随时提供旅客所需要的各种信息，沟通旅客和旅客运输部门之间的相互了解。

（2）做好与其他交通运输工具的协调配合，满足旅客集结、疏散、中转乘车的需要，加强旅客列车发生晚点等异常运行情况时对旅客的组织。

（3）加强旅馆、餐饮业的组织和管理，满足旅客住宿、饮食方面的需要。

2）车站服务

车站服务项目需要从软件（管理）及硬件（设备设施）两方面入手。

（1）加强高速铁路客运服务人员的职业培训与管理，提高高速铁路客运服务人员的管理水平、业务能力和职业道德水平，提供周到、热情、令旅客满意的服务，保证对旅客的进出站、上下车进行有效组织。提高中转签证、补票、退票及漏乘等方面的服务质量。

（2）铁路车站设计合理化。合理设计车站的进出口，使其有利于旅客的进出；增加购物、饮食、饮水、洗漱、厕所、娱乐、休息等服务设施。

（3）采用先进的技术设备，如自助售票系统、旅客自动引导显示系统、列车到发计算机通告系统、旅客信息咨询系统、广播系统、旅行包托运管理系统等，满足旅客对旅行信息、购票、上下车等方面的要求。

3）列车服务

提高列车服务质量同样需要从软件和硬件两方面考虑。

（1）加强对列车工作人员的技能培训，提高列车工作人员的素质和服务水平，做到随时根据旅客的需要，提供满意的服务。

（2）合理安排高速铁路列车的饮食供应，提供物美价廉的食品和饮料。

（3）从旅客列车车体的设计和运用方面考虑，提高车体座位的舒适性，加强车厢内的通风、温度调节，增加车厢内的娱乐设施；提高旅客列车运行速度，缩短旅客旅行时间。

对旅客共性心理需要的研究是旅客运输部门加强旅客运输管理，采取各种服务措施的基础。在旅客运输市场竞争不断趋于激烈的情况下，提高客运服务质量，努力树立旅客运输企业的形象，是提高旅客运输企业竞争力的重要措施。客运服务质量提高的标准，就是要从根本上满足旅客的需要。为旅客提供全方位的服务，需要对旅客心理活动进行系统的分析，了解旅客的需要，有针对性地采取措施，这样会更为有效地解决旅客运输中存在的问题。

（二）旅客旅行的个性心理与服务

在旅行过程中的共性心理，是大多数旅客在旅行时普遍的、通常的心理要求，但对于每个旅客来说，由于自身条件、旅行条件、个人性格、爱好、观念的不同，又必然会有不同的心理要求，这就是旅客旅行的个性心理需要。例如，学生的旅行心理，有的学生是好动不好静，也有的学生却是好静不好动；有的旅客出门旅行喜欢选择速度快的高速铁路列车，而有的旅客觉得长途旅行还是买卧铺票乘车比较舒适。可见在旅客的共性心理需要中包含着个性心理需要，普遍规律中蕴藏着特殊性。

旅客在旅行过程中，当旅行条件发生变化时，心理要求也会随之变化。旅行者的心理活动除受自身条件制约以外，还受客观事物多变的影响。所以，旅客的个性心理与共性心理相比较，更为复杂多样。

高速铁路客运服务人员在服务工作中，既要掌握旅客旅行的共性心理，又要探索和理解旅客的个性心理，才能避免服务工作的片面性和盲目性，才能做到更加主动、更有针对性地实现文明服务、礼貌待客。

由于广大旅客的个性心理复杂多变，形形色色，包罗万象，高速铁路客运服务人员要全部了解、掌握是极困难的，而且也无这种必要，但我们应该注意综合一些具有较普遍、较典型、有代表性的个性心理，以便在日常服务中能够了解旅客的心理，提供有针对性的服务。

社会上的每一个人，都有可能成为高速铁路运输的服务对象，适当将市场进行细分，从研究每一类旅客的心理需要来了解这一类旅客旅行的个性心理需要，是有效地解决问题的出发点。

案例：

某日，重庆开往广州的列车由于会让其他列车，在中途停车等待。当日天气闷热，列车非常憋闷，有些旅客按捺不住着急的心情，开始抱怨起来，有的乘客甚至骂骂咧咧。如果遇到这种情况，应怎样处理？经验丰富的列车长××在与司机沟通后知道等待的时间不会很短，如果让旅客无聊地等下去，可能会引发矛盾。这时她灵机一动，立即召集所有列车员开会，希望通过和旅客良好的沟通化解矛盾，列车员们积极响应号召。随后，列车长××带领乘务组尝试着用人性化、互动的方式与旅客们进行沟通，真诚主动地关注旅客的感受和需求。首先，乘务组真诚面对旅客，如实地将列车临时停车的原因及等待时间告之旅客，回答每位旅客的问题。列车长××特意打破常规，没有用常规的语言广播信息，而是用平实、通俗的语言如拉家常一样地向旅客及时通报最新的信息，解释延误原因，此举立刻拉近了乘务组和旅客之间的距离，赢得了旅客的理解。而后乘务组即兴在列车上开展了一个小活动，请旅客品尝餐车调制的“自助饮料”，并猜出是由哪几种果汁混合而成的。旅客表现出极大的兴趣和参与的热情，枯燥无聊的等待立刻变得精彩纷呈，有单独品尝的，也有和朋友、家人一起喝一起猜的，获得奖品的旅客还兴致勃勃地表演了小节目。漫长的等待时间就在一片欢声笑语中悄悄“溜走”了。当列车长广播还有5分钟列车就重新开动时，旅客们才意识到他们在列车上等了近3小时了。当乘务组向旅客们表达真诚的谢意时，列车里早已是掌声一片！

下面用七种分类标准对旅客进行分类，分析每一类旅客的旅行心理。从某种意义上讲，这种通过分类获得的某一类旅客的心理，对全体旅客来讲，它属于个性心理，但对该类旅客来讲，它属于共性心理。

1. 根据旅客气质划分

旅客的气质，在整个旅行活动过程中会通过他们的言行表现出来。深入细致地观察旅客的言行，可以了解旅客的气质类型，从而能够有针对性地提供服务。

1）急躁型旅客

急躁型旅客相当于胆汁质型旅客。急躁型旅客对人热情、感情外露、说话直率而快、言谈中表现自信，这种类型的旅客容易激动，通常喜欢与人争论问题，而且力求争赢，对服务的评价易走极端。他们在旅行中常常显得粗心，经常丢失东西。在服务工作中，对急躁型旅客，言谈应注意谦让，不要激怒他们，不要计较他们有时不顾后果的冲动言语，一旦出现矛盾，应当尽量回避。随时提醒他们别乱扔、乱放和丢失东西。

2）活泼型旅客

活泼型旅客相当于多血质型旅客。活泼型旅客活泼好动，他们反应快，理解力强，显得聪明伶俐。他们动作敏捷、灵活、多变。旅行中他们对人热情大方，喜欢与人交往和聊天，喜欢打听各种新闻。他们情感外露，并且变化多端，经常处于愉快的心境之中。在服务工作中，对活泼型旅客，应尽量满足他们爱交往、爱讲话的特点。在与他们交谈过程中，不要过多重复同一内容，以免使之不耐烦。应主动向他们介绍车站设施及娱乐场所，以及各地风光和特产，以满足他们喜欢活动的心理。

3）稳重型旅客

稳重型旅客相当于黏液质型旅客。稳重型旅客平时表现安静，喜欢清静的环境。他们很少主动与人交往，交谈起来很少滔滔不绝和大声说笑，情感很少外露，使人猜不透他们想什么或需要什么。但稳重型旅客自制能力很强，做事总是不慌不忙，力求稳妥，生活有固定的规律，很少打扰别人。他们反应慢，希望别人讲话慢些或重复几次，自己讲话也慢条斯理，显得深思熟虑。他们的注意力比较稳定，对新环境不易适应，但一旦适应了又对乘坐过的列车或打过交道的服务人员产生留恋之感。在服务工作中，对稳重型旅客介绍或交代事情时，应当注意讲话的速度，重点适当重复一下。一般情况不要过多地与他们交谈，如有交谈，尽量简单明了，不要滔滔不绝，以免他们反感。

4）忧郁型旅客

忧郁型旅客相当于抑郁质型旅客。忧郁型旅客感情很少向外流露，心里有事一般不愿对别人讲，宁愿自己想。他们在旅行中性情孤僻、不合群、沉默寡言，不喜欢在公共场合与人交往和聊天。这类旅客对事情体验深刻，自尊心强，很敏感，好猜疑，想象丰富。他们在遇到困难或挫折时，会表现得非常痛苦，如丢失东西，身体有病或与人发生纠纷后会长时间不能平静。他们讲话慢，有时又显得话很多，怕别人听不清楚产生误会。他们行动迟缓、反应慢。在服务工作中，对忧郁型旅客应当十分尊重，对他们讲话要清楚明了，和蔼可亲。尽量少在他们面前谈话，绝对不要与他们开玩笑，以免产生误会和猜疑；当他们遗失物品、生病时，应当特别关心和给予帮助，想办法安慰他们，使之感到温暖。

2. 根据旅客职业划分

人们在社会生活中，因职业不同，造成所处社会阶层和生活方式的不同，从而形成不同的心理特点和旅行需要。这种不同的心理特点，反映在乘车旅行生活中，便会对旅客运输服务工作产生不同的要求。可以根据职业对旅客进行分类，分析不同的职业各自所具有的心理，从而了解不同职业旅客的心理活动，有针对性地做好服务工作。不同职业的旅客旅行中的心理表现如下。

1）工人

工人组织性、纪律性较强，在旅行时对旅行条件一般要求不高，比较重视旅行费用的发生。私人旅行时希望少花钱，公务旅行时希望能获得旅行补贴，因此，能有个座、吃上饭、喝上水就行，没有座位也能克服。工人旅客在旅行中一般都能自觉地遵守铁路的有关规定，维护站、车秩序，并能积极协助和支持高速铁路客运服务人员的工作。

2）农民

随着经济的发展，农村改革与农民生活水平的提高，以及思想观念的变化，农民乘车旅行的次数和人数在增多。农民出门乘车旅行比较突出的特点主要表现在以下三个方面。

（1）出门携带物品较多。

（2）多数农民旅客因不常出门，缺乏旅行常识，在旅行中又很少提出要求。

（3）强调乘车的经济性，希望尽量减少旅途费用。

农民旅行时，突出的个性心理活动是个“怕”字，怕事、怕别人询问、怕买不到车票、怕上不去车、怕坐过站，想咨询，但犹豫不决又不敢问。有些农民旅客听不懂站、车广播，不懂广播术语，不明白揭示的内容。高速铁路客运服务人员应多掌握农民旅客的个性心理特点，主动、热情地为他们服务。

3）军人

一般来讲，现役军人具有较强的纪律性、自觉性和组织性，能够主动维护站、车秩序，支持高速铁路客运服务人员的工作。军人旅客在旅行中顺畅心理表现得很明显，一旦发生问题，不希望在大庭广众之下处理；单独旅行时希望能买到预想的车票，能有个候车的地方；较注重文化生活，希望能听到新闻广播，看到书报。携带枪支和重要文件的军人，希望在站、车上不发生意外。

4）干部

干部大多具有一定的旅行知识，他们突出地表现出方便和顺畅的心理需要，希望买到预想的车票，担心列车晚点，打乱旅行计划；喜欢有个整洁、卫生的乘车旅行环境，吃到可口的饭菜等。他们很注意高速铁路客运服务人员的服务态度、服务作风、服务水平，十分关心旅客运输工作，愿意提出意见和建议。

5）学生

学生旅客主要指的是大中专院校的学生。学生处于青少年时期，精力充沛，思想活跃。学生在乘车旅行中，乘车心切，急于想到达目的地，总是尽量减少在车站的滞留及等待乘车的时间，买到车票有座即可。他们旅行中的心理行为表现在喜欢聚集成群，好奇、好动；喜欢说笑、娱乐、热闹；爱看书、串座、串车厢；到站喜欢下车散步买东西；夜间乘车横躺竖卧；饮食不讲究，经济实惠即可。高速铁路客运服务人员对他们的行为应礼貌地多给予提示，以免影响别人，或给自己增添麻烦。

6）自由职业者

随经济的发展，行业不断增多，为人们提供了多种可选择的职业。在旅客运输中，自由职业者人数不断增加，这部分旅客给运输服务业提出了新的要求。自由职业者大体上分为以下三种。

（1）经济条件优越，旅行常识比较丰富的自由职业旅客。

由于经济条件优越，个人经历和阅历比较丰富，在与他人交往中常以自我为中心，随心所欲，讲究行为的长远效果。这部分旅客乘车旅行共同的个性心理是追求旅行的舒适性，不注重旅行费用。有高等级座位不选择低等级座位；有餐车供应饮食，不自己携带食物，等等。所以高速铁路是他们旅行的首选。一部分人还喜欢自信地与同行的其他旅客聊天，或与高速铁路客运服务人员聊天，联络感情。

（2）从事长途商业贩运的自由职业者。

这部分旅客流动性大，结构复杂。一般情况下，他们携带的物品或资金较多。他们共同的旅行心理是既怕有人找他们的麻烦，又想在旅行中获得一定的额外利益。例如，有些人携带超重物品、违禁物品，企图在车票上作文章，花钱雇人捎送物品，与高速铁路客运服务人员联络感情，替他们办事，等等。由于一些做法属于违章行为，他们怕被察觉，在旅途中常担惊受怕，心事重重。对待这部分旅客中有取巧行为或违法活动的，要按法律相关规章制度严格处理；对大多数正常经营的长途商业贩运的自由职业者，应该热情、礼貌地为他们服务。

(3) 去外埠打工的自由职业者。

这部分旅客大多属于青年农民，其中有的外出多年，有一定的旅行常识，有的初次离家外出，缺乏旅行常识。他们在乘车旅行的过程中，比较突出的心理活动表现在要求旅行的顺畅上。一般不计较旅行的条件，只要能够买到车票、乘上车、顺利到达目的地即可，其他都是次要的问题，部分困难自己可以克服。高速铁路客运服务人员对这部分旅客，应该体谅他们的旅行心理，从购票、候车、乘车旅行、出站等多方面提供使其满意的服务，不能因为他们不提或少提要求，而忽略了对他们的服务。

7) 其他

除上述按职业进行划分而谈到的旅客种类外，还有其他种类的旅客，如港、澳、台、侨胞，外宾，无职业者等各阶层人士，每一类旅客在乘车旅行中都有一些共同的个性心理需要。通过分析这些共同的需要，可以有针对性地为他们提供服务，从而提高服务水平，创造好的经济效益和社会效益。

3. 根据旅行目的划分

旅客出门旅行，虽然有些人职业相同，但因旅行目的不同，其心理状态也会存在差异。同样，有些人虽然职业不同，但旅行目的相同，也会有相同的心理活动表现。

1) 公务、商务出行

公务、商务出行旅客共同的个性心理要求是旅行条件能好些，他们一般首选高速铁路为出行工具。受出行目的影响，他们对时间要求高，怕晚点；饮食要求经济实惠；在旅途中喜欢站车清洁、有序；爱看书、听广播，喜欢聊天或玩扑克；比较关心旅客运输服务工作的改进和工作人员服务态度等。

2) 旅游

随着人民生活水平的提高，以出门旅游为目的的旅客越来越多。他们的共同的个性心理是盼望顺畅、便利，能够玩得愉快、高兴。长途和短途旅游的旅客又有不同的心理状态。

(1) 长途旅游旅客。

因旅行距离长，对旅行条件要求较高，希望能够购买到预想的车次、车票种类，在站、车上休息好，希望能够多看到、听到沿途的风光和介绍，了解旅游景点的信息等。

(2) 短途旅游旅客。

短途旅游游客多数利用双休日、节假日到近郊名胜、海滨、集市等去做一两天的短距离旅游，所以时间观念强，乘车要求条件不高，只要能够上车，车内拥挤一些也可以。

3) 探亲访友

这部分旅客从事各种职业，在全部旅客中占有一定的比例，尤其是在重要节日或公众假期，人数较多。探亲访友旅客共同的个性心理表现在平安、顺畅、便利、安静等方面。

4) 治病就医

乘车到外地就医，患者和陪同的家属心情都很沉重。

(1) 重病患者因存在生命危险，希望旅客运输部门给予方便、照顾。患者希望不离开担架，且担架放置平稳；陪护人员能够在身边，随时照顾自己；到站后能够迅速出站，前往医院等。

（2）病情不严重者有的有人陪同，有的无人陪同，一般能够自己照顾自己，但部分人员存在行动困难，希望得到照顾，能有一个坐、卧的地方，有餐、茶水供应，病情突然严重时，能够得到车站、列车的应急处理。

（3）行动不便的残疾人往往希望在进出站、上下车时能得到牵引、扶持，在车站内、列车上能坐、卧，在饮食方面能够获得多方照顾。

5）通勤

这类旅客，每天要两次乘坐交通工具，乘车经验丰富，对车站情况和列车到开时间非常了解，时间观念强，往往按点上车，到站又急于下车。有些人常自认为情况熟、环境熟，有“应变”能力，图方便、好侥幸，忽略站、车的规定，出现违章违纪行为。高速铁路客运服务人员要理解他们长期通勤通学，早出晚归的困难，对他们积极引导，多同情、少强制，多服务、少指责，尽量为他们创造一些方便的旅行条件。

6）其他

除上述旅行目的以外，还有疗养、参加体育活动等多种旅行目的。其共性的心理也须在日常工作中进行总结。

4. 根据旅行行程和旅行性质划分

1）根据旅行行程划分

旅客因旅行行程不同，存在心理需要的差异。前面对长、短途旅游旅客的心理状态进行了分析，下面从铁路运输部门按照旅行行程对旅客的分类分析旅客所具有的个性心理。

（1）长途旅客。

长途旅客指乘车时间在 9 小时以上的旅客。长途旅客一般要求能够买到直通车票、卧铺票，也有一些旅客为了节省旅途时间，会选择高铁，通常会将二等座作为首选目标。他们希望用餐、饮水供应方便，喜欢看书报、聊天或进行一些娱乐活动以消磨乘车时间，解除长途旅行中的疲劳和寂寞。

（2）短途旅客。

短途旅客因乘车距离较近，旅行条件较差也能够克服。短途旅客进出站的共同心理是图方便，喜欢横越线路，甚至在站内任意通行，因此，高速铁路客运服务人员应对短途旅客的旅行安全或无票乘车现象多加注意，需要从车站进、出口设置，旅客进出站组织、引导等方面入手，加强管理工作。

2）根据旅行性质划分

（1）本地旅客。铁路运输部门称本地旅客为发送旅客。发送旅客按不同职业、不同旅行目的及不同旅行行程，表现为不同的心理需要。

（2）换车旅客。换车旅客又称为中转旅客。换车中转产生的原因主要有以下三种。

① 无直达列车，必须在某一车站换乘；

② 为了在中途的某一站办事或基于缩短后续旅行时间着想，而在某站换乘。

③ 购买不到直达车票，只能换乘。

中转换乘比较麻烦，因此中转旅客共同的个性心理表现在：从始发站就能够买到从中转站到目的地的车票；在换乘站有合适的接续车次；换乘手续简单，可以随时办理；希望换乘方便，有候车休息的地方；在换车转乘时，旅客还担心列车晚点、签不上证、在换乘车站等待时间长等问题的发生。

(3) 持公用乘车证旅客。铁路职工持公用乘车证旅行，从铁路角度看，他们属于路内职工，但对于旅客运输服务部门，他们同其他旅客一样，是旅客运输部门的服务对象。

铁路职工持公用乘车证乘车旅行，不需买票，他们因对旅客运输服务非常了解，熟悉有关客运管理的各种规定，在客运部门熟人多，在旅行中相对一般旅客具有一定的优越感。在旅行过程中，大多数人能够维持列车秩序，但也有一些人，不遵守客运管理的规定，随意进出车站；不走通道，横越线路，只图自己方便；在车站内、列车上，喜欢找熟人、拉关系、走后门，好让高速铁路客运服务人员为他们提供额外方便。

5. 根据旅客自身条件划分

旅客的自身条件是指旅客的年龄、性别、体质、籍贯等方面。

1) 不同年龄旅客

(1) 老年旅客。

老年旅客都有安静心理，因行动不灵活，体力差，喜静不喜动。有些老年旅客对服务的要求高，爱给高速铁路客运服务人员添“麻烦”；在旅途中遇到困难，比较沉着。老年旅客是高速铁路客运服务人员的重点服务对象，在服务中要多为他们提供方便，多给予照顾。

(2) 中年旅客。

中年旅客占旅客流量的较大比重。中年旅客一般具有丰富的旅行知识。中年旅客比老年旅客行动灵活，比青年旅客稳重。高速铁路客运服务人员在满足中年旅客需要的同时，应虚心向中年旅客请教，接受他们对客运工作提出的意见和建议，据此改进服务方式，提高服务质量。

(3) 青年旅客。

青年旅客是指青少年、儿童旅客。他们乘车旅行的好奇心强，喜动不喜静，非常活跃。

2) 不同性别旅客

(1) 男性旅客。

一般来讲，男性旅客在旅行时比较好动、喜欢说笑、遇事不愿迁就，尤其是有女性、少年儿童、老年人同行时，要求较多、好强；但又表现为比较随便、慷慨，办事马虎、粗心。有些人喜欢在旅途中吸烟、喝酒、吃东西，喜欢娱乐活动等。

(2) 女性旅客。

相比之下，女性旅客比男性旅客旅行要求少，只希望顺畅到站。带小孩的旅客更是宁可自己受累，不愿小孩受苦，也不愿麻烦他人；而且怕小孩吵闹，影响其他旅客休息。他们经济观念较强，多数在旅行途中省吃俭用。

3) 不同体质旅客

根据体质状况，大体可将旅客划分为正常健康型、体质较差或有一般疾病型、重病患者型三种。对不同体质旅客共同的个性心理，可参考其他类型旅客的心理分析。

4) 不同籍贯旅客

根据籍贯不同，可将旅客划分为两类：当地旅客和外地旅客。

(1) 当地旅客。

当地旅客对乘车环境和当地情况比较熟悉，心理上没有顾虑，旅行的问题少。

（2）外地旅客。

外地旅客对乘车环境和地域情况不熟悉，心理上顾虑较多，甚至听不懂地方口音，怕出差错。这部分旅客是高速铁路客运服务人员重点服务的对象，对他们的服务要热情、主动。

6. 根据旅行中的旅行情况划分

1）没有买到车票，却又想乘车的旅客

这些旅客想方设法争取上车。高速铁路客运服务人员应理解他们的心情，了解这些旅客急于上车的原因，如确有急事，应采取灵活机动方法，允许其上车后补票。

2）上错车、坐过站、下错车、中途漏乘等旅客

旅客在旅行中发生这方面的失误，旅客本身有一定的责任，但从另一方面，也反映旅客运输服务中出现的一些问题，服务做得不周到、不细致。在发生此类情况后，旅客心情焦急、慌乱，希望高速铁路客运服务人员帮助妥善安排。高速铁路客运服务人员应一边安慰，稳定其情绪；一边积极想办法帮助解决，防止发生其他意外。

3）超负荷列车中的旅客

列车超负荷，会带来许多问题。如车厢拥挤、旅客无座席、空气不流通、闷热、有异味等。这种情况下，旅客有怨气、心情烦躁，旅行时间越长表现得越严重。对有座位的旅客，对在其身边有长时间站立的旅客，会感到不舒服，造成休息不好。这时，应注意车内的环境，尤其是保持适当的通风和适宜的温度；做好对旅客的组织，使车内有序。

4）携带“三品”进站上车的旅客

携带“三品”进站上车，有以下两种情形。

（1）不知自己所携带物品为“三品”，误带上车，看到、听到严禁旅客携带“三品”进站上车的宣传后，犹豫不决，不知如何处理。

（2）旅客有意将“三品”携带上车，他们担心被查出，对高速铁路客运服务人员有害怕心理。

高速铁路客运服务人员对那些在乘车时表现犹豫、徘徊，坐立不安的旅客，应注意观察和主动询问，既可以查出“三品”，防止意外事件发生，又可以了解到其他情况，提供适当的服务。

5）丢失物品的旅客

旅客丢失物品之后，表现出着急、焦虑、埋怨、后悔、心情沉重、不知所措等心理活动和行为。高速铁路客运服务人员要对丢失物品旅客进行安慰，注意旅客的动态，防止发生意外；同时积极配合公安人员寻找、破案。

6）无票乘车或携带物品超重的旅客

在旅客中，常会出现买短途车票乘坐长途车、买站台票乘车、不买票乘车、借用公用乘车证乘车、越席乘车、持无效票乘车、携带超重物品乘车等情况。对待存在上述问题的旅客，要分析问题产生的原因，判断是属于有意识的还是无意识的行为。如果属于有意识行为，这些旅客常表现为心里惶恐不安，怕被发现。高速铁路客运服务人员应坚持原则，按章处理，在处理中注意态度。

7）对旅行条件不满意、不如意的旅客

在旅客旅行过程中，总会出现一些对旅行条件不满意的事情，如未购买到预想的车票、餐车用餐时对饮食或服务不满意等。在这种情况下，旅客常表现出埋怨、气愤、不满情绪。

对此，高速铁路客运服务人员一方面应检查自己工作中存在的问题，采取适当的方法改进；另一方面应耐心解释，争取旅客的谅解。

8）遇到意外事件的旅客

意外事件可能是由两方面的原因造成的，一是旅客原因造成的意外事件；二是旅客运输服务部门的原因造成的意外事件。旅客运输服务部门造成的意外事件，如发生列车事故等情况，会影响旅客正常旅行，甚至威胁旅行安全。这时，旅客焦虑不安，心情烦躁，希望运输部门尽快排除险情，恢复列车运行。高速铁路客运服务人员应沉着、冷静，稳定旅客情绪，积极妥善处理。

9）临时患病的旅客

旅行中突然生病或女旅客突然分娩，本人身心痛苦、着急、忧虑，急盼工作人员帮助，这时高速铁路客运服务人员要为其找医送药，妥善处置，有条件时允许在较大车站送医院处置。

10）临时有急事的旅客

旅客临时有急事，表现出心情沉重、忧虑、不安、慌乱的神态，高速铁路客运服务人员要认真观察，及时发现有急事的旅客，了解原因，体贴旅客的心情，帮助他们尽快解决存在的问题。

11）在严寒、酷暑的气温下乘车的旅客

适宜的温度下乘车旅行，会减少旅行疲劳，使旅行轻松、愉快。严寒或酷暑都会增加旅客的生理和心理负担，尤其是对长途乘车旅行的旅客而言。

在严寒环境下，旅客希望站、车有供暖系统，使站、车温度高一些，能够不在室外候车、检票。

在酷暑环境下，希望站、车内有空气调节系统，如空调或风扇，降低站、车温度，提供充足的开水和洗脸用水，能够买到饮料及其他防暑降温物品。

12）遇到天气发生突然变化的旅客

旅客随身携带衣服少，乘车旅行中突然遇到变冷的天气，心里会后悔、不安。在发生暴风、雨、雪时，旅客会担心列车受阻，影响到旅行的顺利进行，或到站后不能及时换乘其他交通工具继续旅行。高速铁路客运服务人员要说明情况，进行安慰，排除旅客不安的心情。

13）在不同时间下的旅客

在夜间，旅客希望安静，能够休息好而不被打扰；在清晨，希望有洗漱用水，能及时上厕所；午餐后，能有段时间休息。高速铁路客运服务人员应根据旅客在昼夜不同时间的要求，做好服务工作。

7. 根据旅客心理特征和行为表现划分

根据旅客心理特征和行为表现，总结归纳出以下几种心理。

1）逆向心理

逆向心理指的是和旅客旅行共同的个性心理相反的心理现象。如有的老年旅客、妇女旅客特别爱动等。

2）掩饰心理

有的旅客在旅行过程中，因受某种因素影响，强制掩饰自己真正的心理状态，总是以一种假象心理出现。如无票乘车，或持过期票乘车，害怕被查票时发现，但又故作镇静；已经携带“三品”上车，在乘警检查旅客携带品时，故意喜笑颜开，大谈检查“三品”的必要性。有些高速铁路客运服务人员心细，警惕性高，察言观色，能识破这种假象。

3）将就心理

有的旅客出门旅行怕惹是生非，只求平安到达就行。没有座位就站着；旅途喝不到开水就渴着；问事不理睬时，虽有不满心情，但不发怨言。高速铁路客运服务人员应从旅客的将就心理中，找出自己工作的不足，改进服务质量。

4）取巧和侥幸心理

少数旅客为省几个钱，或为个人方便，明知违反政策，也要做一些违背规定的事，有一种等到被发现、被制止时再说的思想。如不买车票上车、携带品超重、站内任意穿越及走行、明知为“三品”仍然带上车等。高速铁路客运服务人员应以高度负责的精神，识破这种现象。

5）恐惧心理

少数旅客有意识地违反国家政策、法令和铁路规定，如携带违禁品上车，刑事罪犯伪装正常旅客乘车潜逃等。他们在车上躲躲闪闪、精神紧张，从表情中反映出他们的恐惧心理。高速铁路客运服务人员应密切监视他们的动态，果断、机智处理。

6）忧郁心理

有的旅客因种种原因，如疾病、负债，出门找工作心中没有底，探亲又不知亲友的具体地址等，在旅行中表现出沉闷不语、愁眉苦脸、双目发呆的状态。发现这样的旅客，高速铁路客运服务人员应主动关切、询问，尽力帮助解决。

7）自卑心理

有的旅客初次出门，情况不熟；有的旅客在生理上有缺陷，造成自卑心理，遇到问题不好意思开口，不敢问。高速铁路客运服务人员应对他们主动、热情地服务。

8）急切心理

有的旅客因有急事要办，如探望患重病的亲友，需要赶乘其他交通工具等，急盼快到目的地，一旦火车晚点，就更加心急火燎，心慌意乱。发现有急切心情的旅客，服务人员要多加安慰，主动帮助他们安排好旅行事宜。

9）好奇心理

不常出门的旅客，特别是青少年，好奇心强，喜欢串车、下车，东问西问等；当列车行驶在沿线风景独特的地区时，一些旅客感到新鲜，常会东张西望。对这些旅客，高速铁路客运服务人员应多向他们介绍一些情况，稳定和满足他们的好奇心理要求。

10）兴奋心理

有的旅客因有喜事，或在旅途中碰到高兴的事，表现得兴高采烈，情绪激昂。高速铁路客运服务人员对于过于兴奋的旅客，应婉言相劝，要求其适当节制，以免由于兴奋过度而发生意外。

11）其他

旅客的个性心理是多种多样的。除上述外，还有波动心理、强求心理、自尊心理、犹豫心理、喜悦心理、愤怒心理等，这里不再一一评述。高速铁路客运服务人员应在实际工作中细心探索，多加掌握，尽力去满足旅客的心理要求，实现文明服务、礼貌待客。

案例：

某日14时10分，G1156次列车由广州南站开往黄冈东站，担当此次值乘任务的武汉客运段乘务组在广州南站迎接旅客上车，此时，车站工作人员送来一名双腿行动不便的旅客。据了解，该旅客姓唐，腿部做了手术后欲回武汉治病。在与广州南站工作人员办理了交接手续后，列车长柳×赶紧到5号车厢进行帮扶。见唐女士的家人已经没了力气，柳×连忙接手将唐女士背到座位上，并送上茶水。考虑到列车到武汉站需要5个小时，随后，柳×与唐女士沟通后将其安排到了一个旅客较少的车厢座位上。一路上，柳×及时安排女乘务员汪××照顾唐女士，同时细致地询问了唐女士到达武汉站后的出行打算，并提前与武汉站取得联系，准备好轮椅，协调好工作人员帮助唐女士出站。当日18点57分，G1156次列车正点到达武汉站，柳×推起轮椅，将唐女士送下列车并与武汉站办理了交接。

四、旅客旅行的群体心理与服务

（一）旅客群体的特点

旅客在旅客运输部门内停留的时间多者几十个小时，少者几分钟，旅客流动性比较大，人与人之间少有思想交流，即使人与人之间有一些交流，也只是一般的聊天，不涉及思想深处的感受。因此，旅客群体有其独特的特点。

1. 心理的认知性

由于共同的旅行需要，每一个旅客都意识到其他成员的存在，也意识到自己是旅客群体的一员，大家都有同属于该群体的心理感受。

2. 行为的联系性

旅客群体成员由于利益上的一致或者目标的共同，在行为上必然产生相互影响、相互作用、相互补充，组成完整的行为系统，有时会形成统一的行为。

3. 利益的依存性

由于个体利益演变成群体利益。群体利益导致目标的共同性，旅客群体有着为全体成员共同接受的目标，这个目标往往使旅客团结一致。

（二）旅客群体的类型

1. 松散大群体

旅客群体是松散大群体，没有形成统一的规范制约人的行为。只是通过共同的活动目标以间接的方式将参加活动的成员联结在一起。在这一群体中，人们受社会舆论、道德和观念的制约，起作用的是公平感、正义感，当遇到涉及部分或全体旅客利益的事情时，才会形成一致的、统一的行为。例如，当高速铁路客运服务人员与某一旅客发生摩擦时，如果高速铁路客运服务人员一直保持和蔼、礼貌的态度，对于周围不知产生摩擦原因的其他旅客，他们的行为有的可能站在该旅客的一方，有的可能站在高速铁路客运服务人员一方，有的可能保持沉默不表态；但如果高速铁路客运服务人员的态度比较强硬，不礼貌，则会造成周围的大多数旅客站在该旅客一方，联合起来对该高速铁路客运服务人员进行批评、指责。这时他们把该旅客所处的位置与自己进行了调换，即如果自己是那位旅客，遇到高速铁路客运服务人员这样的态度，这是自己所不希望的，同情心及正义感使其他旅客结合在了一起。

2. 紧密小群体

在旅客大群体中存在一些相识或结伴同行的几个旅客所组成的小群体，尤其是一些旅行团体在一起旅行。由于相识，他们在日常生活之中有一定的思想交流，在旅行中，他们之间的感情要比不相识的旅客之间的感情深得多。因此，在旅行中，他们成为行为一致的群体，尤其是他们其中的某位与其他旅客或与高速铁路客运服务人员发生摩擦时，他们更加表现出态度与行为的一致性。

（三）对旅客群体心理的服务

1. 加强对紧密小群体的管理

由于相同的旅行目的，紧密小群体内的各成员具有相同的言行，他们同行、同住、同食。因此，加强团体售票、团体候车、团体上车的工作，尽量使小群体成员在站、车内都能在一起；避免与小群体内部人员发生争执，在他们中有人提出不合理的要求时，尽可能和蔼、礼貌地给予解释和说明；在遇到严重问题又必须解决时，在公正而讲道理的基础上，给予严肃处理。在列车上发生问题，如果车上不能解决，则到车站解决；如果在车站内发生问题，尽量把他们与其他旅客分离开，一方面可以避免对其他旅客产生坏的影响，另一方面可以削减他们的气势，使问题得以有效处理。

2. 用亲切、和蔼、礼貌的态度为大群体服务

由于大群体的一致行为往往是在旅客与旅客之间或旅客与高速铁路客运服务人员之间发生冲突时产生的，因此，亲切、和蔼、礼貌的态度可以为旅客制造一个轻松、愉快的乘车旅行环境，可以避免一些冲突的发生。高速铁路客运服务人员一定要加强自身的修养，避免与旅客发生冲突。对旅客大群体的服务，要从旅客共性心理需要和旅客个性心理需要两方面提供相应的服务。

在解决旅客中的问题时，最好的办法是利用旅客群体内部的相互制约关系。例如，某位旅客吸烟，高速铁路客运服务人员去制止，在语言的运用上，要注意表达这样的意思，不是我要让你做什么，而是你的行为会影响其他旅客的健康。这样就能将旅客和高速铁路客运服务人员之间的关系转变为旅客之间的关系，就能起到约束作用，也有利于问题的解决。

五、掌握旅客心理的方法与服务水平的提高

旅客们在旅行过程中，所有复杂纷繁的心理活动，取决于旅客本人的年龄、性别、职业、体质和旅行目的等自身条件，他们的心理活动流露于外，往往表现在衣着、外貌、言行、举止和表情动态之中。高速铁路客运服务人员置身于广大旅客之间，经常接触他们，只要具备一定的思想、文化基础与工作能力，并采用较好的工作方法，去努力探索与掌握旅客心理，就能更好地为旅客服务。

（一）掌握旅客心理活动的基础

作为一名高速铁路客运服务人员，内心总是真诚地希望为旅客提供最好的服务，满足旅客旅行需要，但有好的愿望，并不一定能够变成现实。愿望需要一定的基础才能实现。

1. 要有明确的思想基础

高速铁路客运服务人员具备了全心全意为旅客服务的思想，有明确的服务观，有努力实现文明服务、礼貌待客的愿望，在实际工作中，就会自然而然地、主动地去探索和了解广大旅客的心理活动与需求，而不满足于一般化的服务。掌握旅客心理活动，目的是更好地为旅客服务，这是一个最重要的前提，这要求客运部门各级干部，包括班、组长，都应以身作则，率先示范。

2. 要有正确的分析和判断能力

高速铁路客运服务人员在探索和了解一部分旅客的心理活动与需求之后，还需通过分析和判断，达到正确掌握的程度，才能实现有效的、良好的服务。心理活动特别复杂，有规律性、特殊性、短期性、长期性、突发性等的区别，需要经过分析和判断才能掌握。所谓判断，是对各种心理的肯定与否定的思维形式。正确的判断来自丰富的知识、经验与敏捷的思路。高速铁路客运服务人员对掌握的心理现象做出正确的判断，就能更好地满足旅客的心理要求。

3. 要细心、有耐心，有耐力

掌握旅客心理，探索服务规律，还要细心观察，也就是说要下功夫，花力气，才能了解旅客内心世界的活动。对那些有掩饰心理，外表很镇静的旅客，还有那些想得到高速铁路客运服务人员帮助，但又不好意思开口的旅客，不细心观察是难以发现的。

旅客的心理状态虽很复杂，但毕竟和各种旅行条件有关联，一时没有了解到，就不能怕麻烦，要有耐心。如对无票旅客，一般在不查票时看不出来，一旦广播查票，或查票人员到车厢，才表现不安或有其他动作。

只有细心和耐心，才能正确掌握旅客心理，更好地做到优质服务，这个道理是再明显不过的。例如对无票乘车的旅客，有的也的确是因急忙上车，没有买票，不是有意逃票。

4. 要有迅速、果断的应变能力

探索、掌握旅客的心理活动，在时间允许时可以细心观察，耐心判断，但旅客运输是动态的，运输本身就意味着有时间性，列车要按照规定时间运行，正点到、开。这就要求高速铁路客运服务人员有迅速、果断的应变能力，在很短的时间内，分析、判断出某位旅客的旅行心理活动，从而根据实际情况，采取相应的措施，做好服务工作。

通过接触、交谈，可以听出旅客是哪儿的人，从哪儿来；听出旅客的性格、情绪，对运输服务企业有哪些意见和要求。

5. 要具备一定的科学知识

研究掌握旅客心理，要有较好的思想基础，具备一定的工作能力，但只有这些还不够，因为还需要具备许多科学知识，需要熟悉社会生活，要熟悉铁路客运业务知识，要懂得有关心理学、服务学、美学、语言学、政治经济学等学科的一些基本科学知识。所以，各级客运部门应高度重视，有计划、有目标地通过各种途径，努力提高职工素质，以适应提高服务水平的迫切需要。

高速铁路客运服务人员应具备的服务观，也就是全心全意为他人服务的思想。多年来，我们一直批评主观为自己，客观也为自己的思想。也曾经开展过主观为自己，客观为他人的大讨论，并认为这种思想是不可取的。大力提倡的是主观为他人，客观也为他人的思想，但这种思想需要人具备很高的思想境界，而目前具备这样思想境界的人是少数，不是大多数。对所有高速铁路客运服务人员都用社会倡导的思想进行教育和管理，常使个别高速铁路客运服务人员产生抵触情绪，不能达到预期的目标。审时度势，为帮助高速铁路客运服务人员树立正确的服务观，并做好实际的客运服务工作，当前乃至在今后一定时期内，要在坚持思想政治的社会主义大方向下，提倡培养主观为他人，客观也为他人的服务观。高速铁路客运服务人员对掌握的心理现象做出正确的判断，就能更好地满足旅客的心理要求。

（二）服务方式的改进

改进服务方式、提高服务水平要求转变高速铁路客运服务人员的服务观念，不断开拓服务新领域，寻求服务新方式，增添服务新内容，有的放矢，以满足不同旅客的不同需要。

（1）变体力型服务为智力型服务。为满足旅客旅行中物质和精神上的需要，高速铁路客运服务人员不仅要付出大量的劳动，同时，还须观察、了解旅客个性心理特征，分析、判断每个旅客在各阶段的具体心理需要，并想办法给以满足，做到想旅客之所想，急旅客之所急，帮旅客之所需，使他们高兴而来，满意而去。这是一项创造性的工作，一种高层次的服务，必须运用、开发高速铁路客运服务人员的智力，使高速铁路客运服务人员成为智力型的服务人员。

（2）旅客除了购票、托运行李及旅行安全及生理等物质方面的需要外，还有一种精神范畴的高级需要，即社交和文化需要。这些高层次的需要，随着经济发展与人民生活水平的逐步提高，正在不断升级。精神需要的服务，有着广泛的领域、极其丰富的内容，有关服务措施应尽快建立，使客运服务成为一体化的服务。

（3）变执行型服务为需要型服务。旅客的心理需要是发展变化的并因人而异，越是高层次的服务，其差异性也越大。单纯执行日常的客运服务作业过程和程序，或进行几项规定的服务就算完成任务，显然是不够的。要实现优质服务，还必须从旅客的需要出发，根据旅客的不同需要，进行针对性的服务，从执行型服务过渡到需要型服务。

（4）变传统型服务为科学型服务。高速铁路客运服务工作有其规律性，与心理学、社会学、管理学、旅游学、历史学、地理学及组织学等有着密切的关系。高速铁路客运服务工作应建立在科学的基础上。由传统的服务方式向科学型转变，无疑是提高服务水平的一个重要方面。

（5）变物质型服务为精神型服务。满足旅客精神需要的重要性已多次谈到，这里不再重复。

案例：

某日，在北京至珠海的列车上，头等车厢满员，乘务组自然不敢掉以轻心。头等车厢15号座位是一位外籍旅客，入座后对列车员还很友善，并不时和列车员做鬼脸儿开开玩笑。列车开行后这名外籍客人一直在睡觉，列车员忙碌着为其他旅客提供餐饮服务。然而两个小时后，这名外籍旅客忽然怒气冲冲地走到服务区，大发雷霆，用英语对列车员说道："两个小时的时间里，你们竟然不为我提供任何服务，甚至连一杯水都没有！"说完就返回座位了。旅客突如其来的愤怒使乘务员们很吃惊。头等车厢乘务员××很委屈地说："列车长，他一直在睡觉，我不便打扰他呀！"说完立即端了杯水送过去，被这位旅客拒绝；接着她又送去一盘点心，旅客仍然不予理睬。如果是你，怎样处理？眼看着列车将进入停车靠站阶段，不能让旅客带着怒气下车。列车长灵机一动用水果制作了一个委屈脸型的水果盘，端到客人的面前，慢慢蹲下来轻声说道："先生，我非常难过！"旅客看到水果拼盘制成的脸谱很吃惊。"真的？为什么难过呀？""其实在行车过程中我们一直都有关注您，列车开行后，您就睡觉了，我们为您盖上了毛毯，关闭了通风孔，后来我发现您把毛毯拿开了，继续在闭目休息。"旅客情绪开始缓和，并微笑着说道："是的！你们如此真诚，我误解你们了，或许你们也很难意识到我到底是睡着了还是闭目休息，我为我的粗鲁向你们道歉，请原谅！"说完他把那片表示难过的西红柿片旋转360°，立即展现的是一个开心脸型的果盘。

（三）掌握旅客心理活动应注意的问题

1. 掌握旅客旅行的主要心理

前面已经提到，广大旅客的旅行心理极为复杂，高速铁路客运服务人员不可能，也无必要去一一掌握，只要能在各个旅行环节中，了解旅客的主要心理活动，并据此去做好服务工作，就可以说是达到了掌握旅客心理的目的。

对于旅客旅行中的主要心理活动，首先要掌握的是与旅客旅行安全有关的心理活动；然后是与旅行公共秩序、卫生健康、饮食、饮用水供应、就寝就座、安静休息、上下车方便、检票、补票、站车设备完整、备品管理等问题有关的心理活动。

在诸多问题中，要重点注意与集体有关的心理活动，同时掌握少数旅客、个别旅客的心理活动。在众多旅客中，首先要照顾好重点旅客，了解他们的主要心理活动和需求；对绝大多数不需要重点服务的一般旅客来说，他们的共性心理便是主要心理。例如，到餐车就餐，旅客的共性心理是希望价格经济实惠，品种多样化，菜肴卫生可口，等候时间不长。餐车以此为服务标准去工作，就是掌握了旅客的主要心理。俗话说"众口难调"，餐车供应要满足全部旅客的个性心理意愿，是不现实的。

2. 掌握旅客旅行的具体心理

人们的心理活动表现为抽象的和具体的两个方面，在一定条件下，两者又是相对的。如旅客们有的好静，有的好动，静和动的区别没有截然的界线，既是具体的，也是抽象的，但高速铁路客运服务人员为满足旅客的旅行心理要求，又必须掌握具体心理，才会达到满意的效果。

要掌握旅客在旅行中的具体心理，要求高速铁路客运服务人员的服务工作做深、做细，甚至于需要提高警惕，增强责任心，才能无愧于自己的职责。

3. 必须注意从站、车的实际出发

车站和列车，经常吸引的客流都是带有规律性的。既然有规律，就有其客流特点，高速铁路客运服务人员要按照客流特点，去掌握旅客的心理活动。

4. 既要注意重点，又要考虑一般

既要掌握旅客的主要心理、具体心理，又要从站、车实际情况出发，这都是为了在有限的空间和时间内，把旅客运输服务工作尽力做得更具体些、更有实效些，并不是说要掌握重点，就可以不考虑一般；或者说要考虑全面，就难以再帮助重点了。

掌握重点和考虑全面是对立的统一。两者不仅不能偏废，而且只有同等重视，认真去做好，才能圆满地实现优质服务，达到满足旅客运输需求的目的。

【思考题】

1. 何谓情绪？情绪是如何产生的？情绪包含哪些基本元素？
2. 何谓人格？简要说明人格的形成过程。
3. 应该怎样提供运输服务去缩小旅客期望和感知之间的差距？
4. 如何区分人的正面情绪和负面情绪？
5. 结合实际，说说影响旅客旅行心理活动的因素有哪些？
6. 如何掌握旅客心理活动？
7. 旅客决策受什么因素的影响？
8. 旅客的共性心理需求有哪些？
9. 如何为急躁型旅客和忧郁型旅客服务？
10. 旅客群体有什么特点？如何为旅客群体服务？

第五章

高速铁路客运服务人员的心理修养与行为

【导读】高速铁路运输在铁路旅客运输系统中占有非常重要的地位，因其速度快，服务质量好，舒适度高等特点，成为大众出行的首选方式之一。高速铁路服务工作的质量越来越受到重视。客运服务质量的高与低，一方面受车站设备的现代化水平、旅客运输管理方式和工作组织、社会状况和自然条件等多种因素的影响和制约；另一方面又受旅客运输服务部门服务人员的心理品质的影响和制约，而且这一因素是所有因素中最为关键和最为活跃的。

高速铁路客运服务人员在整个服务系统中处于显著的位置，作为一名高速铁路客运服务人员应具备高度的政治觉悟，高尚的道德情操，自觉的组织纪律性，强烈的事业心和责任感，广博的知识，更应该具有强健的体魄和极强的抗压能力，这一切都是作为高速铁路客运服务人员应该具备的必要条件，也是能够为旅客旅行提供服务的基础。

第一节　高速铁路客运服务人员的认知能力及其培养

【知识目标】

1. 了解影响个人能力形成的因素及能力提高的途径；
2. 了解高速铁路客运服务人员应该具备的主要能力；
3. 了解高速铁路客运服务人员言语表达的主要事项；
4. 了解提高认知技能的方法。

【能力目标】

1. 具有一定的感觉与感知能力；

2. 具有一定的注意力与观察力；
3. 掌握言语表达技巧，加强与旅客的言语沟通。

【学习要求】

1. 树立良好的服务意识；
2. 了解个人素质对提高客运服务质量的重要作用；
3. 生活中注意加强对感知、感觉、注意力、观察力等方面的训练，提高自身综合技能。

【学习内容】

人的一生中，有的人取得了辉煌的业绩，成为众人瞩目的精英人士；有的人却默默无闻，与成功无缘。其中一个重要的原因是一些人拥有关键能力，而一些人缺少关键能力，不具备核心竞争力。拥有关键能力，就获取了成功的门票，找到了成功的入口。培养提高关键能力，让你脱颖而出，改变一生。

一、认知分析

人们对客观事物的认知，是从自己的感知开始的。认知能力是人脑加工、储存和提取信息的能力。不同情景、不同语调、不同表情所表达的情感和语义也是不同的，而高速铁路客运服务人员应对的态度也是不同的。高速铁路客运服务人员需要留心观察周边事物，以便可以在较短时间内向旅客提供所需的服务。

（一）认知能力培养的意义

进行认知能力培养，有助于帮助高速铁路客运服务人员树立信心，提升能力。

1. 能够促进思维能力和学习能力的提高

培养认知能力的实质是培养人们对自己认知活动的自我意识、自我评价和自我调控能力。高速铁路客运服务人员对客运相关知识的学习不仅是对材料的识别、加工和理解的认识过程，还是对该过程进行积极监控的认知过程。大量的研究和实践证明，虽然学习能力强的人在知识水平方面与学习能力差的学生相比并无绝对优势，但是在认知能力的发展水平上却不可同日而语，他们能够更加清晰地意识到自己的认知加工策略，有意识地调节自己的认知过程，能更有效地使用知识工具和策略方法。

2. 促使自觉地调控学习活动，顺利达到目标

认知能力发展水平较高的人在学习过程中，不仅重视所学的内容，而且随时关注自己的学习过程。由于认知是把学习主体——自己的认知活动作为意识的对象，因此，培养认知能力能够促使人自觉地监控和调节自己的学习过程，使其在观察能力、思维能力、创造能力和自学能力等方面都能顺利达到学习目标的要求。

（二）加强认知能力学习的策略

在树立了正确观念的基础上，要想更进一步加强对认知能力的培养，更需要从培养策略

上进行改进。

1. 明确目标，了解认知知识

设立目标并有针对性地了解新事物的特点，强化目标意识，懂得用目标激励学习的自主性。通过目标强化和目标激励主动地解剖自我，认清自我的知识基础、思维方式及自身与目标的差距，进而选择相应的学习策略，制订合理的实施计划。实施计划的制订有利于明确目标和责任，有利于激发动力，变被动为主动。

2. 丰富认知体验

不断丰富对目标的认识和自身的认知体验，有利于对事物的理解。可以通过创设具体情境等方式，使自己能够清楚自己是否达到了认知要求。通过采取合作学习的方式，既能拓宽知识的深度和广度，也能够自我畅谈工作中的心得，反馈自我工作方法的有效性。

总之，需要采取适当、可行的策略，培养认知能力，逐步完成从“要我工作”到“我要工作”的转变，最终达到目标。

二、能力分析

人的能力总是与人的活动联系起来，能力实际上是个体从事活动的能力。能力表现在相应的活动中，例如，学习能力、认识能力、组织能力等。能力与活动不是一一对应的关系，一种能力往往在多种活动中发挥作用。

一个人如果个性中具有完成某种活动所需的各种能力，并且能够把这些能力很好地结合起来出色地完成这种活动，那就是说这个人具有从事这种活动的“才能”。“才能”就是各种能力的结合，是知识的灵活运用的过程。

如果完成某种活动所必备的各种能力在活动中能够得到最充分的发展和最完善的结合并能创造性地、杰出地完成相应的活动，通常把具备这种能力表现的人叫作“天才”。天才离不开社会历史、时代的要求，离不开个人的勤奋和努力。

（一）能力的诱发

一个人具有顺利完成某种活动的能力，但能力作用的发挥需要一些诱发条件，这些诱发条件表现在环境、参与、设疑等方面。

1. 环境诱发

营造氛围使人们能够更好地接受新知识，使人们敢想敢说、善想善说，这样他们对新知识、新事物的获取将是积极主动的，不但能体会到成功的乐趣，而且能树立起学习的自信心，管理者给予适当的鼓励和支持，他们思维会得到充分的拓宽。从学习和生活中营造一种环境，诱发人们去思考，通过在现实生活中进行学习和判断，增强个人的能力。

2. 参与诱发

要主动参与，积极地去学习相关的知识和技能。参与其中和旁观相比，效果是不同的，要积极参与其中，进而诱发各种能力。

3. 设疑诱发

创设问题情境，激励质疑。有疑才有思，有思才能学到真正的知识。创设问题情境，设疑问难，是培养能力的重要方式之一。

（1）激趣设疑，诱发思维。文字表述比较抽象、内容比较枯燥乏味，须激趣设疑，使人们感到新奇又难以理解，从而诱发人的思维。带着疑问学习知识，效果更佳。

（2）变序设疑，启发思维。这种设疑，打破事物发展顺序，先“果”后因，把事物某个紧要部分提到前面，从而形成悬念，以此启发思维。如在一些新知识学习前，先设定一些需要解答的问题，可以启发人们积极思考问题。

（3）层层设疑，训练思维。设计的问题一个接一个，一问套一问，互相串联。集中注意力，可立即进入思维状态。层层设疑，可以促使不断地进行判断推理，始终处在积极思考的状态。

（二）能力的形成

影响能力的因素有很多，其中素质、知识、技能、教育、社会实践、勤奋等对能力的影响最为显著。素质是能力的前提，与能力的形成和发展有密切的关系。但能力的形成和发展，主要还是取决于人的经验，特别是教育和长期从事的实践活动的经验。兴趣、性格等，也是影响能力的形成和发展的重要条件。通过对素质形成因素的培养，可以进一步促进能力的形成。

1. 素质

素质是形成人们之间差异的生理特征，其中最主要的是神经系统和脑的特性。素质是能力发展的自然前提，离开这个物质基础，就谈不上能力的发展，但素质本身不同于能力，只有在以后的生活实践中，生理素质在活动中显露并发展起来，才逐渐形成能力这样的心理特征。

1）个人素质

一个人的素质是智力和体力的综合反映，也是他的内在心理活动和外在行为表现的统一。素质的获得是通过主动的自我修养及被动地接受环境教化共同作用的结果。

为了提高旅客运输服务质量，高速铁路客运服务人员应具备以下的素质。

（1）持续的学习欲望和良好的学习习惯。学习无处不在，只要你愿意学习，处处都有机会。而且在同样的机会之下，每个人的收益也会有极大的不同。高速铁路客运服务人员需要培养自己的自我学习能力，学习的方式有很多种，可以通过书本了解旅客服务知识及旅客的心理，也可以在实际工作中增强自己的实践能力，以及突发事件的处理能力。

（2）永不言败、坚忍不拔的意志。成功很难，放弃却很容易，在追逐成功的道路上，一定是布满荆棘的，也一定是崎岖的，只有永不言败的人，才会苦尽甘来，体会到属于成功者的喜悦。高速铁路客运服务人员面对不同的人群，在工作中难免会遇到一些困难，不要轻言放弃，在失败、困难面前不要气馁，要懂得坚持，有时候成功可能就在下一秒钟。

（3）有勇气积极主动承担责任。当你要承担一个任务时，须积极主动地、千方百计地努力去完成，千万不要到最后告诉上级“没完成”。上级要的是“说到做到”，最好还能给他一点惊喜“做到的比说过的更好”。

（4）良好的组织和协调能力。良好的组织和协调能力决定了一个人在事业发展中有没有前途，但这种能力是书本上学不到的，要真正掌握这种能力，还需要多参加社会实践。分享、合作才能使人更快进步。

(5) 善于处理人际关系。要想赢得尊重、赢得信任，唯一的、最佳的方法就是真诚。如果你得不到别人的信任和支持，一个人再努力也会事倍功半，赢得伙伴的信任是成功的必备条件之一。当别人有急事的时候你能主动伸出手帮他一把，他会对你感恩一辈子。这样的事例我们听到了许多，但真的事到临头的时候大多数人却往往熟视无睹、置若罔闻。

从现在开始，真诚付出，力所能及地帮助别人，奉献自己的爱心，会让你受益无穷。同时也不要拒绝别人的帮助。能坦然地接受别人的帮助也是一种自信、一种良好的心理素质。

(6) 拥有良好的品质。在日常生活与工作中，不斤斤计较、不取巧、不偷懒，踏踏实实做好本职工作，愿意吃苦，愿意吃亏，这样的人谁都愿意跟他做朋友。先付出，展示出你的价值后再求收获，这种收获将会是大收获。

2) 企业素质

人有素质，企业也有素质。企业的素质主要表现在以下方面。

(1) 满足社会需要的能力，对高速铁路客运服务人员而言，满足社会需要的能力即为满足旅客需要的能力。

(2) 有效利用各种资源的能力，资源的有效利用可以降低成本，从而达到提高效益和竞争力的目的。

(3) 扩大再生产的能力，以寻求企业的发展和技术进步，即利用现代科学技术的成就，提高运输服务中的科技含量，更好地满足旅客的需求。

(4) 竞争与协作能力，在运输市场中，各种运输方式之间存在竞争，但每一种运输方式的适用范围具有一定的互补性，彼此之间需要合作，以克服自身的不足，在竞争中求协作，是促使各种运输方式发展的有效措施。

2. 知识与技能

知识是能力形成的理论基础，技能是能力形成的实践基础，能力的发展是在掌握和运用知识、技能的过程中实现的。同时，能力在一定程度上决定一个人在知识、技能的掌握上可能取得的成就。

知识是能力结构的一个不可或缺的组成部分。高速铁路客运服务人员需要掌握知识并能够运用旅客运输服务的知识指导自己的活动和实践。例如，高速铁路客运服务人员需要掌握铁路相关知识及对事件的处理方法。

技能是人们通过练习而获得的动作方式和动作系统，技能直接控制动作的执行。它们表现了一个人已经达到的成就水平。技能是自动化了的活动方式，是一种运用。例如，我们能够又快又准确地算出一个多位数的乘法题目，这是运算技能起作用的结果。又如，尽管我们可能不知道什么是汉语拼音，但是我们能说标准的普通话，这说明我们普通话的知识有欠缺而技能强。

能力是顺利实现活动的心理条件，包括顺利掌握知识和技能的心理条件，它预示着人在活动中可能达到的成就水平。例如，我们说某人的工作能力强，我们使用的是一种赞许的口吻，说明他的工作效率高，工作完成得又快又好，我们是根据效果评定的，然而我们也知道，此人在工作中是综合运用了自己的知识与工作技能，才能达到这个效果。

通过增加知识和训练技能，有助于提高人的能力水平。

3. 教育

教育是掌握知识和技能的具体途径和方法，对能力的发展同样起着主导作用。教育不仅使人掌握知识和技能，而且通过知识和技能的传授，促进心理能力的发展。高速铁路客运服务人员的职业教育，对现代企业来讲显得特别重要。高速铁路客运服务人员必须掌握多种知识、技能，并能进行综合运用。

4. 社会实践

能力是在改造客观世界的实践活动中形成和发展起来的，劳动实践对各种特殊能力的发展起着重要的作用。不同职业的劳动，制约着能力发展的方向，如财务人员的珠算技能，铁路机务人员对红绿颜色的识别力，这些方面是同职业的特殊要求分不开的。不同的实践向人们提出不同的要求，人们在实践和完成任务的活动中，不断地克服薄弱环节，从而使能力得到相应的发展和提高。“世事洞明皆学问，人情练达即文章。”说的是社会实践对人的作用。

社会实践活动，旨在培养意志品质，丰富生活经历，提升综合素质，增强综合能力，以应对生活中的风雨挫折、艰辛坎坷、荆棘磨难。

5. 勤奋

勤奋是通向成功的必由之路，要使能力获得较快的增长，没有主观的勤奋努力是根本不可能的。世界上许多政治家、科学家和发明家，无论他们从事的领域有多么不同，他们的共同点是长期坚持不懈、刻苦努力、顽强地与困难做斗争。没有刚毅顽强、百折不挠的意志力，任何成就都无法取得。

勤奋可以弥补很多的不足，也可以做出很多意想不到的成就，勤奋的人会比懒惰的人拥有更可贵的品质、更多的成果。

（三）能力的提高

能力的形成受多种因素的影响，通过这些因素可促进能力的获得。下面介绍几种提高能力的方法。

1. 牢固地建立起不畏惧失败的信念

所有的成功者并非平步青云、一帆风顺的，他们大多也都是从失败的阴影中走出来的，依靠坚韧不屈的精神，最后成为赢家。

开端良好，路子也看得准，这并不等于用不着艰苦创业就可坐享其成。勇于面对失败，善于解决矛盾，则无往而不利。困难是人生所面临的一个阻碍，同时又是强者的敌人，只有在坚忍磨炼中，才能不断地淘汰竞争者。有许多人，因为一生中没有经常同困难搏斗的机会，而又没有充分的“困难”足以刺激其内在的潜伏能力。阻碍恰恰可以锻炼我们“克胜阻碍”的种种能力，人不遭遇种种阻碍，他的人格便不会得到凝聚和升华。所以一切的艰难困苦都足以锻炼我们的意志和能力，也在无形中考验着我们的心态。

2. 在思考中积极地进取

外国有句谚语：有一天好好思考，胜过一周的蛮干徒劳。积极思考会使我们在面临弱势的情形时仍能寻求最好的、最有利的庇护。积极思考指的是，在看待事物时，应考虑生活中既有好的一面，也有坏的一面，但我们更重要的是要强调好的一面，从而产生良好的愿望与结果。积极思考是一种健康的人生态度，同时也有利于扩展你的希望，并克服你意识里所有消极的东西。

我们不能像鸵鸟一样，只顾把头埋在沙堆里，不肯面对现实。我们并不否认消极因素的存在，只不过我们不应允许自己沉溺于自我的颓废和消极中。积极思考要求我们在生活中学会积极进取。

当然，仅有思考还是不够的，有了思考的同时，我们还必须有实现思考的坚强毅力和决心。如果徒有思考，而不拿出行动来实现愿望，也只会是竹篮子打水一场空。我们在思考的同时辅之以艰苦的努力，我们的思考才会具备更大的价值和意义。

3. 不轻易为拒绝所打败

分析历史上那些成大功、立大业的人物，他们都有一个共同的特点，即不轻易被拒绝所打败，不达成他们的理想、目标、心愿，就绝不罢休。华特·迪斯尼为了实现建立“地球上最欢乐之地”的美梦，四处向银行融资，可是被拒绝了三百次之多。今天，每年有上百万游客享受到前所未有的“迪士尼欢乐”，可见一个人的决心对成功的意义。

多方努力去尝试，不要惧怕拒绝和失败，凭毅力去追求所期望的目标，最终必然会得到自己所要的，千万别在中途便放弃希望。这句话说来简单，但一定要从内心同意，从现在起就拿出必要的行动。

4. 该出手时就出手

对大多数人来说，行动的过程中最怕的就是犹豫不决、进退两难，即碰到问题，总是不能当机立断，思前想后，从而失去最佳时机。每个人的成功都取决于某个关键时刻，这个时刻一旦犹豫不决或退缩不前，机遇就会失之交臂，再也不会重新出现。

与其费尽心思地把今天可以完成的任务千方百计地拖到明天，还不如用这些精力把工作做完。而任务拖得越后就越难以完成，做事的态度就越是勉强。在心情愉快或热情高涨时可以完成的工作，被推迟几天或几个星期后，就可能变成苦不堪言的负担。

三、高速铁路客运服务人员具有的主要能力

（一）感觉与知觉能力

1. 培养感觉与知觉能力的重要意义

感觉与知觉能力在人们日常生活中起着重要的作用。人们的知识经验不同，需要不同，期望不同，对同一事物的理解也可能不同。感觉和知觉能够指导人们对事物的理解更迅速、更完善。

1）感觉与知觉提供了内外环境的信息

通过感觉与知觉，人们能够认识外界环境，从而了解事物的各种属性。通过感觉与知觉，还能认识自己机体的各种状态，实现自我调节。没有感觉与知觉提供的信息，人就不可能根据自己机体的状态来调节自己的行为。

2）感觉与知觉保证集体环境的信息平衡

人们从周围获得必要的信息，是保证机体正常生活所必需的，但信息超载或不足，都会破坏信息平衡。信息超载使人产生“冷淡”的态度，信息不足时人们会产生不安和痛苦，甚至无法忍受。

3）感觉与知觉是一切较高级、复杂的心理现象的基础

记忆、思维等复杂的认识过程必须借助感觉与知觉提供的原始资料，人的情绪与情感体

验，也必须依靠人对环境和自身状态的感觉与知觉。

因此，必须加强感觉与知觉能力的培养与训练。一方面给别人一个好的感官印象，另一方面为进一步了解别人造就一个好的基础。

2. 感觉与知觉能力的培养

高速铁路客运服务人员面对旅客，在为旅客提供服务的过程中，感觉和知觉是最基本的能力，当你感受到了需要，并能正确地认知这个需要，才能采取正确的行动。对感觉和知觉能力的培养和训练，可以从以下几个方面着手。

1）多观察，增加感受经验

在日常工作中，有意识地观察旅客的行为表现，分析行为表现所代表的意义，反复认证所判断的结果，进行规律总结，有助于提高感觉和知觉能力。

2）多学习，增进情景触动

对事物的感觉和知觉，常常与自身的知识相结合，知识面的宽度和深度在一定程度上影响感觉和知觉的内容、速度。多学习知识，可以帮助增强感觉和知觉的范围。

3）多练习，增强反射能力

一些事物就在眼前，而我们常常视而不见，其原因是我们意识中就没有对这个事物的概念，如果经常性地训练自己对某一事物的认知，当它出现时，就会产生条件反射，这就是训练的结果。

（二）注意与观察能力

1. 培养注意与观察能力的重要意义

高速铁路客运服务人员要适应复杂多变的工作环境，清晰地反映旅客和工作中的情况，提高认识活动的效果，就必须具有良好的注意力和观察力。

高速铁路客运服务人员在工作中必须保持良好的心境、情绪状态和工作兴趣，以便对具有一定刺激（音响、气味、活动）和新奇、意外的事物（某些旅客的不寻常动作、神态），对具有美感及道德感、感情色彩的对象（如优美的乐曲）能引起注意，并从无意注意向有意注意转化。一个高速铁路客运服务人员，要特别锻炼自己的有意注意能力，在客运服务的整个过程中，总会遇到一些并不使人感兴趣而又必须做好的工作，需要通过有意注意强制自己的精力集中在这些工作上。一般来讲，对工作和活动的目的越明确，完成任务的欲望越强烈，就越能将自己的注意指向这项工作上来。缺乏注意力，就会“视而不见”“充耳不闻”。

对于高速铁路客运服务人员，在日常工作中，尤其是超员比较严重、站车秩序不好的情况下，有良好的注意力和观察力，才能发现“问题”，如发现携带危险品及其他禁止物品上车，发现特殊旅客等。只有发现问题，了解问题产生的原因，才能及时采取措施使问题得到有效解决。例如，有的高速铁路客运服务人员具有较强的注意力和观察力，有比较丰富的知识，能及时发现旅客的异常表情和行为，并能了解旅客的外部表现是由于内心的哪些难处造成，通过对其难处的解决，使其旅行愉快，因此，高速铁路客运服务人员良好注意力和观察力的培养，具有重要的意义。

2. 注意能力的培养

注意是心理活动对一定对象的选择性指向和集中。注意并不是一种独立的心理过程，而是心理过程的一种共同特征。注意有两个特点：一是指向性，人在同一时间内不能感知很多对象，只能感知环境中的少数对象，为了获得对事物的清晰、深刻和完善的反映，人在每一个瞬间，心理活动或意识会选择性地指向某个对象，而离开另一些对象；二是集中性，表现为同一时间内各种有关的心理活动共同集中于一定的对象，而且维持着这种指向，使活动不断地深入下去。如在剧院看戏，心理活动集中于舞台上的演员的动作、台词、表情、服饰等，而撇开了剧场内的其他观众，直到剧终。

注意可分为无意注意和有意注意，在实际工作中往往不能截然分开，两者是可以相互转化的。例如，一个人偶尔为某种活动所吸引，而去从事这种活动，后来才意识到它的重要意义，于是自觉地、有目的地去从事这种活动，并且在遇到困难和干扰时仍保持对该活动的注意，这是无意注意转化为有意注意。在刚开始做某项工作时，由于对它不熟悉、不感兴趣，往往需要一定的努力才能把自己的注意保持在这项工作上，经过一段时间后，对这项工作熟悉了，发生了兴趣，就可以不需要意志努力而继续保持注意，这是有意注意转化为无意注意。但这种无意注意仍然是自觉的、有目的的，只不过不需要意志努力，这种无意注意也叫“有意后注意”，即事先有预定的目的，但不需要意志努力的注意。

对于高速铁路客运服务人员，通过“有意后注意”的培养，可以养成一种职业的敏感性和职业习惯，它们在发现问题，进而解决问题中起到重要的作用。

1）努力锻炼，提高注意的稳定性

(1) 认识自己从事的工作的意义和目的，树立正确的学习动机，为未来的发展努力学习，用理想的目标激励、鼓舞自己，使自己具有强烈完成本职工作的欲望，如售票人员明确自身工作对旅客旅行、对铁路收入、对路风建设的重要意义，有强烈的对旅客负责、急旅客之所需的责任感，就能稳定地将自己的注意力集中在收款和提高售票速度和收款的准确性上。

(2) 培养对工作应有的浓厚兴趣，激发好奇心和求知欲。如果对客运服务工作厌烦，就难以将注意力稳定在对旅客的服务上。

(3) 要学会排除干扰，干扰有外在的，如无关的声音、不正常的情况等；有内在的，如疲劳、不好的情绪等。对外在干扰，要尽快适应或想办法消除、减轻它，以创造良好的工作环境；对内在干扰，主要是自控，保持良好的心境，抑制消极情绪的发展。

高速铁路客运服务人员为了使自己能自觉、稳定地将注意集中在工作上，应合理安排自己的工作和休息，使生活有合理的节奏。下班后安排好家务和业余生活，以保持旺盛的精力，避免由于健康等主客观因素影响工作中注意的稳定性。

2）扩大注意范围

扩大注意范围是对高速铁路客运服务人员的要求，注意范围大，能够全面地观察到站车内旅客的情况，对旅客的手势、表情、语言等能敏捷地注意到并迅速地做出反应，及时、主动地为旅客服务。高速铁路客运服务人员的注意范围与其知识、经验、对工作的熟悉程度及对环境的适应能力有密切的关系，对某种事物越熟悉，工作经验越丰富，注意范围就越大。注意范围受任务要求的制约和影响，任务多，注意范围会增大。因此需要在知识、经验、对工作的熟悉程度及对环境的适应能力等方面进行锻炼和培养。

3）合理分配“注意”

注意的分配是建立在对工作内容熟悉的基础之上的，因此高速铁路客运服务人员应刻苦钻研本职工作的规律性以提高工作技巧，合理地对工作内容进行顺序组合，并在此基础上加强对注意分配的训练。

3. 观察能力的培养

1）观察与观察能力

观察是有目的、有计划、比较持久的知觉。在观察的时候，观察者要预先提出一定的目的和任务，拟出一定的计划，按计划仔细地察看知觉对象。观察者在观察时会注视、搜寻、比较、分析每一个细节，观察过程总是包括积极的思维活动。因此，在观察的过程中必须有非常稳定的有意注意来组织知觉，以免关键性的、具有重要意义的现象从观察者的视野中溜掉。

观察能力最可贵的品质是从平常的现象中发现不平常的东西，从表面上好似无关的东西中发现相似点或因果关系。在观察能力的发展水平和类型上，人与人之间存在差异。

2）观察的步骤

对事物的认识，通常不可能一次完成，需要反复观察了解，一般情况下，观察的完成需要经过以下几个步骤。

（1）掌控表象。通过人体的感官（如眼睛、耳朵等）直接感知、摄取事物的表象信息，使众多的表象信息汇入脑海，并形成一个整体，储存在人体记忆里。

（2）区别差异。事物不同，拥有的特点也不同，即使是相同的事物，也存在差异。要想对事物有更清晰的了解，需要对事物表象进行比较分析，得出事物的区别差异在哪里，进而能够更好地观察事物。

（3）抓住要点。在第二步比较表象的区别差异的基础上，根据观察中对事物表象的认识和把握，抓住事物最具典型、最具有表现力的表象特征，通过这些表象要点可以准确地呈现出事物的形象。

3）观察能力的培养

观察能力是通过培养和训练而获得的，是个体通过自己的实践活动逐步形成和发展起来的。观察能力取决于对观察对象的兴趣、个人的相关知识、生活阅历和经验，以及观察的方法、观察的训练等因素。

在观察时，明确观察的目的和任务，激发观察兴趣，准备必要的知识，确定观察的方法和步骤，严格按照计划有系统、有步骤地进行观察，养成良好的观察习惯，进行反复的观察训练，就能获得满意的观察结果。

（1）制订文字观察计划。明确观察的目的任务，按照一定的计划带有特定目的展开观察活动，为了科学地进行观察，一定要制订观察计划，并形成文字，这样可以保证观察活动有序地进行，便于对观察进度的掌握。而且文字计划可以便于后期查询时作为参考。

（2）立场公正客观。观察的目的是获得事实，所以需要观察者客观地描述观察所得的信息，在观察的过程中不能戴“有色眼镜”。在观察的过程中，不能让已有的经验阻碍观察的视角，在观察的事实面前，我们应该像一个小学生一样，放弃一切先入之见，恭恭敬敬地、客观地、实时地记录所观察到的现象。

（3）全面看待事物。观察事物应该全方位，不能片面和简单化。观察对象的表象可能多种多样，所以在观察对象时，应注意从不同的角度把握其各种属性，从而获得全面的信息。不能“瞎子摸象”，一定要全面、深入地观察。

（4）认真细致，不浅尝辄止。在观察的过程中应认真仔细观察对象的每一个环节，不能浅尝辄止。

（三）记忆与理解能力

1. 培养记忆与理解能力的重要意义

在旅客运输服务工作中，离开良好的形象记忆能力，就记不清旅客，尤其是重点旅客的相貌特征；缺乏语义记忆或语言逻辑记忆，就记不清站名、票价、作业程序等；缺乏运动记忆，就不能很快掌握各种作业技巧；缺乏情绪记忆，人就会变得麻木。因此，培养和锻炼良好的记忆能力，是做好旅客运输服务工作，提高客运服务质量的重要基础。

2. 记忆能力的培养

1）提高记忆能力的方法

很多人在工作和学习中，都会感觉到自己的记忆力有些吃力，其实这并不是因为自己的记忆力下降，而是没有掌握到记忆方法。一个好的记忆方法，会让我们在工作与学习中，做到事半功倍。如果没有一个好的记忆方法，就是再好的记忆力，我们也会感觉到吃力与疲劳。为提高记忆能力，可以采取以下办法。

（1）明确识记目的，提高记忆的信心。识记的目的、任务是否明确，对记忆效果有很大的影响。明确识记目的有利于调动人识记的积极性和针对性，人们在全部的识记活动过程中会集中在所识记的对象上，且采取多种方式方法去识记。一个旅客经常乘车旅行，除了他旅程的始发站、中转站、终到站及中途特别有名的大站以外，对多数中间站一般是记不住的，因为他没有必要，没有记住它的目的，但一名高速铁路客运服务人员，不论自己执行乘务的列车经过的路线有多长，站的数量有多么多，有些站名如何不顺嘴，他都必须记住它，因为这些是他们的工作任务之一，为了更好地服务客户，他们需要有目的地记住它。

有明确的识记目的，还需要有信心，即“相信自己能够记住”。有了信心，识记态度就积极，注意力容易集中，抗干扰能力就会提高，思维及联想的能力就活跃，记忆力就会得到良好的发挥。记忆效果不好，常常和记忆状态，如情境、情绪、紧张度等不佳或记忆信心不足有关。每当学习新的知识，内心中总会产生一定的阻力，觉得很难，但下定决心去学习，增强学习的自信心后，又觉得没有什么难的地方了。

（2）利用记忆的最佳时间。一天之中不同的时间阶段，有不同的记忆效果。一般来讲，一天中有四个时间阶段记忆效果最好，称为最佳记忆时间。第一阶段是清晨起床后的一小时左右，此时学习可以防止前摄抑制作用的干扰，即学习过的材料对识记后学习的材料起干扰作用。第二阶段是上午八时至十时左右，此时人的精力上升，处在旺盛期，这段时间记忆容量可增大，效率会提高。第三阶段是傍晚六时至八时左右。第四阶段是临睡前一小时左右。

不同的人，记忆的最佳时间可能不同，有人睡前记忆效果好，有人早晨起床后记忆效果好。只要有意识地去实验、总结，都能找到最佳记忆时间。高速铁路客运服务人员需要记忆的内容很多，如规章制度、站名、票价等，要学会利用最佳时间，去记忆对本职工作最为重要的材料。

（3）运用科学的记忆方法。记忆是有规律的，人们研究出的快速记忆法，就是对记忆规律性的初步认识和掌握。任何好的方法都必须与记忆者本人的具体情况相结合，才能收到效果。常用的、比较行之有效的记忆方法有以下几种。

① 感官并用记忆法。在记忆材料时，如果只用一种感觉器官，记忆效果往往较差，同时运用多种器官，会大大提高记忆效率和效果。多种感官并用，在大脑中容易形成多方面的网络联系，使记忆的对象在脑中留下更深刻的印象。

② 分析记忆法。分析记忆就是对需要记忆的材料进行归纳，分段、分类、分散记忆。一般来讲，每次记忆的信息量相对减少，信息内容较为集中、单纯，心理负荷相对减轻，记忆效果会提高。例如，记忆一篇全面介绍北京历史、现状、发展前景的材料，可以对材料进行分析，把地理位置、文物情况作为一段，历史情况作为一段，现状作为一段，发展前景作为一段。分段后，一段段记忆，然后再结合起来贯通记忆，这样的分析记忆会优于整体连续记忆的效果。

③ 特征记忆法。这种方法用来记人、地方、具体事物较为有效。人的相貌特征总有差别，每个人有区别于其他人的特别之处，这些不同之处就是该人的特征。一个地点也总有不同于其他地点的特点。只要善于发现特征，认真观察，就能提高记忆效果。

④ 提纲记忆法。一般文字性材料，总有个结构，有个逻辑框架，抓住记忆材料的主要环节，就能纲举目张，较快地记住这个材料。

⑤ 其他。记忆的方法还有很多，例如，图表记忆法、编顺口溜记忆法、自测回忆法等。在记忆一种材料时，灵活运用各种记忆方法，可提高记忆效果。

（4）记忆要有浓厚的兴趣。兴趣是增强记忆力的催化剂。一个人对他所感兴趣的信息和对象，会产生高度集中的注意力与观察力，精神上更加亢奋。对地理感兴趣的同学，出于对欧洲的关注，会非常熟悉欧洲的地图，以及它的地形地貌及周边环境。

（5）要保持高度的注意力。只有专心致志，聚精会神，信息和对象才会在大脑皮层中烙上深深的印迹；反之，注意力不集中，无意注意过多，会使人记忆力下降。

（6）要遵循规律，及时复习。记忆与遗忘是对立统一的，人的遗忘是有规律的，表现为最初遗忘得较快，几天后会重新想起来，以后逐渐慢慢地遗忘。因此，在遗忘到来之前，必须及时地复习，以便提高记忆的持久性。

（7）要有良好的心理状态。心理学实验证明，心情舒畅、精神饱满的人，记忆效果就好，反之则差。如何保持良好的心理状态呢？一要树立正确的人生观、价值观。二要客观地评估自己和他人。三要有遭受挫折的心理准备。四要善于调控和转移注意力。五要积极参加公益的集体活动。

2）培养良好的记忆品质

我们不能笼统地评价某个人记忆的好坏，因为记忆的好坏表现在各种不同的品质方面，要正确地评价一个人的记忆，得具体分析他记忆的各种品质。

（1）识记的敏捷性。对于不同材料，有人很快就能记住，有人需要很长时间才能记住。记忆的这种品质表现非常明显。需要注意的是，有人记得快，忘得也快；有人记得慢，忘得也慢。所以要想评价一个人的记忆，必须将识记的敏捷性与其他记忆品质相结合。

（2）保存的持久性。有的人能够把识记的事物长久地保存下来，而有的人会很快地把识记过的东西遗忘。一般来说，识记的敏捷性和保持的持久性之间有着正相关的关系，但也有可能，有的人记得快，但不持久，有人记得虽慢，却牢固。

（3）记忆的精确性。精确性是记忆的一个重要品质，如果一个人的记忆很不精确，那么其他的品质也就没有多大价值了。

(4) 记忆的准备性。这是指能够及时地从记忆的存储中提取所需要的知识经验的能力，这是知识运用于实际的重要品质。记忆的准备性主要取决于记忆的东西组织得是否系统和熟记的程度，以及是否善于运用追忆的方法去寻找线索。

3. 理解能力的培养

1) 关于理解

理解是运用已有的经验、知识去认识事物的种种联系，直至认识其本质、规律的一种逐步深入的思维活动。无论是初步地、不完全地还是比较完全地认识事物的联系，认识其本质和规律，只要不限于单纯通过感知觉或记忆的直接认识，而是通过思维活动，一般就可以称为理解。理解是掌握知识的重要环节，有些知识需要记忆，而在理解的基础上进行的记忆，其效果更高。理解一般也称为了解或领会，理解常以问题解决的方式来进行，对提出的问题所给予的回答，可以表现出理解的不同程度或不同水平。理解事物时，须运用过去已有的知识经验，或在已有的知识经验基础上，掌握新的知识经验。过去知识经验的有无或多少，对理解能否顺利地进行，有着重要的影响。

对事物的理解力是认识事物本质所必需的，在信息传递的过程中，缺乏对信息的理解，就不能有效地利用信息。例如，同事给一个手势，没有理解这个手势的含义，就不能做他所指示要做的事情。

根据理解的对象不同，可将理解分为不同的形式，如对人们的言语和行动、自然和社会现象及科学理论的理解等。对人们言语的理解是把握言语所表达的思想；对人们行动的理解是把握其动机和效果；对自然现象和社会现象的理解常是把握其因果关系或其结构和功能；对科学理论的理解主要是为把握论据的逻辑联系。

理解又可分为直接理解和间接理解。直接理解是不要求中介性的思维过程的，常和知觉过程融合在一起。如对本民族的语言和其他熟悉事物的理解等。间接理解须经过复杂的思维过程。常是从最初模糊的、未分化的理解逐渐过渡到明确的、清楚的理解，其间经历了不同的阶段。间接理解总是针对复杂的、陌生的事物，并带有问题解决的特点。

2) 促进理解的条件

(1) 丰富有关感性材料。任何思维，无论它是多么抽象的和多么理论的，都是从分析经验材料开始的，而不可能是从任何其他方面开始的。因此，必须为理解提供感性材料，才能使理解得到提高。

(2) 注意新旧知识的联系。理解是以旧知识、旧经验为基础的，某一思想只有在它构成一个人经验中的一个环节时才能被他领会或理解。过去知识经验的有无或多少，对理解能否顺利地进行，有着重要的影响，对新知识的理解依赖于旧的经验。

(3) 创设问题环境，激发积极思维。思维是由问题开始的，因此需要安排适当的情境，不断提出问题，激发思维活动，用自己的思考来寻求了解，发现问题要点，获得各种知识。

3) 提高理解能力

(1) 提升自己的基础知识掌握能力，所有的难题都是基础演变后产生的。

(2) 多参加社会实践，在实践过程中掌握基础理论的运用，以及对实践处理能力的加强。

(3) 注意发散思维的训练，加强创新意识的培养。

如此反复，就提升了你的理解力，换句话说，看待问题，或是看题目，要深入骨髓地去想，透过现象看到本质，时间久了，你的能力就上去了。

（四）思维与想象能力

1. 培养思维与想象能力的重要意义

感觉和知觉是对客观现实的直接的反映，而思维和想象是对客观现实的概括性、创造性的间接的反映。高速铁路客运服务人员经常和旅客交往，会碰到各种各样的问题和矛盾，因此，高速铁路客运服务人员具备敏捷的思维和丰富的想象，可以灵活、妥善、创造性地处理各种矛盾和问题。

在问题的解决过程中，一般遵循“发现问题—分析问题—提出假设—检验假设—解决问题”的过程。

（1）“发现问题”很大程度上依赖于高速铁路客运服务人员的独立思考能力。一个善于思考的人，常常能从他人司空见惯、平淡无奇的事情中发现问题。独立思考能力的大小与高速铁路客运服务人员的工作态度、知识经验有密切的关系。

（2）“分析问题”即考虑问题的性质，这是使问题明朗化的过程。高速铁路客运服务人员应对工作中的问题尽快地掌握有关资料，研究资料之间的关系，进行合乎逻辑的判断和推理。这种分析能力除了与知识经验有关，还与个人的逻辑修养有关。

（3）“提出假设”是寻求解决问题的途径、方法。有效解决问题的途径和方法，往往是依据以往的经验，结合问题产生的实际情况，灵活运用思维和想象而提出的。如果问题是建立在片面的、甚至是虚假的基础上，会使矛盾激化或问题更加复杂。因此，思维品质的优劣，对提出的假设的质量具有决定意义。

（4）“检验假设”是通过实践来检验所提的方案是否可行，是否合理。一般的检验方法有两种：一是由实践活动的结果来证明假设的合理、可行；二是通过逻辑推理，论证方案有无破绽。后者是前者的补充，实践活动是检验的最终标准。

（5）“解决问题”是解决问题的途径和方法实施的过程。

上述处理问题的过程是相互联系的一个整体，整个过程中都需要高速铁路客运服务人员有较高的思维和想象能力。例如，高速铁路客运服务人员经常遇到旅客之间发生的矛盾，这类问题的产生，既有旅客本身的问题，也有周围环境、群体气氛的问题。这些情况混杂在一起，增加了高速铁路客运服务人员处理问题的难度，而问题发生的情况又不允许高速铁路客运服务人员从容地调查、分析问题，然后慢慢地解决问题。这就需要高速铁路客运服务人员具有敏捷的思维和想象能力，迅速地判断问题产生的实质原因，提出合理的解决办法，以果断的态度和措施解决矛盾，制止事态的发展。

2. 思维能力的培养

思维能力包括理解力、分析力、综合力、比较力、概括力、抽象力、推理力、论证力、判断力等能力。它是整个智慧的核心，参与、支配着一切智力活动。一个人聪明不聪明，有没有智慧，主要就看他的思维能力强不强。要使自己聪明起来，智慧起来，最根本的办法就是培养思维能力。

思维是人脑借助于言语、表象和动作实现的对客观事物的概括的、间接的反映。它揭示事物的本质特征和内部联系，是认识的高级形式，它主要表现在人们解决问题的活动中。思维不同于感知觉，但又离不开感知觉活动所提供的感性材料，人只有在获得大量感性材料的基础上，才能进行种种推论，做出种种假设，并检验这些假设，进而揭示感知觉所不能揭示的事物的本质特征和内部联系。人们在思维过程中，经常伴随感性的直观形象，这些直观形象便是思维活动的感性支柱。

1）培养优良的思维品质

一个人具有优良的思维品质，会为他分析、解决问题创造好的基础。良好的思维品质，来自学习和实践，因此，它可以通过培养获得。优良的思维品质表现在以下几个方面。

（1）思维的深刻性与广阔性。思维的深刻性是指善于透过复杂的表面现象发现问题本质。

思维深刻的人能够深入钻研问题，揭露事物的产生原因、现实意义，并预见可能造成的后果。思维的广阔性是指善于全面地考察问题，从事物的多种多样的联系和关系中去认识事物。思维广阔的人能够避免产生对问题片面性和狭隘性的认识。他们不仅要把握事物的整体，抓住事物的基本特征，而且还不会忽略重要的细节和特殊的因素。思维的广阔性是以丰富的知识经验为依据的。

思维的深刻性与广阔性是相互联系的，深刻认识事物有赖于依照各种事物普遍联系和相互制约的特点，全面地去考察事物。能掌握事物的本质与规律也会使考虑问题的广度扩大。

（2）思维的独立性和判断性。思维的独立性是指善于独立地提出问题，独立地寻找答案。善于独立思考的人一般不主动要求或依赖别人的帮助，不祈望现成的答案，他们喜欢独立地、创造性地去认识事物，探索解决问题的新途径。

思维的判断性是指思考问题时不受别人暗示的影响，能严格而客观地评价、检查思维的结果，冷静地分析一种思想、一种决定的是非、利弊。具有思维判断性的人不仅要知道关于某一事物的结论，而且要审查借以得出这一结论的根据，他们能够把自己对事物的推测看作尚待验证的假设，认真地加以检验，甚至推翻整个假设。

（3）思维的逻辑性。思维的逻辑性是指思维能遵循逻辑的规律。思维逻辑性强的人能够自觉地服从思维逻辑规律，使自己的思想认识首尾一贯、不相矛盾，形成正确的结论。

（4）思维的灵活性。思维的灵活性是指能根据客观条件的发展变化，及时地改变先前拟订的计划、方案和方法，寻求新的解决问题的途径。具有这种品质的人善于从新的观点、新的角度去考虑问题，摆脱偏见和早已过时的处理问题的方法。

2）培养思维环境

（1）诱发动机，创设情境。大脑思考必须要有动机，没有动机的思考只能是本能的重复和再现。一般来说，思维动机可分为内因和外因，应借助外因促使内因起作用，提高思维兴趣和动机，激起认识的冲突，活跃思维，诱发兴趣，积极开展思维活动，这对培养创造性的思维有积极的作用。

（2）制造矛盾，设疑问难。培养思维能力总是从问题产生开始的，要注意设计的问题由浅入深，循序渐进。否则，矛盾不但解决不了，还会使积极性受到挫伤。要善于诱导学习者质疑，尤其是启发他们从无疑中生疑，发展求异思维。有些问题看来很小，却能小中见大，从无疑中生疑、知疑，达到小疑有小进，大疑有大进。久而久之，必然会促进思维能力的发展。

（3）连续思维，纵横递进。创造性思维的标志之一，就是要敢于凭借已知的知识，探究未知的问题，形成思维的连续活动。通过问题来思考，步步逼近，层层深入，使学习者对知识的理解更加深刻。

思维过程本身就是由感性的东西逐渐引向理性的抽象概括，如果把感性认识和思维活动紧密结合，就更能促进思维能力的提高。横向思维就是启发人从已有的知识中去思考与之类似、相关的问题的一种思维方式。横向思维的连续进行，可以帮助拓宽知识面，实行知识的“迁移”。所谓“举一反三”“触类旁通”的说法，正是这种“迁移”的体现。在横向思维的过程中，可以从两个方面入手：求同和求异。这样不但加深了对知识的理解，而且大大地提高了思维的创造性。通过求异思维的培养，可以拓宽思路，提高分析鉴别能力。求异思维的天地是非常广阔的。

（4）分析综合，归纳提高。思维过程中少不了分析综合，没有分析，认识不能深入；没有综合，认识不能提高。它们之间的关系是相互依存、紧密联系的。可以遵循“分析—综合—再分析—再综合”的规律，培养学习者创造性思维能力。通过对各种现象的分层剖析，辨析清楚，再加以综合概括，既能加深理解，获得正确完整的知识，又能激发和活跃思维活动。最后再进行总结，从而明确各部分知识之间的逻辑关系。

3. 想象能力的培养

想象是对头脑中已有的表象进行加工改造，创造出新形象的过程。形象性和新颖性是想象活动的基本特点。想象是在感知的基础上，改造旧表象，创造新形象的心理过程。想象不仅可以创造出人们未曾知觉过的事物的形象，还可以创造出现实中不存在的或不可能有的形象。想象的形象在现实生活中都能找到原型，因它同其他心理活动一样，都是对客观现实的反映。想象和思维有着密切的联系，同属于高级的认识过程，它们的活动基于某些事物的情境，由个体的需要所推动，并能预见未来。

1）要积累渊博的学识和丰富的经验

想象无非是对已有的知识、表象和经验进行改造、重新组合、创造新形象。因此头脑中储存的表象、经验和知识越多，就越容易产生想象。一个孤陋寡闻的人是很难经常产生奇想的。

2）要善于抓住事物的特征进行想象

把不同种类的表象加以重新组合以形成新的形象，《西游记》中的猪八戒这一艺术形象就是用这种组合法想象出来的。要善于把同类的若干对象中的最具代表性的普遍特征分析出来，然后集中综合成新的对象。要善于抓住不同事物之间的相似性进行想象。想象可以通过比喻的途径来完成。如人们常常把“爱心”比作滋润心田的雨露，从而使爱心这个抽象的概念具体化。比喻的关键在于发现不同事物之间的相似性。

3）要善于把适合于某一范围的性质扩展到整个等级

想象也可以通过夸张的途径来完成。夸张的关键在于通过用具体的局部去代表未知的整体从而使整体具体化。如当人们只看到月牙时，他们就认为自己看到了整个月亮，这就是通过夸张来想象。

（五）言语能力及其培养

言语是指人们用语言进行交际的活动及其过程，它包括言语表达和对言语的感知与理解两个方面。言语的表达是指个人通过语言和动作把心理活动的内容表示出来，其中语言在交流中的作用更为显著。对言语的感知与理解过程是指人们通过眼睛和耳朵接受和理解别人的言语。人不可能只有言语的表达而没有感知和理解，也不可能只有感知和理解而没有表达。言语是在个体身上进行的活动，是人类特有的一种认知活动和认知能力。

研究言语有助于深入了解人类的心理现象的特征和规律。人不仅会走、会跑、能完成各种复杂的动作，而且具有利用言语交流的能力。正因为人有语言，人不仅可以接受各种刺激物的作用，而且可以接受词的作用，进行抽象、逻辑思维，形成自我意识，并且通过内部言语自觉调节自己的行为。因此，只有认识言语活动的规律，才能真正揭示人的心理活动特点。研究言语还具有实践意义，言语活动是人类最重要、最频繁的一种活动，正确地表达和接受言语，直接关系到人类社会各个领域的实践活动。高速铁路客运服务人员，在为旅客提供各种服务的过程中，一方面需要能够感知与理解旅客的言语所要表现的意义；另一方面又必须把自己为旅容提供的各项服务的意义有效地向旅客表达出来，才能得到旅客的理解和认同。为实现这两方面的任务，高速铁路客运服务人员必须具备言语能力。

1. 礼貌语言在客运服务中的作用

礼貌语言是人与人之间相互尊重的表现，人是有思想、有感情的，人与人之间的关系是平等的、互利的，彼此要相互尊重。这种关系反映到旅客运输服务工作中，要求高速铁路客运服务人员主动、周到、热情、礼貌地为旅客服务。因此，礼貌语言作为一种服务工具，作为客运服务工作中精神劳动的主要内容，是必须自觉地掌握的。礼貌语言在客运服务工作中的作用，概括起来有以下五种。

1）组织作用

例如，乘务员在车厢内对旅客说“各位旅客，现在我给大家送水，请大家准备好茶杯，在座位上等候。”这个通告，告诉旅客的信息有：一是我要送水了；二是请准备好茶杯；三是不要走动，在座位上等。这样旅客就会做好准备，协助高速铁路客运服务人员有秩序地做好送水工作。又如，在列车超员的情况下，说这样的话：“各位旅客，今天列车超员，我对无座的旅客深表歉意。因为旅行使大家走到一起，应相互帮助、相互关心，请有座位的旅客发扬风格，两人的座位坐三人，三人的座位坐四人。谢谢大家。”这种具有真情实意的语言，常常收到很好的动员、组织旅客的作用。再如，检票的时候说“各位旅客，请排好队，准备检票。”这会使旅客由无序状态进入到检票的有序状态。这是服务语言的基本作用，没有这种组织工作，无法使站、车有序，也就谈不上优质服务。

2）教育作用

站、车是宣传国家法令、铁路规章制度、旅行常识的有效场所。例如，进行站、车禁止吸烟、禁止随地吐痰、禁止乱扔脏物的宣传教育，能使旅客养成讲究卫生的良好习惯，对于提高全体公民的社会公德水平起到很大的推动作用。这种教育的执行者、监督者是高速铁路客运服务人员，他们要完成这一任务，没有良好的文明素质，不使用礼貌语言是不行的。

3）帮助作用

旅客在旅行生活中，有各种各样的问题，需要高速铁路客运服务人员帮助解决。有的需要解释，有的需要安慰，有的需要开导，有的需要制止。这一切，时刻离不开语言，都需要用语言给旅客以帮助。在为旅客提供帮助时，使用礼貌语言，会给旅客“不是亲人胜似亲人”的感觉，达到令人满意的服务效果。

4）融洽作用

从事客运服务工作，每天要接待各种各样的旅客，在服务与被服务之间，常常是一对矛盾，如无票要上车而不让上；物品放在过道上而不让放；要吸烟而不让吸。在发生矛盾的情况下，高速铁路客运服务人员一方面要以礼让为先，无理不辩，有理不争，有理让人；一方面要坚持原则，妥善处理。解决这一矛盾的工具是礼貌的语言，表达出旅客运输服务部门对旅客的要求、希望和请求，首先说一个“请”字，它倾注了人与人之间的感情，使双方的感情接近，关系融洽。在得到旅客的帮助时说声“谢谢”，给人的感觉是尊重对方，表现了人与人之间的平等关系。在干扰、妨碍了旅客时，说声“对不起”，会使人听后感到舒服，使旅客愿意协助工作。高速铁路客运服务人员与旅客之间感情融洽，就能创造一种和谐的旅行生活环境，使旅客心里愉快，也使服务工作获得方便。

5）感化作用

高速铁路客运服务人员是客运服务企业的代表，在旅客面前，一言一行都会给旅客留下深刻的印象，旅客往往通过高速铁路客运服务人员的言行了解旅客运输服务部门的基本情况。高速铁路客运服务人员的思想倾向和感情色彩，往往会在具体的服务工作中自然地流露出来，往往给旅客以真实的、深刻的影响。不管他是否是自觉的行为，是否认识到这一点，服务工作对旅客、对社会每天都会起着影响和感化作用。如果每个服务人员都能用文明的劳动、礼貌的语言体现崇高的思想、良好的风貌、高尚的情操，起到一种示范作用，影响、感化旅客，那就能够带动旅客，以至提高整个社会的现代文明程度。

运用礼貌语言，也是解决、处理旅客纠纷的一种方法，是一种技术和能力。两位旅客正在吵架，如果高速铁路客运服务人员装作看不见而躲开，这是对工作不负责；如果去处理，却用这样的语言：“吵什么吵！别打了，吃饱了撑的，要打，这儿不是打架的地方。”不说这种处理方法能否解决问题，从这些话中可以反映出高速铁路客运服务人员的一种怨恨的态度，可以看出他的服务水平和能力很低。如果这样处理：“两位同志，（和蔼又含坚定的口气使人不由自主地要听）请问两位有车票吗？（把注意力吸引过来）”看票后，微笑地说：“如果车票是我们的请帖，来到我们运输部门，就是我们的客人，请两位看在主人的面上不要吵了吧。（以商量的口气提出要求）出门在外，都不容易，有什么不对的地方，相互谅解一下。”这样就可能平息争吵，甚至使问题得到解决。

与礼貌语言相反的是“无声服务”。有人认为“做服务工作的，把活做好了就行”。事实证明，把活做好了，并不一定会使旅客满意。说与不说，反映了高速铁路客运服务人员对旅客的感情、态度。高速铁路客运服务人员的劳动，是为旅客创造一个好的环境，使其愉快地旅行。不讲话，就不会反映出自己的情感、态度，旅客不能感觉到这种无声服务，从某种意义上说其是“无效服务”，是一种消极的服务。另外，有一种无声服务，就是旅客问询时，服务人员不理睬，用不讲话冷落人，这种情况很伤害旅客的感情，伤害旅客的自尊心。

因此，要实现优质服务，不讲礼貌语言不行，讲粗话、脏话不行，不讲话或无声服务也不行；不讲究服务语言，不能自觉地运用礼貌语言，是实现优质服务的障碍。

2. 言语的感知与理解

为提高对言语的感知和理解的水平，应在客运服务中，有重点地对口头语言和身体动作语言的感知和理解进行培养和训练。

对言语的感知和理解主要依赖以下几个方面。

1）语言知识

在言语理解中，语言知识起重要的作用，它包括句法知识、语义知识等。

2）言语交流的环境

言语交流的环境指言语活动出现的具体情境，包括交流的场合、社会环境、时代背景等，也可指书面语言的上下文和口头语言的前言后语。在言语交流时，交流的环境提供了各种背景知识，能帮助人们迅速、准确地理解言语。

3）言语材料的组织

言语材料的组织包括语言的句子结构组织和动作的顺序组织。句子结构影响对语言的理解。如对否定句的理解一般难于对肯定句的理解。句子的层次结构也影响到语言的理解。

4）特定的生活经验

人们在日常生活中不断积累各种特定的生活经验，这种生活经验对言语的感知和理解有重要的作用。

言语理解不仅依赖对言语材料的正确感知，而且依赖人们已有的认知结构和各种形式的知识经验。人们根据自己的知识经验去接受、加工所获得的言语信息，通过推理建立材料之间的联系，补充所缺少的信息，最后达到对言语材料的合理解释。因此，言语理解过程是一种积极的思维过程，是根据所获得的言语材料去建造意义的过程。

3. 言语的表达

思维是借助内部言语在头脑中进行的一种心理过程。内部言语不像外部言语那样要求很强的逻辑性和条理性，通常是以简化、压缩、跳跃的形式出现，正是因为这种特点，一方面使思维能快速地进行；另一方面也有可能使思维变得不连贯、不符合逻辑或模糊不清。例如，考试之后常说“这道题我是懂得的，但就是答不好”。答不好或写不出，就是懂得不透彻，思路不清楚。如果经常把内部思维变为外部思维，并对展开的外部言语进行加工、整理，使之用词恰当、结构严谨、前后连贯、符合逻辑，那么，思维能力必将得到迅速提高。

为了提高言语的表达能力，在日常生活中经常训练自己，将感觉、知觉转化为概念，用概念构成思想并以言语的形式加以表达，进一步把思想用于实际，使抽象的知识上升为具体的知识。在这个过程中既掌握了知识，又发展了能力。

在言语表达能力的教育中，应把直观生动思维、抽象思维和实践三者合理地结合起来，也就是把言语和实践，再现和探索，归纳和演绎，独立活动和人们指导下进行的活动合理地结合起来。

言语活动是人类运用语言的过程，语言是人类社会中人们传递信息、进行交流的必不可少的重要工具，是这个社会的每一个成员都必须具备的最基本的能力。

一句话使人笑，一句话也会使人跳。用语言艺术来做好服务工作，既可拉近与旅客的距离，又可以取得事半功倍的效果。

4. 言语能力的培养

人类文明发展到现在，人们的言语表达能力也登上了一个新的高度。现如今，评价个人能力的高低，其说话能力是很重要的一个标准，尤其是在发表讲话过程中，不仅要说话流利，更是要说对话，那么，在短的时间内，在重要的场合中，做到说对话，确实是一件不容易的事情。中国有个成语叫作“口若悬河”意思就是说在说话的过程中滔滔不绝，而且要出口成章。如果做到了这些，那么在人际交往中你就会游刃有余了。

1）准备好材料来充实自己

不管在什么时候，只要看到好的句子或者是具有哲理性的话语就随时记下，经过长期的积累，这将会成为你非常重要的知识储备。在与别人交往中，你也要尝试着不断地信手拈来，灵活运用自己所积累下来的材料，让你自己显得很有知识涵养，与众不同。

2）认清你自己的处境

人们都说说话是一门艺术，在特定的环境内传达适当的语言，并尽可能增强话语的艺术效果。说对话的关键就在于你所处的处境适合说什么样的话。最简单的例子就是，你去看望重病患者，就不能说令人兴奋的话，唱欢快的歌。

3）多加注意身边的人

在一个交际环境中，如果你想让自己免于尴尬，就要多注意身边发生的一切。要清楚谁在说话，都说了些什么。有些人特别能说话，就要向这些人多加学习，看看他们是怎么处理特殊事件的。而有些人就不大会说话了，要明白他们之所以得不到别人认可的原因是什么，他们做错的，你要引以为鉴，不要重复他们的错误，非常重要的一点就是，要多学习别人的特有语言，如说手势语、面部表情等。因为有些表达自己看法的形象语言是约定俗成的，你知道了，就算用不到，那也是你自己的。万一要是用到了，也不会显得你孤陋寡闻。

4）多关注听众的想法

大多数情况下，每个人说话，不是给自己听的。有一定的听众，你说的话才能实现它的价值，如果没有听众，或是你的话没有得到别人的认可，那你积累材料，组织的语言就没有意义。在交谈过程中，你要充分考虑好听话者的心理变化情况。如果听者表现得很不耐烦，你说错话了，或是说的话没有任何吸引力，这时候你就要调整你的说话主题和说话方式了。如果别人听得津津有味，那么就表明你得到了别人的认可。

5）说话前要组织好语言

要清楚什么话是必须说的，什么话是废话，什么话是适时的。虽然不必要一语惊人，但起码说出的话不会使别人感到枯燥无味。我们不要因为别人在讨论某一问题就接他们的话，除非你在说话之前就已经把语言组织好了，并且确认说出的话是正确的。如果实在组织不好语言，那就安静地坐着，做一个好听众，从别人的谈话中学习说话技巧。

6）预想好说话后别人的反应

在与别人集体讨论中，你说出的话是否会起到正面作用？这要从别人的反应上来确认。当你准备发言时，不仅要先组织好语言，还要考虑好你说完后的结果，你要先做好最坏的打算，想象出一个很糟的氛围，别人都对你说的话白眼相向，如果真是这样的话，就会对你自己的说话能力造成负面影响，与其这样，还不如不说，但这并不意味着你在公共场合中最好别说话，人都是要多说话才能引起别人的注意，才能证明自己的实力的，所以该怎样来达到你想要的效果，以上的几点需要你认真考虑一下。

5. 高速铁路客运服务人员言语表达注意要领

1）言语表达要领

语言是人们传递情感和意愿的媒介，是表达思想和与外界沟通的一种工具。语言体系庞大，主要有体态语言和声音语言。高速铁路客运服务人员与旅客进行言语交流时，应注意掌握好语音、语调、语速、选词恰当，用语得体。在提供服务时，要求用普通话与旅客进行交流，针对不同的旅客还可以使用地方语言、手语和外语。

高速铁路客运服务人员在服务工作中，言语的表达是十分重要的。服务过程中的语言运用多以声音语言为主，体态语言为辅。语言的使用也要讲究艺术。高速铁路客运服务人员在与旅客交谈时，一定要把握交谈的要领。

(1) 态度诚恳、亲切有礼。高速铁路客运服务人员在与旅客交谈时，首先要把握“以旅客为中心”的原则，不要在谈话中多次使用“我”这类人称，以免突出了自己，忽略了旅客。态度诚恳，要“以情动人”，虚情假意的语言同样会让人感觉不舒服。与旅客交谈时还要注意使用礼貌用语，如“请”“谢谢”“对不起”“打扰了”等。

(2) 用词要恰当、灵活。交谈时，高速铁路客运服务人员的用词也需要考究。在为旅客服务的同时，要避免交谈中出现令人感到尴尬或避讳的字词，机智灵活，话要想好后再说。面对不同层次的旅客，服务言语也要有所不同，用词选字要根据旅客的接受能力来确定。保证说出来的话能够通俗易懂，不要让旅客觉得“不知所云”。

(3) 体态语要谦逊、亲和。体态语是声音语言的辅助表达工具，能够更好地传递情感信息。高速铁路客运服务人员在与旅客交谈时，表情是很重要的。“伸手不打笑脸人”，从高速铁路客运服务人员与旅客谈话时的表情和举止中，旅客可以得到是否友好的信息。谦虚善意的体态语会让旅客感觉受到尊重，和蔼可亲的体态语让旅客有回家的感觉。

(4) 声音要温柔、动听。高速铁路客运服务人员作为一名服务工作者，说话发音要准确，吐字要清晰、自然，声音要温柔、大方。语调的抑扬顿挫可以让旅客感觉到高速铁路客运服务人员的感情，动听的声音可以让人增加一定的魅力。高速铁路客运服务人员的声音应根据自身条件的不同来寻找适合自己的语调和音量，不要一味地追求温柔、动听，否则会让旅客感到不舒服。

2）高速铁路客运服务人员言语表达方式

在为旅客服务的过程中，高速铁路客运服务人员的服务言语使用要恰当，过于生硬的言语会引起旅客的反感或者逆反情绪。所以在进行言语表达时，应当注意恰当的表达方式。

(1) 征求式。征求式语气是高速铁路客运服务人员在服务工作中最常用到的。如“请您不要在车厢内吸烟好吗？”“我能帮您把行李放置到行李架上吗？”等。在向旅客提出要求时，高速铁路客运服务人员用征求意见的口气去询问，语气温柔和蔼，会让旅客感到自己得到应有的尊重，自然也就会配合高速铁路客运服务人员的工作。征求式的语气常用于需要旅客配合工作的情况，询问时，高速铁路客运服务人员要灵活机动，如果效果不好，应当更换交谈方式，不要生搬硬套地只用一种交谈方式，以免损害与旅客的关系，不利于事情的解决。

(2) 商讨式。商讨式语气是高速铁路客运服务人员在进行协调时经常用到的一种交谈方式，如“如果您方便的话，能不能与后排的一位旅客换一下座位？”用商量的语气与旅客交谈，让旅客得到充分的尊重，使其能配合或协助完成一项工作。在使用商讨方式交谈时，一定要注意意思的表达，不要让旅客理解为“他重要，我就不重要”，应先肯定商讨的对象，然后再提出需要商讨的问题，要让旅客受到尊重的同时觉得自己也做了件助人为乐的好事。

（3）委婉式。高速铁路客运服务人员在服务过程中，常会遇见一些不能直面劝解的问题，对于此类问题，可以用委婉式语气与旅客交谈。如“请您原谅，安全锤是在紧急情况下才能使用的，请您不要随意玩耍。”对于无理取闹的旅客，高速铁路客运服务人员需要有更多的耐心，用委婉的语气劝导他。

（4）恳求式。恳求式语气一般用于高速铁路客运服务人员处于弱势时，通过恳求的语言，“以情动人”，缓和对方的情绪。

3）高速铁路客运服务人员言语表达的技巧

交谈需要技巧，高速铁路客运服务人员在为旅客提供服务时，更应注意交谈的语句，要给旅客一种诚恳、亲切、自然的感觉，幽默而不低俗，机智而又不失礼。

（1）高速铁路客运服务人员询问的技巧。询问在高速铁路客运服务人员的服务工作中是十分重要的，它起着解释诱导、提示和打破僵局的功能。高速铁路客运服务人员向旅客提出问题时要把握好尺度，掌握好提问的技巧。

① 直接型询问。直接型询问是指高速铁路客运服务人员可以直接向旅客提出疑问，请求旅客给予解答。这种提问方式比较直接，简单明了，节省时间，能方便快捷地得到答案。

② 诱导型询问。在不想被旅客发现自己意图的情况下，高速铁路客运服务人员可以采用诱导型询问。用引导思路的方式一步一步进行询问，辗转迂回，将旅客的思路引导至自己预定的方向上来，从侧面得到自己想要的信息。

③ 选择型询问。选择型询问即高速铁路客运服务人员向旅客提出问题时，将预计的答案一并提出，供其选择。大多时候，选择型询问用于征求对方的意见。

④ 提示型询问。在不便直接向旅客提出要求的情况下，高速铁路客运服务人员可以采用提示型询问的方式去暗示旅客。提示型询问是一种比较委婉的交流方式，可以让旅客避免尴尬，可以比较轻松地达到某些目的。

（2）高速铁路客运服务人员回答问题的技巧。高速铁路客运服务人员在回答问题时，应当诚恳、及时，让旅客感觉到他的问题受到了重视，人格得到了尊重。询问时需要技巧，回答时也需要艺术。并不是旅客询问什么，高速铁路客运服务人员就必须回答什么，先思而后答，机智、灵巧、礼貌才是真正的妙答。

① 直接式回答。直接式回答是最常用、最普通的一种回答方式。这种方式简单、直接，常用于旅客合理的简单询问。

② 设定前提式回答。在回答旅客提问时，高速铁路客运服务人员不便将答案直接说出口或者不便回答，可采用设定一个前提条件，或者假设一种环境的方法。

例如，旅客问：“小姐，你长得这么漂亮，怎么不去当空姐啊，当‘高姐’不委屈了你嘛？”高速铁路客运服务人员答：“如果我去当了空姐，谁在这给您服务啊？”

③ 巧借前提式回答。如果旅客提出让人尴尬或难以回答的问题，高速铁路客运服务人员可以用旅客的话语，借题发挥，用自己组织的语言将尴尬的场面或困境补救过来。

例如，旅客问：“小姐，你们的车怎么跑得这么慢啊？”高速铁路客运服务人员答：“请您稍等，我立刻让司机把车开到每小时580千米，但这样是很不安全的，您看是吗？”

④ 答非所问式回答。答非所问实际上是一种回避术。在服务的过程中，高速铁路客运服务人员常会遇到旅客询问一些不便回答的问题，这时可以采用答非所问式的回避术，避开话题，脱离尴尬。

例如，旅客问："小姐，你今年多大了？"高速铁路客运服务人员答："我已经参加工作好几年了。"

⑤ 否定前提式回答。有时旅客提出的问题或阐述的观点，我们需要否定，但又不能正面否定，这时可以用否定前提式的方法给予回答。

⑥ 无效式回答。无效式回答也是一种回避术，即等于什么都没有说。面对不能回答的问题或没有必要回答的问题时，可采用无效式回答来打消旅客的继续发问。

例如，旅客问："小姐，你电话号码是多少啊？"高速铁路客运服务人员答："不多，好几个。"

⑦ 将错就错式回答。有时旅客在交谈中，无意间说错话，造成尴尬的场面，高速铁路客运服务人员可以将错就错，对旅客的话题进行弥补，以促其自省，也给旅客找个台阶下。

（3）高速铁路客运服务人员拒绝的技巧。高速铁路客运服务人员在为旅客服务时，旅客提出的要求有合理的，也有不合理的。对不合理的要求，我们要注意拒绝的语言技巧，在拒绝对方时应少用"不"字，可采取一些委婉的拒绝方式，要注意对旅客的尊重和礼貌。高速铁路客运服务人员的拒绝技巧有以下几种。

① 诱导对方自我否定式。诱导对方自我否定，是根据旅客提出的问题，用类似的问题引导对方，并用旅客的回答给予答复。

例如，旅客问："你们铁路部门每年能赚多少钱啊？"高速铁路客运服务人员答："您知道您公司每年能赚多少钱吗？"旅客答："不清楚。"高速铁路客运服务人员答："抱歉，我也一样不清楚。"

② 推脱拖延式。推托推延是通过将激化点转移，将事情处理或执行时间进行推延，以达到拒绝的目的。

例如，旅客问："我要在某某站下车。"高速铁路客运服务人员答："对不起，先生，为了旅客的生命安全，根据相关法规规定，火车只能在一些规定的火车站点停站，不能随意停站下车，现在只能将您带到下一个站点了，请您支持和谅解。"

③ 先同意后拒绝。先同意旅客的要求，而后设计一个补充的条件，从而达到拒绝的目的。

例如，旅客问："我已经坐了你们好几趟车了，下次再坐你们的车，就免费吧。"高速铁路客运服务人员答："好的，先生。如果您有免票证明的话，您就可以免票乘车了。"

④ 避实就虚。避实就虚是一种岔开话题的方法，将回答的重点放在非问题重心的地方，即让回答模棱两可，又无懈可击，从而达到拒绝的目的。

例如，旅客问："小姐，你的服务态度真好，可以请你吃饭吗？"高速铁路客运服务人员答："谢谢您的夸奖，这是我们应该做的，很荣幸能为你服务，希望下次还有机会为您服务。"

（4）高速铁路客运服务人员言语表达是综合素质的反映。高速铁路客运服务人员作为直接提供服务的人，是实现服务个性化，提高服务质量，提升旅客忠诚度的重要因素。在标准统一，服务趋同的前提下，要提高服务质量，高速铁路客运服务人员的综合素质就显得尤为重要。

① 品德内涵。提升旅客的忠诚度，需要高速铁路客运服务人员提供个性化的服务使旅客惊喜，更需要高速铁路客运服务人员的真诚服务使旅客感动。服务行为的真诚，不是刻意

做出来的，而是以优良的品德为内涵的。有了这个内涵，才会有良好的服务态度和行为习惯，进而主动地、自发地站在旅客的角度上思考问题，提供服务，使个性化服务更加人性化，使旅客感受到真诚，从而打动旅客。

② 言行形象。企业形象是影响旅客忠诚度的一个重要因素。旅客对企业形象的感知，主要是通过服务体验和与高速铁路客运服务人员的接触来实现的，在旅客看来，高速铁路客运服务人员就是企业本身，高速铁路客运服务人员的形象对企业形象的作用，往往超出了服务带给旅客的体验，这就要求高速铁路客运服务人员在提供优质的个性化服务的同时，注意自身的形象。高速铁路客运服务人员的形象，包括优美的外表和优雅的言行。高速铁路客运服务人员优雅的言行容易使旅客感受到企业的文化底蕴和魅力，从而倾心于企业。需要强调的是，这种优雅不是矫揉造作做出来的，而是在日常生活中点点滴滴地积累起来的。

四、技能及其培养

各种服务技能是高速铁路客运服务人员做好本职服务工作所必须具备的基本条件。加强技能的培养和训练，才能更好地完成本职工作，提高客运服务水平。

(一) 关于技能

技能是指通过练习而形成的一定的动作或智力活动方式。如写字、珠算等是技能的表现形式。技能由一系列动作组成，在其形成过程中，社会生活条件具有明显的影响，人的技能依赖于各自的社会历史经验。例如，用餐时，西方人使用刀叉，中国人使用筷子。

技能发展的高级阶段叫熟练，它是由自动化的动作系统构成的。这时，人们的意志对完成动作的调节作用减弱到最低的程度。例如，熟练写字的动作，不需要意志的努力。由于自动化，人们才能减轻活动过程中精力的消耗，才能有效地完成预定的任务。

动作由不会到会，由会到熟练，是一个逐步发展的过程，促进这种发展的基本条件就是练习。练习不同于机械地重复某种动作，练习虽然也是反复多次地进行某种动作，但目的是改进动作，提高动作的成绩，使动作趋于完善。

(二) 技能的种类

根据技能的性质和特点，可以把技能分成动作技能和智力技能。

1. 动作技能

动作技能是指由一系列实际动作以合理、完善的程序构成的操作活动方式，如日常生活中的书写、走路、使用生产工具、操作计算机等。人类借助动作技能作用于周围世界，创造日益丰富的物质财富和精神财富。最初一些动作可能是笨拙的，不协调的，但是经过长时间的练习，动作会慢慢得到巩固，熟练起来，而某些动作则是从意识中解放出来的，变成了自动化的动作。

人们通过练习掌握动作技能，一般要经过以下三个阶段。

(1) 动作的认知和定向阶段。在该阶段，学习者对所学的动作技能有初步认识，对动作方式有所了解，在头脑中形成动作的映象，然后对所学的动作进行定向。只有在了解“做什么”与“怎样做”时，才能进行这样或那样的活动，才能较快地掌握有关的动作。这一阶段的特点是学习者领会技能的基本要求，掌握技能的局部动作。

（2）动作的联系阶段。在该阶段，经过反复练习把个别动作联系起来，使原有的动作映象得到进一步充实和完善，并有利于对动作进行联系和调节。这个阶段，个别动作联合成完整的动作体系。这一阶段，动作反复交替，速度不断加快，技能的结构层次不断提高；而且在这一阶段，需要排除过去经验中的一些习惯干扰，视觉控制作用逐步减弱，肌肉动作感觉的自控作用逐步提高，动作相互干扰减少，紧张程度减弱，多余动作消失，技能接近形成，发现自己错误的能力也在增强。

（3）动作的协调和完善阶段。各个动作联合成为一个有机体的系统一旦固定下来，各个动作相互协调，便能依照顺序以连锁反应的方式实现。这时，意识的调节作用大大降低，肌肉运动感觉作用占主导地位。这时，练习者的多余动作和紧张状态已经消失，练习者会灵活、准确、迅速地完成动作，几乎不需要有意识地控制。因此加强运动感觉控制的训练是非常必要的。

2. 智力技能

智力技能是在头脑中进行的动作方式或智力活动方式，如阅读、写作构思、运算与解题等技能。熟练的智力技能是人们顺利地完成各种智力任务的重要条件，一个具有写作技能的人，由于能够正确地构思、布局、选择适当的言语材料，就能用文章充分表达自己的思想和情感。智力技能是借助言语来实现的，在智力技能的形成和发展中，内部言语起着重要作用。

智力技能不同于动作技能，没有明显的动作，而主要是在头脑中进行的一种认知的活动方式，这种认知活动借助内部言语按合理的、完善的程序组织起来，并且一环扣一环，仿佛自动化地进行。例如，掌握了写作技能，就能根据不同性质的命题，自如地按照写作程序构思，写出散文、诗歌或议论文。智力技能就其对象、形式及结构而言，有以下特征。

（1）观念性。从智力技能的对象来看，其直接对象不是具有一定物质形式的客体，而是这种客体在头脑中的映象，智力活动是靠内部言语及词的作用进行的，智力技能是一种观念性的活动。

（2）内潜性。从智力技能的形式而言，它是在头脑中借助内部言语默默地进行的，从外部很难觉察到头脑中加工创造的思维过程。智力技能是一种非外显的活动。

（3）简缩性。从智力技能的结构而言，它已从完整的变为压缩、简化的。由于它脱离了摆弄事物的束缚，是高度省略、高度压缩的，所以往往难以使人觉察其活动的全部过程，且其速度比实际操作有时要快得多。智力技能是一种非扩展性的自动化过程。

动作技能与智力技能是相互区别又相互联系的，动作技能中常常包含某些智力技能的成分，而智力技能的获得也离不开各种运动技能。例如，一个熟练技工的熟练水平不仅表现在他能熟练地完成各种生产操作，而且表现在能够准确地诊断生产过程中出现的各种事故，并做出有效的处理，这表现了动作技能和智力技能的统一。

（三）提高练习效率的方法

技能是通过练习形成的。练习效率影响技能获得的多少、快慢。因此，提高练习的效率是非常重要的。练习的效率受很多因素和条件制约，正确地利用这些条件会有利于技能的形成和发展。

每个有过工作经历的人都知道，能够提供何种技能是获得工作机会的前提，拥有过硬技能的人，会拥有更多的工作机会。一个人掌握何种技能取决于他的兴趣、能力、也取决于个人的状态及设定的目标。

1. 明确练习的目标和要求

有没有明确的目标和要求，是影响练习效率最重要的因素，练习是在一定的目的支配下，才能有效地指向改进动作的方式和方法。明确目标和要求，能提高练习的积极性和主动性，在练习方法上开动脑筋、主动练习。认识的主动性和积极性是任何学习的重要因素，技能的获得与提高，依靠主动的练习。

确定练习目标有三个方面的意义。

（1）使练习具有强烈的动机和巨大的热情。

（2）使人对练习的结果产生积极的期待。

（3）为检查和校正练习的结果提供依据。

实践证明，目标越明确、越具体，练习的效果就越好。练习的目标有难易之分，过于容易或难以实现的目标，都不易激励人们去进行练习。

2. 灵活地运用整体练习和分解练习

人们通常把技能学习分成整体练习法和分解练习法两种。整体练习法是把某种技能当作一个完整体来掌握，人们从一开始就着眼于动作间的联系和关系，并从始至终对动作进行练习。分解练习是指在练习时，把一种技能分解为若干部分或一些个别的、局部的动作，通过学习掌握这些局部的动作，逐步达到学习整个技能的目的。是采用整体练习还是分解练习，应根据具体情况而定。

（1）对于不同的动作技能，当一种技能容易被分解为个别、局部的动作时，采用分解练习可获得较好的效果，如学习排球、射击等。对某些难以分解成局部动作的技能，应用整体练习法效果会好些，如打字、游泳等。

（2）采用整体练习或分解练习，要看技能的繁简程度。技能较简单，采用整体练习的效果好；技能非常复杂时，则用分解练习的效果好。

（3）在技能形成的不同阶段，两种练习法的效果也有区别，技能形成前期，适宜采用分解练习法。伴随技能的形成和发展，应更多地采用整体练习法。

3. 恰当安排练习时间

练习时间的安排有两种：集中练习和分散练习。集中练习是指长时间不间断地进行练习，每次练习中间不安排休息时间。分散练习是将练习时间分为若干阶段，一步步进行。时间的安排是集中还是分散，应以技能的复杂程度和学习者的身体状况为依据。简单技能，一次可以达到熟练，则采取集中练习的方式。若学习者身体欠佳，为了避免产生疲劳或厌倦情绪，则可分散练习。

4. 知道练习的结果

知道练习的结果，就是要在技能形成中利用反馈的调节作用。反馈的主要作用在于它具有引导后继练习，避免缺陷，消除差错，推动努力，按更科学、更有效的方法进行的功能。通过反馈，可以使人了解练习中出现的各种情况，掌握经验和接受教训，为进一步练习提供指导。对练习的结果进行自我分析，对人们自觉地掌握某种技能有重大意义，要注意培养自我分析的能力。

5. 影响练习成绩的其他心理因素

心理因素是运动、变化着的心理过程，往往被称为事物发展变化的“内因”。心理因素包括积极的和消极的，它们是相互排斥的。心理因素的发展、变化、作用不是机械的、单向的，而是在主体和客体之间的相互作用中实现的。

（1）人对练习的态度。当人们对当前进行的练习活动抱有积极的态度时，练习容易获得进步。人们在活动中持消极的态度，对练习成绩漠不关心，练习的成绩很难提高。因此要保持积极的态度，不断地进行自我调控。

（2）自信心。一个人对自己的能力缺乏自信，他的抱负水平低，练习的成绩就不会有很大的提高。过于自负，骄傲自大，也会降低自己的意志努力和注意的紧张度，影响对技能的掌握。

（3）人在练习时的情绪状态。轻度的焦虑对获得良好的练习成绩有积极作用，没有焦虑或焦虑过度都会给练习带来不良的影响。积极、愉快的心境能促进技能的掌握，抑郁的心境会使练习成绩明显下降。

（4）人的意志品质。许多复杂技能的掌握，要求人们进行长期艰苦的锻炼，要克服各种困难，必须具有顽强、坚毅、勇敢的意志品质。否则，就不能使技能发展到异常完善的程度。

（四）技能的迁移与干扰

技能的迁移是指已经掌握的技能对新技能的学习起促进作用。在技能形成过程中，各种技能动作之间会相互影响，已形成的技能若促进新技能的形成，是技能正迁移。若是旧技能对学习新技能发生妨碍的作用，则为技能干扰。一般而言，迁移或干扰的产生受三个条件影响。

（1）原来掌握的基本知识和技能的多少及其熟练程度。

原来掌握得越多，越熟练，越能产生举一反三、触类旁通的积极迁移作用。

（2）两种技能的学习时间和熟练程度。

如果先学会了一种技能，并且达到了熟练的程度，再去学习另一种技能，初学第二种技能时可能有一些干扰，但新技能一旦形成后，这种干扰会自然消失。如果同时学习两种技能，并都不熟练，干扰就比较严重。

（3）学习者的分析和概括能力。

学习者善于分析、认识两种技能的同与异，并善于在练习中运用这种知识，可以促进技能积极迁移，尽量避免干扰作用的发生。

第二节　高速铁路客运服务人员的情感及其培养

【知识目标】

1. 了解态度对个人行为的影响；
2. 了解态度的成分及态度的形成与改变；
3. 了解情绪的作用及其调节与控制方式。

【能力目标】

1. 学会以不同的态度区别对待不同的人；
2. 学会以严谨的态度对待工作；
3. 学会在工作中控制自己的情绪以便更好地为旅客服务。

【学习要求】

1. 树立良好的服务意识；
2. 注意观察、了解生活中不同的态度对人情绪的影响；
3. 学会在不同的环境下调节与控制自己的情绪。

【学习内容】

一、态度及其培养

（一）关于态度

态度是个人对他人、对事物的较持久的肯定或否定的内在反应倾向。人们在认识客观事物或在掌握知识的过程中，不是被动地去观察、想象和思维，也不是毫无区别地学习一切，而总是对人、对事物先抱有某种积极、肯定或消极、否定的反应倾向，这种反应倾向也是一种内在的心理准备状态，它一旦变得比较持久和稳定，就形成态度。态度影响一个人对事物、对他人及对各种活动做出定向选择，影响一个人的行为，可以决定一个人的生活方式。

态度具有对象性、评价性、稳定性和内在性四个特性。对象性是指态度是具有对象的，总是针对某种事物的；评价性意味着是否赞同该事物；态度相对情绪具有稳定性，是一种对事物比较持久的而不是偶然的倾向；态度是个体内在心理状态，往往不能为别人所直接观察到，但它最终会通过当事人的言行表现出来。

（二）态度的成分

态度具有三种主要成分，即认知成分、情感成分和行为倾向成分。

1. 认知成分

认知成分是指个人对态度对象带有评价意义的叙述。叙述的内容包括个人对态度对象的认识、理解、相信、怀疑及赞成或反对等。例如，一个人对集体、对社会上某项措施，有不同的认识和评价。这种认识和评价通过赞同或反对的方式表现出来，有时是直接的，有时是间接的。

2. 情感成分

情感成分是指个人对一定对象的喜爱或厌恶、尊敬或藐视、同情或冷淡。人对喜爱的事物或活动，一般会持有积极的态度，而对厌恶的事物或活动，持有消极的态度。

3. 行为倾向成分

行为倾向成分是指个人对态度对象的反应倾向或行为的准备状态，也就是个体准备对态度对象做出何种反应。态度的行为倾向是行为的准备状态，即准备对一定的对象做出反应的意向。

态度的三种成分相互作用和影响，往往是先有认知，而后产生情感，情感决定行为的意向。情感往往是态度最真实的表现。例如，一个人发脾气，旁观者会说“要什么态度”；受气者心平气和地进行说理，别人也会说“他的态度好”。

（三）态度的形成与改变

态度是个体在社会化过程中通过与他人、与集体发生关系而学习得来的。有些态度是经过教育或训练形成的，有些态度是在无意识的情况下，未经过正式的教育而获得的。态度的发生有两种情况：一是当个人对某一对象还处于无所谓的状态时，由于直接经验或间接经验的影响，而产生某种态度，这是态度的形成；二是当个人已经具有对某种对象肯定和否定的态度时，由于新的经验的影响，而使原来的态度发生变化，这是态度的改变。

1. 态度的形成

态度不是天生的，而是后天的生活环境中，经过学习而形成的，是对某些事物从不曾有态度到出现某种态度。态度理论形成会经过依从—认同—内化三个阶段。因此，态度也会通过训练和教育而有所改变。在学习过程中，一般有以下因素影响态度的发展及最后的模式。

1）需要的影响

个人对能满足自己需要的对象或能帮助自己达到目标的对象，必然产生喜好的态度；对阻碍目标实现或引起挫折的对象，则产生一种厌恶的态度。这种过程实际上是一种交替学习的过程，说明需要的满足与否对态度有重要的影响。

2）知识的影响

态度形成的基础是认知。知识影响态度的形成，也改变态度，在态度的组成成分中包含认知成分，个人对某些对象态度的形成，与个人对该对象的认识程度有关。例如，一项新的措施的实行，当职工对其有了较深刻的了解时，就可能持积极的赞同态度，如果不了解，就可能持反对态度，因此，加强对新措施的宣传是必要的。

3）团体的影响

个人的许多态度是从其所属的团体得来的，属于同一团体的职工常有类似的态度。人们对于他所喜爱的团体所规定的行为规范及其共同的态度，具有支持和遵守的倾向，总是使自己的态度与团体的期望或要求相符合。

4）个人性格的影响

同一团体的成员虽然具有类似的态度，但个人之间仍有较大差异，这是由于个人性格的不同所造成的。如一个团体中，多数赞同而个别人反对的事是经常有的，反之亦然。

5）其他

态度多半是由经验积累与分化而慢慢形成的，但也有一些态度可能仅经过一次经验就可能形成。例如，“一朝被蛇咬，十年怕井绳”的情况。

2. 态度的改变

态度是经过学习的过程而形成的，在形成之后，通常成为个人性格的一部分，而影响人整个行为的方式。态度的改变非常复杂，有时改变了认知成分，但没有改变情感成分；有时情感发生了变化，而认知成分没有改变；有时被迫改变了行为倾向，而情感并未改变，过一段时间又恢复为原来的态度。态度的形成就意味着有改变的可能，而态度改变也意味着新态度的形成。

1）态度改变的两个方面

（1）改变原有的态度强度。这时态度的方向没有改变，只是改变了态度的强度。例如，从略有反对或赞同，改变为强烈的反对或赞同，这种改变称为一致性改变。

（2）以新的态度取代原有的态度。态度的方向有改变，态度的强度也可能改变。例如，本来持反对的观点变为赞同，本来喜欢的变为不喜欢。这种改变称为非一致性改变。

通常所谓的态度改变指的是后者，即方向性的改变，当然，强度的变化存在着引起方向性改变的可能性，且方向性改变包括强度的变化。

2）态度改变的方法

影响态度形成的因素，往往也会成为改变一个人的态度的因素。下面介绍除影响态度形成的因素外的另三种改变态度的方法。

（1）改变参照系。态度的改变依据个人在特定环境中构成的参照系为转移，这种参照系由内在因素和外在因素相互作用而形成。内在因素是个人经验、欲望、智力、观点、性格等特征。外在因素是个人所处的社会环境中的人、事、物。

从内在因素来看，已经形成习惯性反应倾向的人，态度不易改变。从外在因素来看，个人的态度受社会环境和群体规范的影响，团体规定比单纯的说教更能获得改变态度的良好效果。改变参照系通常采取改变一个人所处的环境或团体来实现。例如，在一个松懈散漫的机构工作的人，容易养成办事拖沓、效率低的习惯。如果将这样的人安排在管理严格、规范的单位，会改变他的态度，因此，创造一个紧张、规范的工作环境，是管理者加强管理，提高服务质量的重要手段。

（2）协调人际关系。人与人之间的相互影响，包括个人与个人、个人与群体之间的关系，使人形成不同的态度，也会引起态度的改变。个人的态度，可以随一个人所属的群体、活动和担任的角色的变化而变化。对一个人来讲，良好的人际关系，可能产生积极的态度。

（3）加强信息沟通。要改变一个人的态度，必须使活动的双方在思想情感上相互沟通，沟通的手段就是利用信息的传播。要使信息的传播达到说服的效果，需要注意信息来源的可信性，可信性高的信息具有强的说服力，而宣传者的威信影响说服的效果。另外，还要注意信息的内容和组织，对有争议的信息，可以采用正反两方面对比论证的方法进行宣传。

（四）态度的蝴蝶效应

在物理学中有一种混沌效应原理：亚马逊河的蝴蝶扇动一下翅膀，美国就有一场暴风雨。这种效应又叫作“蝴蝶效应”。在人的心理活动中，同样有这种“蝴蝶效应”。人的情感具有感染性，悲观的人散发出来的忧郁会让别人退避三舍，而乐观者则会用快乐吸引更多的朋友，这个现象可以定义成“情感传染的混沌效应”。

悲观和乐观心态都是一种情感散发的方式，都能让人了解你是谁，你到底是什么样的人，你在做什么，要到哪儿去。它是一种感觉、动作和思考的表现，透露出你的气质、意见和个性。人有一种“向光性”，都喜欢与乐观的人做朋友，因为从他们那里可以受到快乐的感染。悲观的人，则会散发出一种拒人于千里之外的气息，让人退避三舍。

一个人的自我形象是经由态度传递或投射给其他人的，而所投射出去的信息会被别人接收，并做出相应的反应。一个人如果希望别人对你友好，那在对别人时，须持有同样友好的态度，而悲观的态度所得到的响应会截然不同，就像阳光可以使接触到它的物体产生温度，而冰块则会让物体冰冷。

（五）区别对待不同的人

社会上的每个人都是不同的，在性格上的表现就千差万别，其中有些人是不容易打交道的，如死板的人、傲慢的人等。与各种各样的人打交道，需要练就一定的处世功夫，根据对方的性格特点，采取不同的策略，灵活应对。

1. 对死板的人，要有热情和耐心

死板的人兴趣和爱好比较单一，不大爱和别人来往，他们有自己的追求目标和关注的事情，不轻易告诉别人。与这类人打交道，即使对方冷若冰霜，你也不必在乎，用你的热情来化解对方的冷，并认真观察他的一言一行，一举一动，寻找出他感兴趣的问题和比较关心的事情。

与死板的人打交道，要有耐心，不要急于求成。这种人比较注重自己的心理平衡，不愿意让那些烦人的事情来干扰自己。你须从他们的角度来考虑问题，维护他们的利益，慢慢促使对方接受新鲜事物，逐渐改变和调整他们的心态。

2. 对性急的人，要避免争吵

遇上一个性情急躁的人，头脑一定要冷静。对于对方的莽撞，你完全可以采用宽容的态度，一笑置之，避免与其争吵。

3. 对好胜的人，忍让要适可而止

好胜的人比较狂妄自大，喜欢炫耀，总是不失时机地自我表现，力求显得高人一等。他们不分场合地点地踩低别人，抬高自己。

对于这种人，大家可能从心里面看不惯，但是为了顾及其面子，不伤和气，总是谦让对方。有时对方把这种迁就退让，当作一种软弱，反而更不尊重你。所以对于这种人，需要在适当的时候，挫其锐气，使其知道“山外有山，人外有人”。

4. 对刁钻刻薄的人，保持相应的距离

刁钻刻薄的人，在与他人发生争执时易揭人短，不留余地和情面，使对方丢尽面子，在同事间抬不起头。

这类人常以取笑别人为乐，行为离谱，有理不让人，无理搅三分。碰到这种人，须与其保持距离，尽量不去招惹，吃一点小亏，受一两句闲话，也装作没听见，要不恼不怒，不自找没趣。

（六）对待工作的态度是一个道德问题

工作是一个人生存的基本要求，而有没有权利在这个世界上生存则要看他能不能认真地对待工作。公司给员工一份工作，实际上是给他一个生存的机会，只有认真地对待这个机会，才对得起公司给予的待遇。能否干好公司所给的工作，能力不是最主要的；只要有敬业精神，能力差一点是可以慢慢培养、逐渐提高的。

对待工作的态度，实际上是一个道德问题——职业道德。在一些西方国家，如果一个人做不好自己的本职工作，就会失去信誉，他再找别的工作、做其他的事情就没有了可信度，如果认真地做好一份工作，往往还有更好的工作等着你去做，也就会更有信誉并能创造出更大的业绩。这样不仅进入了一个良性发展的过程，更体现了付出与回报之间相互照应、相辅相成的关系，即有付出必有回报，要得到回报必须首先懂得付出。

敬业精神是个比较理论性的概念，说起来可能比较抽象，但真正实行之后是可以明显地感觉出来的。是否把工作当作自己生活中重要的事情，是否为了干好工作与别人协作好、配合好，很容易看得出来。只有认认真真地对待自己的工作，踏踏实实地做好自己的事情，积极地寻求自己工作业绩上新突破的人才是公司真正需要的人才。积极的工作态度是一个优秀员工最基本的素质。积极是一个人向上的表现，积极也是任何企业都提倡的一种工作作风。积极的行动才能带来积极的成果，它要求我们能够察言观色，积极配合领导的工作，能够考虑得远一点，思想先行动起来，多动脑子，勤动脑子，工作闲暇之余，多思考一些与工作有关的问题，多做一些工作计划之类的先导工作。从平时的点点滴滴做起，努力做到“简单的事，全力以赴”，这才是我们所推崇的工作态度。只有态度端正了，工作效率才会转化成工作的效益。

二、情绪与情感及其培养

人非草木，孰能无情。人生活在社会中，为了自身的生存和发展，就要不断地认识和改造客观世界，以期为人类文明、进步和发展创造条件。人们在变革现实的过程中，必然要涉及自然界和社会中的各种各样的对象和现象，必然要遇到得失、顺逆、荣辱、美丑等情境，有时感到高兴和喜悦，有时感到气愤和憎恶，有时感到悲伤和忧虑，有时感到爱慕和钦佩，等等。这里的喜、怒、哀、乐、忧、愤、爱、憎等都是情绪和情感的不同表现形式。

（一）情绪的调节

1. 体察自己的情绪

时时提醒自己注意：“我的情绪是什么？”例如，当你因为朋友约会迟到而对他冷言冷语，问问自己：“我为什么这么做？有什么感觉？”如果你察觉你已对朋友三番两次的迟到感到生气，你就可以对自己的生气做更好的处理。有许多人认为：“人不应该有情绪”，所以不肯承认自己有负面的情绪，要知道，人一定会有情绪的，压抑情绪反而带来更不好的结果，学着体察自己的情绪，是情绪管理的第一步。

2. 适当表达自己的情绪

仍以朋友约会迟到为例，你之所以生气可能是因为他让你担心，在这种情况下，你可以婉转地告诉他："你过了约定的时间还没到，我担心你在路上发生意外。"试着把"我担心"的感觉传达给他，让他了解他的迟到会带给你什么感受。什么是不适当的表达呢？例如，你指责他："每次约会都迟到，你为什么都不考虑我的感觉？"当你指责对方时，也会引起他负面的情绪，他会变成一只刺猬，忙着防御外来的攻击，没有办法站在你的立场为你着想，他的反应可能是："路上塞车嘛！有什么办法，你以为我不想准时吗？"如此一来，两人开始吵架，别提什么愉快的约会了。如何"适当表达"情绪，是一门艺术，需要用心的体会、揣摩，更重要的是，要真正用在生活中。

3. 以适宜的方式疏解情绪

疏解情绪的方法很多，有些人会痛哭一场、有些人找三五好友诉苦一番、另外一些人会逛街、听音乐、散步或逼自己做别的事情以免老想起不愉快的事，比较糟糕的方式是喝酒、飙车，甚至自杀。疏解情绪的目的在于给自己一个理清想法的机会，让自己好过一点，也让自己更有能量去面对未来。如果疏解情绪的方式只是暂时逃避痛苦，而后须承受更多的痛苦，这便不是一个适宜的方式。有了不舒服的感觉，要勇敢地面对，仔细想想，为什么这么难过、生气？我可以怎么做，将来才不会重蹈覆辙？怎么做可以降低我的不愉快？这么做会不会带来更大的伤害？根据这几个角度去选择适合自己且能有效疏解情绪的方式，你就能够控制情绪，而不是让情绪来控制你！

很多人时常被情绪所困扰，似乎烦恼、压抑、失落、痛苦总是接二连三地袭来，无法控制自己的情绪波动，于是频频抱怨生活对自己的不公平，企盼某一天快乐的来临。其实喜、怒、哀、乐是人之常情，想让自己生活中不出现一点烦心之事几乎是不可能的，关键是如何有效地调整、控制自己的情绪，做情绪的主人，主宰自己的生活。

情绪的调节是不断地反省自己，克服消极情绪的过程。真正"做情绪的主人"并不是一件容易的事，它需要我们反复与消极的自我做斗争，最终让"理性的我"战胜"非理性的我"，一旦战胜消极，成为积极的人，自然就能够调节自我的情绪。

对于积极者来说，消极情绪是可以自动转化的。在积极者眼里，或许挫折、失败、逆境等只是他们战胜自己的游戏障碍，他们会把这些当成人生的一种历练，甚至一种快乐，消极情绪自然不见踪影。

（二）情绪的控制

许多人都懂得要做情绪的主人这个道理，但遇到具体问题就总是退缩不前："控制情绪实在是太难了。"言外之意就是："我无法控制自己的情绪。"这些否定自我的语言长期存在于头脑中，就会形成一种严重的不良暗示，可以毁灭你的意志，丧失战胜自我的信心。还有的人习惯于抱怨生活："没有人比我更倒霉了，生活对我太不公平。"抱怨声中他得到了片刻的安慰和解脱："这个问题怪生活而不怪我。"结果却因小失大，让自己无形中忽略了主宰生活的职责。改变对身处逆境的态度，积极坚定地对自己说："我一定能走出情绪的低谷，现在就让我来试一试！"这样你的自主性就会被启动，沿着它走下去就是一片崭新的天地，会成为自己情绪的主人。

在客运服务过程中，高速铁路客运服务人员面对可能出现的各种情况，保持平和的心境，始终如一地耐心、热情地为旅客服务，需要对情绪进行控制，具体的控制方法如下。

1. 保持适宜的情绪状态

林则徐曾将写有“制怒”的条幅挂在墙上，用来控制自己的情绪，这是用语词来防止或缓和自己不当情绪的一种方法。人有时回忆过去被激怒带来的不愉快，或想起某人善于自制的形象也有助于约束自己的不当情绪。用语词或理智控制自己情绪发生的强度，或用转移注意来引导情绪发生的方向，这些方法都有助于保持适宜的情绪状态。

2. 丰富并端正个人的情绪经验

产生不适宜的情绪，往往是由于缺乏一定的情绪经验引起的。例如，参加比赛时的惊慌，大多是由临场经验不足而出现的。人的友谊感、责任感、欣赏艺术作品的美感和理智感等情感，也都是在参加集体活动中，逐步积累情绪经验而丰富起来的，因此，经常创造表达健康情绪或良好情感的机会，则有利于形成正确的情绪经验。

3. 从多种角度看待问题，使情感向正确的方向发展

人们对事物的观察和体验，对生活中遇到的问题与挫折，倘若只从一个角度来看，可能引起不安，造成终日苦闷和烦恼。如果从另外一个角度来看，可能发现它的积极意义，使消极的情绪或情感转化为积极的情绪或情感。

第三节　高速铁路客运服务人员的压力及其应对方式

【知识目标】

1. 了解压力的定义及其对高速铁路客运服务人员的影响；
2. 了解高速铁路客运服务人员的工作特点及压力来源；
3. 了解常见的压力应对方式。

【能力目标】

1. 学会根据不同旅客群体的行为特征分析其心理特征，为其提供有效的缓解压力措施；
2. 学会尽快适应学习、工作环境；
3. 学会根据工作中的不同压力选择有效的缓压方式。

【学习要求】

1. 树立良好的服务意识；
2. 学会通过情绪调节、运动减压等方法释放学习、生活中的各种压力；
3. 尽快熟悉高速铁路客运服务工作的内容及工作性质，了解该工作的压力来源。

【学习内容】

在现代社会中，由于竞争激烈，科技发展迅速，社会体制不断变化，每个人都会感到不同程度的工作压力。高速铁路客运服务人员长期在一个环境复杂、条件限制、工作要求高、工作性质单一的条件下进行劳动，且劳动条件、生活环境、营养状况及精神文化生活等均有着特殊性，构成了一类特殊的职业人群。这种工作性质决定了他们工作需要长时间保持注意力高度集中，担负着为广大旅客服务的重任，心理压力极大。

一、工作压力是如何定义的

压力是指个体在适应生活的过程中，由于实际或认识能力上的不平衡而引起的一种通过生理、心理和行为反应表现出来的身心紧张状态。具体地说，压力指的是一种身心反应。

工作压力的概念是从压力的概念衍生而来的，它一直成为心理学、生物医学、管理学和社会学等学科的一个重要理论研究范畴，众多研究者从不同的角度对工作压力进行了定义。

总的来说，已有的研究主要从三个角度来看待工作压力。

（1）基于反应说，认为工作压力是由于外界刺激物的影响使人们呈现出的一种不适的心理反应。注重从个体的主观感受来进行分析。

（2）基于刺激说，把压力看成是人对环境的刺激所引起的一系列的生理非正常反应，注重从个体的生理特征变化来进行分析。

（3）基于环境与生理的交互作用说，认为工作压力是个体和环境之间作用的结果，注重从具体外界刺激对个体的生理变化来进行关联分析。

二、工作压力对高速铁路客运服务人员的影响

工作压力是一把双刃剑，适当的工作压力，可以激发个体和组织的竞争意识，提高个体和组织的绩效；适当的压力水平可以使高速铁路客运服务人员集中精力，增强机体活力，提高忍耐力，减少错误的发生。

如果高速铁路客运服务人员学会面对并有效处理压力，就可以不断提高应对能力，工作效率也随之提升，所以，压力也是提高高速铁路客运服务人员能动性、适应性的有效工具。

过高的压力则会对高速铁路客运服务人员产生消极影响，工作中的压力和紧张状态往往会延伸到工作之外，对个体的影响可以从三个方面反映出来：生理方面、心理方面和行为方面。

（1）生理方面的影响。压力导致心率加快、血压升高、出现抑郁症状、头疼、头晕、疲劳、睡眠不好、内分泌功能失调、机体免疫功能降低、个体处于“抑制”状态、体力下降等，压力也是导致高血压、缺血性心脏病的危险因素。

（2）心理方面的影响。压力导致个体对组织承诺的降低、内在满意感的降低，以及影响工作动机、情绪过敏和反应过敏，并出现离职倾向；持续的工作压力易使高速铁路客运服务人员情感衰竭、缺乏成就感；长期的压力状况还会引起心理疾病及自杀等极端行为。

（3）行为方面的影响。压力导致缺勤、病假、离职增多，工作绩效降低，降低组织的认同感与内聚力，持续的工作压力超过个体的耐受程度时可能导致工作倦怠、自我效能降低。

三、高速铁路客运服务人员的工作压力来源

2007 年全国铁路第六次大提速后，由于动车组投入运行，列车运行速度和密度进一步提高，装备现代化速度加快、生产力布局变化，使高速铁路客运服务人员面临的机务管理制度、岗位工作职责、工作环境也发生了相应变化，这些对列车司机和高速铁路客运服务人员的心理、生理都有着重要的影响。

（1）机车驾驶室装备更新升级，要求机车司机在作业时对机车运行信息进行高度监控，具备敏捷的判断和应急处理能力，对作业程序要求更加规范。例如，动车组采用了新型的列控系统、机车 LKJ 监控装置升级，还开通了数字移动通信系统；大部分机车还加装了轴温报警系统、视频监控系统等。

（2）列车运行速度和密度的提升，带来高速铁路客运服务人员心理紧张和生理疲劳的加剧；提速后工作环境的改变也要求高速铁路客运服务人员作业更加规范，应急处置更加敏捷；同时高速行驶时视景变化极快形成的高密度冲击也加大了高速铁路客运服务人员的心理和生理疲劳。

（3）由于企业经营体制改革后实行长交路、车循环、轮乘制等，使高速铁路客运服务人员的工作强度加大了，从而使得部分高速铁路客运服务人员超劳现象更加严重。这种长期高劳动强度的叠加使得高速铁路客运服务人员生理疲劳普遍存在。

（4）管理措施的强化，在安全责任意识加强的同时使得高速铁路客运服务人员感受到的压力增加。例如，实施定岗定责、对规对标、监控数据事后分析、“两纪”专项整治、末位淘汰制等针对高速铁路客运服务人员的专项管理措施，使高速铁路客运服务人员感受到了压力的增加。

（5）生产力布局的调整，带来高速铁路客运服务人员流动性加大；也使作业时间之外的准备时间增加。由于机务段的大规模重组、车间的调整、机车交路的变化，高速铁路客运服务人员可能较长时间远离家庭而担当作业，且出乘路途过长，使得高速铁路客运服务人员休息时间缩短，这样长期积累易造成生理疲劳。

四、高速铁路客运服务人员职业压力的启示

由于经济波动造成就业率与收入下降，再加上企业改制、机构重组、人员分流，以及企业生产力布局调整等政策措施的实施，使一部分职工被迫离职离岗，有的会面临新岗位、新工种、新的人际交往的挑战，因而使人感受到了前所未有的岗位竞争的压力，产生了从未有过的紧迫感、压力感和危机感。

安全生产带来的职业压力是高速铁路客运服务人员心中的无形压力。由于现代企业生产是专业化和系统化生产，导致任何环节出现技术问题（如标准偏差和设备质量隐患），任何一项管理出现漏洞，任何一个现场作业人员工作疏忽、违章违纪，任何一个安全环境出现盲点，都可能酿成严重后果。

新技术、新设备应用，以及高速度、快节奏带来的压力，是高速铁路客运服务人员心中的现实压力。现代企业生产环节紧密衔接、工作流程紧凑，稍有疏漏就可能酿成大祸。例如，一名动车组司机要观察和识别大量信号和标志，以及监控各种行车数据，有的要连续工作很长时间，必须严格完成各项操作程序，不得有丝毫疏忽。新技术、新设备的应用对各项

技术标准和规章制度的科学性、严密性、系统性，对生产企业模式、企业管理等方面的要求都达到极高的程度，因而对管理人员、技术人员的知识结构、专业技能和应急处置能力的要求也极高。

工作与家庭关系也是导致高速铁路客运服务人员产生沉重压力原因之一。目前消费品物价上涨过快、购房困难、子女上学就业艰难等，让很多企业普通一线职工感到家庭经济生活压力偏大，繁忙的工作难以顾及家庭，昔日国企职工曾经有过的自豪感已不复存在。

职业发展前景不明朗，许多铁路企业培训不足，学习提升的机会不多。高速铁路客运服务人员上岗以后，就不断承受高强度的工作。在社会知识和技术更新换代很快的今天，企业员工在工作一段时间之后，就会发现自己的知识水平已经老化。可是，很多铁路企业没有制订科学的员工培训计划，有的根本不组织员工参加系统培训，员工的知识和技能得不到更新和提升，职业发展受到制约，这样无形中就给高速铁路客运服务人员带来了压力。

工作和生活不平衡。当今社会，人们的工作节奏加快，高速铁路客运服务人员为了工作放弃了休闲娱乐，生活中有许多事情都来不及协调处理，这样常常出现工作和生活的矛盾，给高速铁路客运服务人员带来极大的苦恼。

缺乏来自同事的支持，和同事沟通不够。每一个员工都是在一定的环境中工作的。员工与员工、领导、管理制度、组织文化、工作环境之间的关系和谐与否直接关系到员工工作情绪的好坏，进而影响工作质量。

五、工作压力带给高速铁路客运服务人员生理方面的问题

承受工作压力是生活中不可避免的。压力像空气、水一样时刻存在于我们的周围，是人类生活不可缺少的一部分。临床心理学家发现，溃疡病的主要起因就是心理压力。溃疡病患者往往具有这样的特点，努力拼命工作，总是担心工作不完美，担心自己能力不够，经常感到无助等。癌症和心脏病、高血压、紧张性头痛的发作也与心理压力有着密切关系。

所有研究表明，人在面临压力紧张的情况时，会有下列类似的生理反应：呼吸急促，透气困难；心跳加速、口渴；肌肉紧张，尤其是额头、后颈、肩肘等部位的肌肉；小便频繁；不自觉的反应，包括胃酸分泌增加，血压升高，血液中化学成分组合的转变，如血糖、胆固醇的浓度提高。

这些反应是人体进入紧张状态的身体征兆，压力的反应起源于大脑，并通过它来协调身体，人体必须首先觉察到外界刺激对健康的威胁，这些可能涉及许多有意识或无意识的思想、信念、经历、情感和价值感等，大脑中的许多不同部位在整个信息处理过程中都起着重要作用。这也是生物体在长期进化过程中形成的一种本能反应。

在心理学家的眼里，90%的生理疾病都是心病，都是由心理原因引起的，所以，生理疾病可以由心理来解释。如高血压是把外面的压力压到血管去了，哮喘是被压抑的呐喊，麻疹是身体体验压力的一种反应。

六、工作压力带给高速铁路客运服务人员心理方面的问题

在现代社会中，由于竞争激烈，科技发展迅速，社会体制不断变化，每个人都会感到前所未有的工作压力。工作压力过高、人际关系困难、家庭和婚姻生活失败、缺乏自信心等种种问题困扰着员工。

压力引起的心理反应有警觉、注意力集中、思维敏捷和精神振奋，这是适度的心理反应，有助于个体应付环境，但是，过度的压力会带来负面反应，出现消极的情绪，如忧虑、焦躁、愤怒、沮丧、悲观、失望、抑郁等。会使人思维狭窄、自我评价降低、自信心减弱、注意力分散、记忆力下降，表现出消极被动的状态。

有研究表明，工作压力带给高速铁路客运服务人员心理方面的问题有焦虑、抑郁、烦躁和孤独情绪等，帮助这一特殊职业人群解决压力导致的心理问题是铁路企业的当务之急。

七、影响高速铁路客运服务人员心理健康的因素

有研究表明，目前影响高速铁路客运服务人员心理健康的主要因素有工作环境、工作负荷、角度冲突、组织管理、管理行为、事业发展、人际交往、工作与家庭。

随着社会的发展和铁路事业的繁荣，有大量青年员工进入高速铁路客运服务人员的行列。他们强调自我存在的状态，一切行为习惯于从自身喜好出发，更加注重外在环境及环境中的人、事物与自己喜好的匹配程度。他们习惯将视角指向外部，特别是当自己遭遇挫折时，希望企业能够直接帮助他们解决问题或困扰。对他们的这些影响心理健康的因素，铁路企业应该重点疏导。

(1) 在工作环境上。优化沿线信号等标志、优化车机联控等。强化道口及线路安全管理，减少突发事件。强化特殊路段或特殊天气行车预案。

(2) 在工作负荷上。合理优化高速铁路客运服务人员连续作业时间。降低劳动强度，杜绝超劳。增加作业间的休息时间，降低疲劳累积。

(3) 在角度冲突上。解决个人与组织目标的融合。赋予高速铁路客运服务人员必要的、适当的权利。关注铁路企业改革与高速铁路客运服务人员个人价值的同步发展与进步。

(4) 在组织管理上。建立人性化的柔性管理制度。制定合理的奖罚制度。畅通管理者与高速铁路客运服务人员的日常沟通、交流机制。

(5) 在管理行为上。强化人性化管理行为，加强高速铁路客运服务人员与管理者日常的平等沟通。发挥高速铁路客运服务人员参与管理的积极性。强调管理事务处理的公平、公正与透明。

(6) 在事业发展上。建立和完善高速铁路客运服务人员的职业发展规划，建立高速铁路客运服务人员个人发展的支持体系。建立适宜的企业文化，增强他们的归属感。关注个人的进步和取得的成绩，强化激励制度。

(7) 在人际交往上。建立和谐的企业工作氛围、和睦的同事关系。建立协作发展的优良团队精神。

(8) 在工作与家庭上。积极改善高速铁路客运服务人员工资与福利。关心高速铁路客运服务人员家庭困难，解决他们的后顾之忧，支持他们处理好工作与家庭的关系。

八、压力的应对方式

缓解压力的方法不是孤立和一成不变的，它因时、因地、因人而异，但它又有规律可循，即让身心彻底放松。情绪调节法、音乐减压法、运动减压法、放松训练减压法等，已被证明是行之有效的放松技巧。尝试各种不同的释放压力的方法，可以帮助我们找到一个适合自己并且可以经常使用的方法。使用放松技巧，将会改善人体的生理情况，使血压降低、心跳变慢、肌

肉松弛、胆固醇减少等。

（一）情绪调节法

在工作中，无处不在的压力令我们无法逃避。在承受压力时，我们往往会失眠、愤怒、恐惧或抑郁，各种疾病也接踵而至。高速铁路客运服务人员工作特点是长期在一个环境复杂、条件恶劣、工作要求高、工作性质单一重复的条件下进行劳动，且劳动条件、生活环境、营养状况及精神文化生活等均有其特殊性，构成了一个特殊的职业人群。所以，企业很有必要帮助他们掌握一些简单易行的情绪调节方法，释放不良情绪，保持生理、心理健康。

在工作中，常见到有些人脾气急躁，为区区小事大动肝火；有些人则遇事沉着，冷静处理。也有些人碰上高兴的事激动不已，甚至彻夜不眠，而碰上不如意的事则烦恼忧愁，悲观失望。常言道，人非草木，孰能无情。人们对待客观事物，总会表现出喜怒哀乐和或爱或恶或惧等感情。这种感觉感情的表露，也就是通常所说的情绪。

情绪与健康有密切的关系。医学家和生理学家的调查研究表明，良好的情绪可以使你的生活得到幸福、愉快，健康长寿。长寿老人，都是在平静、温和、愉快的情绪中生活，相反，不良情绪则容易导致疾病。

根据相关统计，食道癌患者中56%以上有忧虑、急躁的消极情绪。专家据此指出，不良情绪可能是癌细胞的存活因素。

据北京安定医院（精神病专科医院）调查，有悲观失望情绪的人，精神病和抑郁症患病率最高。

不少研究者指出，情绪易激动者，冠心病发病率比遇事冷静者要高6倍。很多心肌梗死的患者，都是在情绪极度激动后发作的。

祖国传统医学认为："怒伤肝，喜伤心，思伤脾，忧伤肺，恐伤肾。"现代医学也认为，情绪的剧烈波动，会扰乱大脑的功能，引起机体内生理机能失调和生物化学因素发生变化，如瞳孔缩小，血压升高，呼吸或急或慢，消化腺分泌受抑制，血液黏度和构成成分改变。这一系列的失常现象，很明显地会影响健康。

情绪的剧烈波动即使时间短促，但给人体带来的疾病，往往延续很长时间。如果不良情绪持续很久，还可能造成神经系统功能严重失调，导致神经官能症，甚至神经错乱。

高速铁路客运服务人员要善于用理智去控制情绪，注意调整自己的喜怒哀乐。很多学者和心理卫生学家提出了情绪控制的建议。

（1）创造良好的生活环境。搞好人际关系和家庭关系，使生活充满欢乐和谐的气氛。

（2）培养良好的心理素质。妥善、恰当地处理各类事情。学习一点心理卫生知识，纠正不科学的思想方法。

（3）可借物律己，转移注意力。当自己暴怒或非常气愤时，应设法转移注意力并离开现场，使情绪平静下来。也可以针对自己性格特点，借助某一事物或某种联想，提醒自己和约束自己，如林则徐就针对自己易怒的特点，书写"制怒"条幅以自诫。

（4）可进行情绪锻炼，调节自己的心情。健康包括躯体健康和心理健康。体育锻炼可以促使躯体健康，情绪锻炼可以促使心理健康。对高速铁路客运服务人员来说，情绪锻炼比体育锻炼更为重要。

情绪可以归纳为两大类：一是愉快情绪，如快乐、好感、恬静、和悦等；二是不愉快情绪，如悲伤、焦虑、紧张、沮丧、忌妒等。无论是愉快或不愉快情绪，都应该控制在适度的范围内，过激的情绪都是有害的。不愉快的情绪对人体的危害更大，80%的溃疡病患者有情绪压抑的病史，急躁易怒者易患高血压、冠心病；自卑、精神创伤、悲观失望者易患癌症；惊吓可以使哺乳的妇女乳汁枯竭。

情绪变化不单是主观感受，也有客观的表现，如紧张、激动时体温增高；考场上的考生，绝大部分白细胞比平时增多1~1.5倍；胜利者的伤口，比失败者的伤口愈合得快。

陶冶情操，培养兴趣，修身养性，做到生活有乐趣，精神有寄托，遇事要量力而行，做自己情绪的主人。

（二）音乐减压法

音乐是一定频率的声波振动，携带有不同的物理能量，可以转移和化解人们的心理焦虑，产生愉悦的感觉。音乐还能通过神经内分泌系统，进一步对人体机能进行调节，比如促进血液循环，促进胃肠蠕动及唾液分泌，加强新陈代谢等作用，从而使人精力充沛。高速铁路客运服务人员工余之时，用音乐减压是一种很好的放松方法。

现代人的生活节奏越来越快，但是人的劳动能力是有限的，故应对劳动和休息进行合理安排。听听音乐可以使人更快消除疲劳。

音乐对神经系统有积极的调节作用，不同的乐曲对人体的作用不尽相同。所以要针对工作性质的不同和紧张程度，选择合适的音乐。例如，长时间脑力劳动后，听一听节奏明快、优美的轻音乐，能使你很快松弛下来；当你精神不振时，可以听听节奏感强、富有激情的音乐，以增强信心，如果刚进行了伴有强烈噪声的体力劳动，就不要立即去听打击乐；逢年过节，尽情娱乐时，应注意控制情绪，不要过于激动地长时间听节奏感强的音乐，以免听觉器官承受负担过重而引起疲劳。

每日3餐的用餐时间，以听轻音乐最为理想，使你产生一种愉快的气氛，这会使你大增食欲。

做家务时，最好挑一些你喜欢的歌曲播放，它会使你的情绪被感染，家庭琐事所带来的厌烦之感会远离而去。

如果你在工作或学习过程中想调剂一下精神，那么不妨听上几曲。

如果你想欣赏一首交响曲、协奏曲，或是一场歌剧的话，最理想的时间是在晚饭后，这时有整块的业余时间，大脑兴奋程度较强。

有研究发现，小声哼唱也可以减压。哼唱，即小声地、漫不经心地、肌肉放松地轻声哼唱歌曲、乐曲或者任何别的带旋律的曲调。它不要求方式和方法，不讲究科学性和艺术性，完全是随心所欲的流露，但如果这个下意识上升到有意识，久而久之，便会对自己的身心有极大的好处。

（1）音乐有利于冲淡不协调的气氛。当你与人发生了冲突、闹了一点儿矛盾之后，不免胸有积气，如果在此时，你能有意识地自己哼上几句音乐（强制自己哼唱总比强制自己承认错误或者避开矛盾容易得多），心气自然会逐渐平和冷静下来。

（2）音乐有利于集中精力思考问题。当你在集中精力思考着一个难解的问题，或者是在进行创作构思、发明设计、技术改造时，很可能“卡”住思路，再苦思冥想也难取得进展。如果这个时候你能暂离案头，关闭思路，有意识地哼上几句音乐，则会起到净化头脑、调节神经的作用，之后再来思考问题，说不定会产生意外的新思路。

(3) 音乐有利于消除紧张的心理。人们在日常生活中，难免会处于各种各样的紧张状态之中，对于从事某些特殊行业的人更是如此。紧张是一种心理变化，而哼唱音乐则是消除这种特殊心理变化的妙方之一。

(4) 音乐有利于解除疲劳。无论是体力劳动者还是脑力劳动者，音乐是解除精神疲劳和肉体疲劳的一种很好的方式。

(5) 音乐有利于消除烦躁、焦虑的心情。等火车是一件非常烦躁而使人焦虑的事情。这时如果你不是三番五次地看表，或频频地翘首张望，而是有意识地强迫自己哼唱几首小曲，焦急的心情就会平静下来，也会觉得时间过得较快。

(6) 音乐有利于气的代谢和血的流通。哼唱，不只是声带的运动，也是体内各肌肉组织、各器官协调运动的结果，更重要的是气的运动，当然，哼唱时各部位的运动都是极其放松、极其轻微的，但这已足够了。因为哼唱的是音乐，而音乐是有固定的节奏的，这就必然打破了正常的呼吸节奏，起到了调节气息的作用。

听音乐是一种最普通的放松形式。选择那种能够使你感到安静、抚慰的音乐，在一张舒服的座椅上，播放你已经选择好的音乐，没有紧张部位，每当有不相干的想法或念头进入你的脑海，立即将它放弃，记住你的目的是音乐和放松，对自己说“音乐使我得到放松。”

(三) 睡眠减压法

压力往往来源于精神疲惫，而良好的睡眠能从根本上有效解决压力的问题。高速铁路客运服务人员因工作性质，常常是“黑白颠倒”，睡眠时间不足且无规律，致使他们压力大，严重者会产生精神崩溃等亚健康精神问题。休班在家时，应该充分、科学睡眠，在睡眠过程中享受零噪声的深度睡眠，有利于工作和健康。

床是睡眠的关键因素。床的宽度和长度适宜，使人有足够的伸展余地。

睡觉时不应穿太多衣服。这是因为衣服扭着和拧着时易使人做恶梦。

卧室墙壁的颜色要柔和。人们普遍认为，某些颜色，如鲜红色和明黄色，可以使人睡眠时脉搏加快，这是应该避免的。

尽量减少卧室内的灰尘。地毯及其他织物容易扬起灰尘来，因此，卧室内的地上不应铺满地毯，也不摆设其他织物类装饰。

不要把花和其他植物放在卧室内。医学上早已证实，人对植物有不同程度的过敏，而这种过敏轻则影响睡眠的质量，重则令人无法入眠。

卧室的温度不宜过高和过低。专家们建议，最佳温度应保持在19～20℃之间。如果温度超过24℃的话，人就会在床上辗转反侧，不容易熟睡。当然，被子如果厚的话，温度得做相应的调节。

要保持室内湿度。冬季，屋内有暖气的时候，要特别注意这一点。

卧室里最好不要有亮光。也有例外，有些人在睡觉时习惯点亮灯光，因为他们害怕屋里漆黑一团。

保持室内的安静，减少噪声的干扰。

睡眠的卧位与方向也很重要。从人的生理结构来看，心脏位于胸腔的左侧，右卧便于心脏血液输出，从而减轻了心脏的负担。肝脏位于人体右上腹，右卧能使更多的血液流入肝脏，从而加强了肝脏的代谢与排毒功能。胃通向十二指肠的开口和小肠通向大肠的开口均朝右侧开口。右卧有利于食物在消化道中的消化运行。

许多专家研究认为，头朝南北向睡眠有利于健康。有人认为这是地磁对人体的影响。地球的南极和北极之间有一个大而较弱的磁场。生活在地球上的人无时不受到地磁的影响。如果人体长期顺着地磁的南北极方向，不使人体器官细胞有序化，产生生物磁化效应，使器官机能得到调整，从而给人体健康带来益处。

随着全球城市化的发展与生活节奏的加快，除了环境问题、人居问题外，健康问题，尤其是睡眠问题也逐渐进入研究者的视线。影响睡眠的其他因素介绍如下。

色彩。蓝色最安定，通常被认为是最适合睡眠的色彩；紫色对于人的身体平衡起到作用，能够刺激或者促进睡意、提高睡眠的质量。浅蓝、浅绿、浅紫、粉红等浅色系能够使人平静、精神放松，是卧室中常用的色彩。最不适合睡眠的颜色有红色、橙色、黄色。红色使人亢奋，影响休息；而黄色对于眼睛的刺激大。

灯光。视觉要素对于睡眠也有重要影响。卧室内的灯具应根据家具的颜色、风格而定，应选择相邻色系和统一风格的灯饰。通常，暖色光源可营造温馨、柔和的氛围，更适用于卧室。此外，卧室应利用多种光源，利用床头台灯和落地灯打造柔和聚焦的光源。

气味。清新自然的气味，可以帮助人体放松神经、心旷神怡，快速进入梦乡。一般可以选择自然气味，或者自己熟悉的味道放置在卧室内。应注意不应随便使用气味，以防不适应。此外，适当的花香，可以让卧室香气萦绕，提升卧室情趣。

床品。天然桑蚕丝、竹纤维、长绒棉、醋酸纤维等材质，使床品具有极好的亲肤性、透气性和吸湿性。例如，桑蚕丝，具有很好的吸湿性和保暖性；竹纤维具有抗菌、抑菌、除臭和保健功能。与身体皮肤接触的床单、被罩、枕套等，最好选择此类产品。

运动之所以能缓解压力，让人保持平和的心态，与腓肽效应有关。腓肽是身体的一种激素，被称为“快乐因子”。当运动达到一定量时，身体产生的腓肽效应能愉悦神经。适当的运动锻炼，还有利于消除疲劳。那么哪些运动能减压呢？

通常来说，有氧运动能使人全身得到放松。想通过运动缓解压力，可以参加一些缓和的、运动量小的运动，使心情先平静下来，如跳绳、游泳、散步、打乒乓球等。运动时间可掌握在每天半小时左右。

这里介绍一种放松肌肉的方法，可以在睡前练习。

（1）在一间安静、灯光柔和的房间里躺下，掌心向上，两腿伸直，脚尖向外。

（2）闭上眼睛，轻柔地按照自己的节奏呼吸。绷紧脸部肌肉约 10 秒，放松；缓慢地向上抬头，放下；提肩 10 秒，放松；伸展手臂及手指，握拳 10 秒，放松；提臀，然后缓缓地放下；脚后跟并拢，向外伸展腿和脚趾，然后完全放松。重复练习 5 次。

（3）呼吸减压。选一种舒适的姿势，或站或坐，将双手放在胸前，上身保持放松，吸气的同时扩展胸部，稍停，紧闭双唇，慢慢呼气，重复几次，就会感到紧张的情绪缓和了许多，心情也会随之舒畅。

（4）立姿，两脚分开与肩同宽。用鼻子深吸气，同时两臂缓缓经体侧平举至上举。待吸足气后（两臂恰成上举），两臂急速下放似“挥砍”，张口吐气的同时高喊一声“哈”。这一练习有助于消除精神紧张，并能使长期淤积在肺部的浊气排出。

为了达到放松身心的作用，可以选择自己喜爱的、能产生愉悦感的运动。运动完毕后要及时洗浴，防止感冒，运动时间不要过长，避免过度疲劳或兴奋。

不少静态性运动可以有效帮助高速铁路客运服务人员放松、抗疲劳。现在就介绍几种乘务室运动放松法。

（1）放松眼睛。闭目转动眼球，先按顺时针方向转动6次，再按逆时针方向转动6次。然后睁开眼睛向窗外远处绿色草坪或树木眺望2～3分钟。

（2）放松全身。将全身分为若干段，然后自上而下进行分段放松。其顺序为：头部—颈部—上肢—胸腹—背—大腿—小腿。接着采用相反的顺序，自下而上分段放松：连续做3组。

（3）放松颈肩。坐在椅子上，缓慢地用力挺胸，使双肩向后张开，恢复原状后再反复做10～12次。然后做耸肩动作，左、右肩各做12次。

（4）放松手指。双手放在大腿上，掌心向上用力握拳，然后按拇指—食指—中指—无名指—小指的顺序依次伸开手指。反复做同样的动作，左、右手指各做12次。

（5）放松腿部。坐在椅子上，抬起脚尖，同时用力收缩小腿及大腿肌肉，然后用力抬起脚跟，小腿及大腿肌肉保持收缩15秒，然后放松，如此反复做5分钟。

运动能够缓解压力，让人达到放松，这是许多人都了解的。在平时的工作中遇到压力，生活中遇到烦恼，为了排解这些不愉快，我们很多人都会选择去运动。

运动能够缓解压力，让人保持良性的、平和的心态。当运动达到一定量时，身体产生的腓肽效应，能愉悦神经。腓肽效应让人感觉到高兴和满足，甚至可以把压力和不愉快都带走。但如果带着太大的压力和不良情绪去锻炼，在锻炼中思绪杂乱，注意力不集中，将影响锻炼的效果。有人刻意从事一些激烈的、运动量大的运动项目，认为出一身大汗，压力和不良情绪就会全部释放出来。专家指出，这种激烈且大运动量的锻炼，往往造成身体疲劳，加上原来紧张的精神，压力不但排解不了，情绪反而会更坏。

如果想选择通过运动来缓解压力，可以先参加一些缓和的、运动量小的运动，使心情先平静下来，再逐渐过渡到大运动量的运动。如果压力来源于工作，可以参加一些集体运动，如篮球、排球等，在这些运动过程中，也可以体会到合作的愉快。此外，有时候换一个运动环境，可能对缓解压力起到意想不到的效果。如经常在室内运动的人，到户外去爬山，到小树林里去跑步，一会就会感觉轻松愉快。运动前可以尝试一下心理调节，也有利于运动中更好地释放压力。在运动之前也可找个安静的地方，先闭目养神几分钟，做几次深呼吸；或对着镜子看看自己，说一句鼓励自己的话，让精神振奋起来。

（四）饮食减压法

缓解压力、放松自己与健康的体质有很密切的关系。在身心健康中，身体健康是基础，有了健康的身体，心理的健康才有坚强的后盾。除了体育运动能够增强体质外，饮食和营养也是身体健康的一个非常重要的方面。

饮食减压包括两个方面，一方面指科学合理的饮食可以保证高速铁路客运服务人员生理健康，为他们超强的劳动提供足够的物质与营养基础。这是高速铁路客运服务人员减轻心理压力的生理保证。另一方面，研究表明，有的食物有直接减轻人的心理压力的作用，有的食物还可提高我们的接受能力和工作效率，使我们的思维更加敏捷，精力集中。

食品具有人体生活调节机能。人们对食品功能的认识，在一个很长的时间内一直停留在两个方面，即食品的营养（一次功能）和味道（二次功能）。其实食品还有人体生理调节机能（三次功能）。所谓机能性食品就是这些食品中的一些成分具有调节人体生物节律，增强人体免疫能力和恢复健康等的调节机能。

在工作繁忙的时候，人们往往会忽略饮食营养平衡，没时间购买新鲜食材烹调三餐，而是用方便面、快餐、甜食、膨化食品等来充当三餐，而这样的饮食含有大量的钠盐，而钠是促进紧张的元素，会让人的情绪更难以安宁，对抗压力缓解情绪所需要的钙、镁元素和多种维生素却严重缺乏。

所以，越是工作繁忙，越要在饮食上照顾好自己。多吃天然新鲜食物，每天半斤五谷杂粮，一斤蔬菜，半斤奶，二两豆腐，一斤水果，再加点坚果。当然，减少竞争心态和物质欲望，更有条理地安排好日常工作和生活，适度健身锻炼，经常接触日光和大自然，学习人际相处的技巧，都是对抗压力，让人们更健康、更安宁的重要措施。

（五）放松训练减压

放松是控制自主神经兴奋和镇静替代关系的自主行为方法，通过放松的练习可以让副交感神经系统重新得到控制。使用放松技巧会改善人体的生理状况，减缓新陈代谢，使血压降低、心跳变慢、肌肉松弛、血浆中的胆固醇减少。

放松训练是指身体和精神由紧张状态转向松弛状态的过程。放松主要是消除肌肉的紧张。在所有生理系统中，只有肌肉系统是我们可以直接控制的。当压力事件出现时，紧张不断积累，压力体验逐渐增强，此时，持续几分钟的完全放松比一小时的睡眠效果更好。放松可以通过呼吸放松、想象放松、静坐放松、自律放松等方法进行。那么，是否需要放松，何时放松最好？除了压力测试外，可以从身体、精神方面了解自己。从身体方面，可以观察饮食是否正常、营养是否充分、睡眠是否充足、有无适量运动等；从精神方面，可以观察处事是否镇定、注意力是否集中、是否心平气和。如果回答都为“是”，说明比较放松；如果回答大部分为“不是”，那么需要借助放松训练来调整。

放松训练是一种自我调整方法，是通过机体主动放松来增强自我控制的有效手段。一般是在安静的环境中按一定要求完成特定的动作程序，通过反复的练习，使人学会有意识地控制自身的心理、生理活动，以达到降低机体唤醒水平，增强适应能力，调整因过度紧张而造成的生理、心理功能失调，起到预防及治疗作用。

放松训练的方法有多种，下面介绍几种方法，高速铁路客运服务人员可以利用早上醒来或晚上临睡前的几分钟进行练习。

1. 想象放松

（1）选一个安静的房间，平躺在床上或坐在沙发上。

（2）闭上双眼，想象放松各部分紧张的肌肉。

（3）想象一个你熟悉的、令人高兴的、具有快乐联想的景致，比如校园或是公园。

（4）仔细看着它，寻找细致之处。如果是花园，找到花坛、树林的位置，看着它们的颜色和形状，尽量准确地观察它。

（5）此时，敞开想象的翅膀，幻想你来到一个海滩（或草原），你躺在海边，周围风平浪静，波光熠熠，一望无际，使你心旷神怡，内心充满宁静、祥和。

（6）随着景象越来越清晰，幻想自己越来越轻柔，飘飘悠悠地离开躺着的地方，融入环境之中。阳光、微风轻拂着你，你已成为景象的一部分，没有事要做，没有压力，只有安静和轻松。

（7）在这种状态下停留一会儿，然后想象自己慢慢地又躺回海边，景象渐渐离你而去。再躺一会，周围是蓝天白云，碧涛沙滩。然后做好准备，睁开眼睛，回到现实。此时，头脑平静，全身轻松，非常舒服。

2. 渐进放松

（1）选择一间安静的房间，躺在床上或坐在沙发上。

（2）调整姿态，尽量舒服些。

（3）使右脚和右脚踝肌肉紧张，扭动脚趾，收紧肌肉，再放松，反复做几次，感受紧张和放松时不同的感觉。

（4）左脚和左脚踝重复同样的练习。

（5）收紧小腿肌肉，先右后左，重复紧张和放松。

（6）收紧大腿肌肉，先右后左，体会大腿紧张是怎样影响膝盖和膝关节的。

（7）收紧臀部和腰部，注意紧张和松弛两种状态的不同感觉。

（8）向上练习腹部、胸部、背部、肩膀的肌肉。

（9）练习前臂与手，抬起放下，先右后左，反复练习。

（10）最后放松脖颈、面部、前额和头皮。

放松顺序也可以自上而下，每天花几分钟时间练习，坚持下去，必有收获。

（六）情感宣泄减压法

宣泄是一种将内心的压力排泄出去，以促使身心免受打击和破坏的方法。通过宣泄内心的郁闷、愤怒和悲痛，可以减轻或消除心理压力，避免引起精神崩溃，恢复心理平衡。

高速铁路客运服务人员由于工作环境特殊，长期工作在环境单一、封闭且噪声不断的列车中，工作中的压力和紧张状态往往会延伸到工作之外，他们需要通过情感宣泄的方法将身体与心理方面的问题排解。

压力能够导致部分高速铁路客运服务人员心率加快、血压升高、头疼、头晕、疲劳、睡眠不好和内分泌功能失调，机体的免疫功能降低，使个体处于“抑制”状态，体力下降，并伴有注意力下降。

对不良情绪需要及时的宣泄。不宜提倡“喜怒不行于色”，如果压抑自己，不仅会加重不良情绪的困扰，还会导致某些身心疾病。因此对不良情绪的疏导和宣泄是自我调节的一种好方法。曾有一位运动员受到教练训斥后很沮丧，不久引发了胃病，药物治疗不见效果。心理学家建议他在训练中把球当教练员的脸狠狠地打。采用此法后他的胃病果然好多了。这种不损害他人又有利于排泄不良情绪的自我宣泄法，可以借鉴。

不过这种宣泄应该是合理的，不伤害别人的。简单的打砸、吼叫、迁怒于人，找替罪羊（丈夫、妻子、孩子、同事……）或发牢骚、说怪话都是不可取的。宣泄应该是文明、高雅、富有人情味的交流。有人说一份快乐由两人分享会变成两份快乐；一份痛苦，由两人分担就只有半份痛苦。如果把自己的烦恼、痛苦埋藏在心底里，只会加剧自己的苦恼。而如果把心中的忧愁、烦恼、痛苦、悲哀等向你的亲朋好友倾诉出来，即使他们无法替你解决，但是得到朋友的同情或安慰，你的烦恼和痛苦似乎也减轻了许多。想哭的时候大哭一场，释放积聚的负面情绪，调整机体的平衡，大雨过后是晴空，心中的不良情绪会一扫而光。

（七）转移注意力减压法

转移注意力减压法的原理是在大脑皮层产生一个新的兴奋中心，通过相互诱导、抵消或冲淡原来优势兴奋中心（即原来的不良情绪中心）。如你与人发生争吵后，马上离开那个环境，去打球或看电影。当悲伤、愤怒、忧愁情绪发生时，先避开某种对象，不去想或暂时遗忘，可以消忧解愁。在余怒未消时，可以通过运动、娱乐、散步等活动，使紧张情绪松弛下来，有意识地转移话题或是做点别的事情来分散注意力，可使不良情绪得到缓解。

有意识地转移注意力是减轻高速铁路客运服务人员工作压力的有效途径。在工作之余，高速铁路客运服务人员一定要放下压力，转移注意力，充分放松自己，上网与朋友聊天、利用工作之余的时间与家人进行外出休假、看电影或玩牌等休闲活动，但要适度。

第四节　高速铁路客运服务人员的意志及其培养

【知识目标】

1. 了解何为工作动机，人的工作动机是什么；
2. 了解何为抱负水平及提高抱负水平的方法；
3. 了解培养人的意志的途径。

【能力目标】

1. 能够根据高速铁路客运服务人员的行为特征分析其工作动机；
2. 能够确定自己工作动机，并尝试提高自己的抱负水平；
3. 能够通过各种途径加强自身的意志水平培养。

【学习要求】

1. 树立良好的服务意识；
2. 能够正确认识工作动机及不同人的工作动机需求；
3. 能够正确认识抱负水平并掌握提高自身抱负水平的方法；
4. 加强自身意志培养。

【学习内容】

在高速铁路客运服务人员与旅客之间的服务关系中，矛盾、问题、困难等总是存在的。

为了做好服务工作，要求高速铁路客运服务人员具有坚强的意志。而坚强的意志来自工作动机、抱负水平、工作目标等方面。要提高高速铁路客运服务人员的意志水平，需要深入研究工作动机、抱负水平、工作目标，从而采取有效的措施。

心理学认为，需要产生动机，动机支配人的行为，通过行为实现目标。高速铁路客运服务人员只有具备正确的工作动机，强烈的成效期待，以及较高的抱负水平，才能激发和保持工作积极性，提高客运服务工作质量。

一、工作动机

工作动机是一种心理状态，指的是一系列激发与工作绩效相关的行为，并决定这些行为的形式、方向、强度和持续时间的内部与外部力量。动机是个体动力系统的重要组成部分，是行为的原动力，也是行为的直接驱动力量。在职业生涯发展过程中，每个人实际上都是在根据自己的天资、能力、动机、需要、态度和价值观等慢慢形成较为明晰的与职业有关的自我概念，从而形成一个占主要地位的职业动机。职业动机是职业生涯规划时一个必须考虑的要素。当一个人在做出职业选择的时候，无论如何都不会放弃那种职业中至关重要的东西或价值观，即职业动机。

在生活和工作中，动机代表着一个人的内在心理面貌，它在很大程度上决定着一个人的行动。由于社会生活的多样性和复杂性，以及人的需要的差异性和多变性，就使得人们在从事某种活动时，往往有好几个动机同时发生作用。在同时发生作用的动机中，有主要动机和次要动机，明显动机和隐蔽动机，暂时动机和长期动机等。在旅客运输服务中，全心全意为人民服务，建设高度的社会主义精神文明，努力提高旅客运输服务工作的社会效益和经济效益，应该是一切高速铁路客运服务人员普遍的、长期的工作动机。全心全意为人民服务的工作动机，在客运服务中直接表现为敬业精神，即在自己的本职工作岗位上所表现出的勤勤恳恳、任劳任怨、兢兢业业的工作精神。

（一）工作动机需求分析

动机可以是有意识的，也可能是无意识的。动机分为内在动机和外在动机，最基本的内在动机是本能，外在动机是以外界刺激为诱因的，更多的是来源于社会的刺激。内外动机既可以相互促进，在一定条件下又可以相抵触。如果按照内部动机去行动，我们就是自己的主人，如果驱使我们的是外部动机，我们就会被外部因素所左右，成为它的奴隶。

根据事物的形态，人们把人的需求分为物质需求和精神需求两类。人的工作动机也不外乎物质与精神两方面的需求。

1. 物质需求的内容

物质需求主要有衣、食、住、行方面的基本需求，维持健康和保障安全的一般物质需求，积累未来发展的物质需求，社会潮流及攀比、享乐的高级物质需求等。

2. 精神需求的内容

人的精神需求非常丰富，大致可以归结为以下十项内容：他人给予的基本情感需要，如亲情、爱情和友情等；自己获得的摆脱空虚、追求快乐的需要；归属需要，即个人在群体中活动的心理感受；被他人和社会认可的需要；权利需求；荣誉感；受到尊重的需要；实现愿望的需求；责任的需求；体现个人人生价值的需求等。

具体到每一个高速铁路客运服务人员，具体工作动机的表现很复杂。从实际情况来看，除了人们不同程度地具有为他人服务的动机外，还有一些从属的动机，例如，为自身和家庭的生存、发展和享受，必须通过工作而获得收入；为谋求稳定、轻松、舒适的工作环境而选择了高速铁路客运服务职业；对客运工作具有浓厚的兴趣；为了获得他人（上级、同事等）的表扬和尊重；为了争取提升、晋级或表扬，也包括免受批评和处罚。

这些动机的具体差异，是由于高速铁路客运服务人员的觉悟程度、人生理想、价值观念、实践经验、文化修养等差异造成的。

在具体工作中，有时几个动机，甚至相互矛盾的动机，在特定的场合会同时发挥作用。例如，有的高速铁路客运服务人员，努力改进工作方法，提高工作质量，其中既有为旅客服务这个高尚的动机，同时还有“露一手”以引起领导重视的动机，甚至还可能掺杂着把其他同事比下去的动机。这种情况说明，动机的产生是个很复杂的心理现象。同时，动机又是发展变化的，一个动机消失了，另一个动机产生，低层次的需要满足后，随之产生高层次的需要，不同的需要产生不同的动机。另外，动机还经常出现受挫现象，动机受挫或者能够获得满足，会使人的动机弱化或强化。

（二）高速铁路客运服务人员类型分析

将高速铁路客运服务人员的心理成熟度和工作动机结合起来进行分析，可以大致地归纳出他们的类型。

1. 事业型

这类高速铁路客运服务人员有高尚的工作动机，热爱本职工作，不斤斤计较报酬和荣誉，不怕艰苦和劳累，一心只想做好本职工作，力求在事业上有较高的成就，工作的积极性和主动性强。在这类高速铁路客运服务人员的需要结构中，成就需要占主导地位，而交往需要和生理需要相对不太强烈，其工作积极性稳定、持久。客运管理工作的重点是为具有事业型动机的高速铁路客运服务人员创造工作条件，使其积极性和创造性能够得到充分的发挥。

2. 自尊型

这类高速铁路客运服务人员的工作动机处于一般水平上，谈不上献身客运服务事业，但也决不甘居他人之后。这类高速铁路客运服务人员自尊心较强，比较看重荣誉或“面子”。他们力求自己的工作符合规章的要求。在这类高速铁路客运服务人员的需要结构中，交往和发展需要占主导地位。他们的积极性常常呈现波浪式变化，当受到表扬时，劲头很足，遇到挫折时，则容易情绪低落，甚至垂头丧气。对待具有自尊型工作动机心理的高速铁路客运服务人员，管理工作的重点是分析他的工作动机形成的原因，有针对性地对其工作中取得的成绩给予适当的表扬，表扬时要选择有其他人员在场的场合；对其错误要及时给予批评，批评时的场合视问题的严重性而定，一般性的小问题要避免其他人员在场，问题严重时，也需要当众批评，但要做到批评得力，使其心服口服。

3. 服从型

这类高速铁路客运服务人员工作动机的层次不高，让我做什么，我就做什么，从心理上安于现状，不思进取，满足于“过得去”。这些高速铁路客运服务人员的需要结构中，生理、安全、交往等方面的因素占主导地位。他们往往在考评、评比或上级检查工作等激励因素作用下，表现出较高的积极性，因此，其工作积极性不能持久，带有“偶发性”。客运管理工作的重点是采取适当的方法调动这类高速铁路客运服务人员的积极性。

4. 逆反型

具有逆反型工作动机心理的高速铁路客运服务人员，在工作中不服从指挥，不积极工作，反而影响其他高速铁路客运服务人员的工作态度。其工作动机心理的产生原因有很多方面，例如，对高速铁路客运服务工作不喜欢；在家庭生活及社会生活中发生了一些不愉快的事情，造成心理障碍，产生一些消极的情绪，把消极情绪带到工作中来，等等。对具有逆反型工作动机心理的高速铁路客运服务人员，客运管理工作的重点是分析产生逆反型心理的原因，有针对性地进行教育，解决其心理问题；对其工作中存在的问题给予适当的批评，问题严重者停止其工作。

上述这些类型的划分是相对的，有时是相互交叉的，同时又是可以转化的。作为管理者的任务，在于进行经常性的思想教育，并且创造良好的情景条件，努力做好转化工作，使高速铁路客运服务人员在工作实践中树立高尚的动机，帮助他们提高心理素质，促使其保持稳定而持久的工作积极性。

二、抱负水平

抱负水平是指高速铁路客运服务人员决定其行为达到什么质量标准的内心目标尺度。许多人在工作和活动中对自己要达到的标准有较高的需求，这种需求就是抱负水平。因此，抱负水平的高低是与一个人为自己所制定的目标的高低相联系的。

（一）抱负水平的表现

抱负水平并不是越高越好，适度的抱负水平，是避免挫折和失败，获得自信和成功，使个体得以顺利发展的重要因素。

1. 抱负远大

抱负远大与否是推动人们从事某项工作以达到某种理想结果的力量。成就动机的高低因人而异，相应地，抱负水平的高低也因人而异。成就动机高的人追求成功心切，因此其抱负水平也较高；成就动机低的人在逃避失败与追求成功二者中更偏重于前者，因而其抱负水平也就较低。

如果高速铁路客运服务人员有远大的抱负，就能够为自己树立远大的人生目标，在工作中精益求精，千方百计提高工作质量，努力在事业上做出贡献。

2. 目光短浅

如果高速铁路客运服务人员目光短浅，抱负水平低，就会在工作中表现出马马虎虎，得过且过，存在“当一天和尚撞一天钟”的心理。

高速铁路客运服务人员应具有远大的抱负水平。具有远大的抱负水平，并不一定表现在轰轰烈烈地干一番事业上。在我们日常生活中，轰轰烈烈的事情很少，更多的是平平凡凡的事情。在本职工作岗位上勤恳工作的敬业精神，也是一种人生的目标，也是一种远大的抱负。伟大来自平凡，它是在平凡的工作岗位上对平凡的工作日积月累而表现出的一种精神。

没有高尚的目标就必然是平庸的目标。普通人可能满足于吃好穿好，或生活上比别人强一些。而有较高抱负的人会追求一种从社会角度来说有价值、有意义的人生。

3. 过去成败经验

过去的成败经验会直接影响一个人目前的抱负水平。过去有着较多成功的经验，则会增强一个人的自信心，使他对未来的成功有着更多的信心与期待，从而形成较高的抱负水平。如果过去失败的次数较多，则会使人对自己的能力产生怀疑，对自己信心不足，总怕自己会遭到更多的失败，为了逃避失败，个体便会确立一个较低的抱负水平，力求在这个水平上获得成功。

（二）抱负水平形成的原则

在如何形成适度的抱负水平上，应该遵循以下三个原则。

1. 价值原则

价值原则是指人们所确定的目标应当具有一定的价值，而衡量价值的标准是社会和人类利益。我们每一个人都不是独立存在于这个世界的，我们是生活于并且紧密依赖于社会的，社会性是我们每个人的本质。

任何时候，对任何人，我们都必须以社会和人类利益为衡量目标的标准，符合社会利益的目标就是高尚的，反之就是低下的。像葛朗台，一生嗜钱如命，他的生活对他个人来说是愉快而充实的，但对于整个社会和人类来说，这个生命却是卑俗低下、毫无价值的。

2. 可行原则

可行原则是指人的抱负理想应符合主客观条件。有些人看问题常常失之片面，在目标选择过程中，容易好高骛远，而不注意理想与现实的关系，寻找是否有切实可行的路可以走，往往使时间和生命在好大喜功中悄然流逝，自己也感觉备受打击。

3. 超限原则

超限原则是指在可行的前提下，目标应该高一些。古话说："取法乎上，仅得为中；取法乎中，仅得为下。"就是说，要想得"中"就得把目标定在"上"处；若想得"上"，就必须将目标定在"上上"处。因为理想与现实总是有一定的距离，只有在可行性下的超限目标指引下，人的生活和精神才能达到一定程度的紧张，人才会变得更积极、更富生命的张力。

（三）提高抱负水平的方法

一个人抱负水平的提高受多种因素影响。从个人及组织管理角度看，提高抱负水平主要有以下五种方法。

1. 正确认识人生的价值观

抱负水平直接反映着一个人的人生观，即人的苦乐观、幸福观、荣辱观、生死观、价值观等方面，其中核心是人的价值观。如果从价值观的角度进行研究，可以发现人追求的是以下方面的价值。

（1）以信仰为中心的精神价值。

（2）以权力、地位为中心的政治价值。

（3）以实利为中心的经济价值。

（4）以和谐、愉悦为中心的审美价值。

人的价值追求不同，决定着抱负的不同内容和方向。正是人的不同抱负，在一定程度上影响着人们对生活、工作、他人的态度和行为。

2. 正确对待得与失，成与败

抱负水平与个人的生活环境及个人对客观现实的认识深度有着密切的关系。在为自己确定了一定的工作目标之后，就要通过自己的努力去达到目标。目标又可分为现实目标和理想目标，现实目标即为可能达到的目标，理想目标即为最高目标。

影响一个人的抱负水平高低的因素很多，主要受以下三个因素的影响。

1）个人成就动机的高低

动机是推动人从事某项工作以达到某种理想结果的力量。成就动机的高低因人而异，相应地，抱负水平的高低也因人而异。成就动机高的人追求成功心切，因而其抱负水平也就较高；成就动机低的人在逃避失败与追求成功的二者中偏重于前者，因而其抱负水平也就较低。

2）个人能力的大小

一个人的能力总是有高低之分，能力的大小取决于一个人所拥有的知识的深度和广度，以及对所拥有的知识灵活运用的程度。如果知识渊博，并能够灵活地运用，表现出的能力就高；反之，能力就低。能力高，为实现目标准备了必要的基础前提。而高强的能力，是在运用知识的实践中不断提高的结果。可以说，知识是与理论相关的，能力则与实践相关。结合自己的能力，目标的制定应与能力相适应。能力高时，为自己制定的目标就高些，能力低时，为自己制定的目标就低些。

3）环境因素的影响

能力的高低只为目标的实现提供了基础前提，人的目标能否实现还取决于环境因素的影响。如果人制定的目标脱离了环境，或环境不具备实现目标的条件，都可能造成目标不能达到。这也从另一方面说明，人对目标的制定，需要综合考查两个因素：一是目标必须结合环境的要求；二是尽力创造环境，提高实现目标的可能性。

存在着人的目标能否实现的问题，也就存在着如何对待得与失，成与败的问题。目标能否实现，影响人的抱负水平的高低。在工作中，一个人非常顺利，经常取得成功，如技术革新项目的成功，新的服务方式被肯定和被表扬，合理化建议被采纳，等等，都会提高他的抱负水平。抱负水平高的人，敢于提出较高的工作目标，并具有战胜困难的勇气。

如果人经常受挫和失败，就容易降低其抱负水平。只有意志很顽强，屡遭挫折始终不气馁的人，才能努力坚持下去。有的人，常常异想天开，随意地制定很高的目标，根本不考虑目标实现的可能性和现实性，这样的人也极容易在遭到挫折时，降低其抱负水平。

一般高速铁路客运服务人员，总是不断地在实践中总结经验教训，经历着抱负的“实现性—可能性—新的实现性—更大可能性”这样一个发展过程。例如，一个售票员，刚上班时，制定三个月内熟悉有关售票工作的全部知识，并初步掌握售票技术的目标，这个目标既是现实的，又是可行的。实现这个目标后，她为自己制定出发售百万张车票无差错这样的目标，经过努力又实现了。于是她可能对售票工作程序科学化等内容进行深入的研究，进一步提高目标，最终她可能成为这方面的专家。

3. 在职工中培养积极向上的士气

高速铁路客运服务是由一定数量的高速铁路客运服务人员共同进行的工作，具有特定的环境性，每个高速铁路客运服务人员受其工作的环境因素的影响和制约。高速铁路客运服务人员抱负水平的高低，受他所在的集体（如乘务组、服务组等）士气的影响。如果整个集体形成你争我赶，积极向上，人际关系和谐的气氛，就会造成比技术、比优质服务的态势，就容易提高人的抱负水平。

4. 建立奖励先进，鞭策后进的管理方式

高速铁路客运服务人员抱负水平的提高，受到管理方式影响，即管理方式是否有利于激发职工的积极性、主动性，是否真正奖励先进，鞭策后进等，所以，高速铁路客运服务管理部门务必建立和健全科学有效的奖罚制度，并充分发挥这个机制的积极作用。

5. 建立良好的高速铁路客运管理人员与高速铁路服务人员之间的关系

高速铁路客运管理人员与高速铁路服务人员之间良好的关系，可以造就一个和谐、轻松的工作氛围。在工作中，高速铁路客运服务人员畅所欲言，积极地提出合理化建议，既能够做到改进工作方式，提高服务水平，又能满足高速铁路客运服务人员工作的成就感。

高速铁路客运服务人员的抱负水平同工作动机有密切联系，两者都是复杂可变的心理现象，客运组织中的管理者，要经常对高速铁路客运服务人员进行形势教育和理想教育，刺激高速铁路客运服务人员产生做好工作的愿望，帮助他们树立信心，并采取正确的政策和方法，促使高速铁路客运服务人员提高抱负水平。

三、意志及其培养

意志是内部意识向外部动作或活动的主动转化，这种主动转化就表现为意志对人的活动的调节和支配。一方面，这种调节和支配是根据自觉的目的进行的；另一方面，只有通过这种对行动的调节、支配，自觉的目的方能得以实现。意志对行动的这种调节、支配作用表现为发动和制止两个方面。另外，意志还可以调节人的注意、观察和思维等心理活动。

人们意志品质不是天生的，而是在后天生活实践的过程中逐步形成的，因此，培养良好的意志品质对保持健康的心理有重要意义。

1. 树立高尚的理想和恰当的目标

理想是指路明灯，没有理想，就没有坚定的方向，而没有方向也就没有生活。远大的理想和确定的目标是培养坚强意志的前提。

当然理想的树立、目标的确立应该是正确的、有意义的、符合社会发展要求的，也必须与现实的学习与工作结合起来。只有把理想转化到现实的生活中，成为行动的指南，意志才有发展的可能。如果仅是海市蜃楼的幻想或不切实际的目标，而没有行动，则理想是空想的，目标是虚设的，意志的培养也就是句空话。

2. 加强科学的世界观教育

世界观是人认识活动的定向工具和行为调节器。树立科学的世界观，才能使人正确地确立自己的行为目的。对一切个人、团体的思想、行为做出实事求是的正确评价，明辨是非、善恶和荣辱，使人具有高度的责任心。明确生活的目的和对崇高理想的追求，崇高理想应与学习、工作和生活相结合，要用理想指导生活。

锻炼意志，要注意循序渐进。俗话说，一口吃不成一个胖子。所以在磨炼意志的时候，应注意选择突破口，分阶段，有步骤地进行。目标可以具体地按渐进式方式排列，一个目标完成了，对于个体是一种积极的反馈，能增加其自信，从而更积极地完成下一个目标，进入一个良性循环。这样，意志的行为逐步强化为意志习惯，再慢慢固化成一种意志品质，成为良好的个性特征。

3. 积极参与社会的实践

坚强的意志是在克服困难的实践活动中形成和发展起来的，积极参加实践活动，对实践活动中存在的问题努力采取方法去解决，与困难进行斗争，会提高人的意志力。

意志品质是人们在长期的社会实践与社会生活中形成的较为稳定的心理素质，它在人们调动自身力量去克服困难和挫折的实践中体现出来。一个人意志的培养和锻炼并不仅仅局限于挫折、困难、逆境，有时“取得成功时坚持不懈要比遭到失败时顽强不屈更重要”。

4. 要有吃苦的思想准备

成就大事的过程就是意志磨炼的过程，意志磨炼的过程也就是吃苦耐劳、艰苦努力的过程。

5. 充分发挥集体和榜样的教育作用

在具有良好风气的集体中，人们之间团结互助，都珍惜自己所属的集体，尊重集体的意见，执行集体委托的任务，努力为集体争光而不损害集体的荣誉。对集体的义务感和荣誉感有助于自制、刚毅、勇敢等意志品质的形成。

榜样在意志品质的培养中占据重要的地位。可选择社会上的先进人物做榜样，也要善于从职工周围的生活中、熟悉的人群中选取典型，在这种榜样面前，可能因为心理距离小，使人感到亲切，心理障碍少，容易接受。

6. 优化自身的素质，塑造健全的个性

周围人们的影响、集体委派的任务、榜样的教育等，必须通过自我锻炼才能真正起作用。为加强意志的自我锻炼，要养成自我检查、自我监督、自我鼓励等习惯。

【思考题】

1. 能力形成的因素有哪些？
2. 思维活动由哪几个环节构成？
3. 语言在高速铁路客运服务中的作用有哪些？
4. 高速铁路客运服务人员有哪几种类型？
5. 什么是工作压力？高速铁路客运服务人员的压力来源是什么？
6. 意志行为过程经过哪几个阶段？
7. 哪些方法可以帮助高速铁路客运服务人员缓解工作压力？
8. 态度的形成因素及其改变方法是什么？
9. 培养感觉和感知的重要意义有哪些？
10. 应从哪几个方面加强注意力的培养？

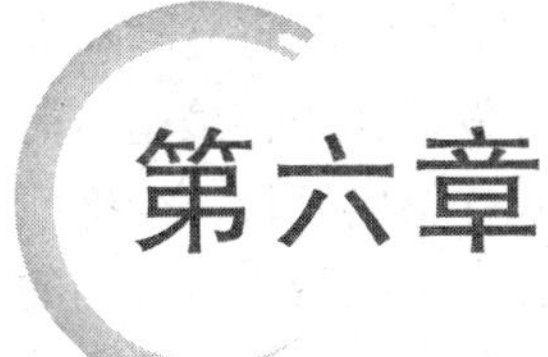

第六章

高速铁路旅客运输管理心理

【导读】要从根本上提高旅客运输服务质量，就必须牢固树立服务的思想。从领导的角度来说应该加大领导力度，提高领导艺术，通过各种激励行为提高高速铁路客运服务人员的服务热情及服务质量。从高速铁路客运服务人员的角度来说应该克服自身的问题，正确对待工作中遇到的问题，提高高速铁路客运服务人员工作积极性与热情。

第一节　高速铁路客运管理人员的管理行为

【知识目标】

1. 了解领导者的职能及领导原则；
2. 了解领导者应具备的基本条件；
3. 熟悉常见的激励模式。

【能力目标】

1. 具有合理利用领导威信处理问题行为的能力；
2. 具有正确利用激励行为处理身边遇到的问题行为的能力。

【学习要求】

1. 树立良好的服务意识；
2. 正确认识领导及领导行为在提高客运服务质量中的重要作用。

旅客运输业为了实现一定的社会效益和经济效益，确定了发展的目标，制定了相应的发展战略，建立了组织机构及组织制度，在划定分工与协作的基础上明确了管理的范围和职责，配置相应的人员以后，能否使各部门各类人员有效地运转起来，并发挥作用，最基本的方法有两种：一是建立有效的计划和控制系统，通过计划将组织目标具体落实到每一个部门的每一个人，规范人的行为，加强人与人之间的协作，并通过控制，保证人的行为按计划的规定进行；二是建立激励系统，管理的根本性问题是人的问题，众多的物、财，以及业务计划，都要通过人和依靠人才能发挥作用。离开人，再好的设备、技术，再充足的资金也发挥不了作用。如何调动和发挥人的力量，通过人把各种经营资源结合起来，形成具有特定功能的系统力量，从而达到经营目标，有效的激励系统发挥着重要的作用。

一、领导行为

（一）关于领导行为

1. 领导的概念

领导有两层含义，作为名词，是领导者的简称；作为动词，表示领导者的一种行为，而领导活动是两者的结合，所谓领导，就是名词的领导进行动词的领导，换句话说，就是领导者进行领导活动，率领着一群人去达到目标。根据管理学中的解释，领导是指领导者在一定的环境下，为实现既定目标，对被领导者进行统御和指引的行为过程。领导是在一定的社会组织和群体内，为实现组织预定目标，领导者运用其法定权力和自身影响力影响被领导者的行为，并将其导向组织目标的过程。

传统的管理理论认为领导是组织赋予一个人的职位和权力，以率领下属实现组织目标。多数行为科学家认为领导主要是借助于权力和影响力引导和激励人们去实现组织目标，是在一定条件下努力实现组织目标的行动过程。

管理心理学家认为领导是透过人群关系去影响团体中的每一个成员，激发其积极性，努力实现组织目标。

从领导者的实际工作来看，领导者一方面要运用组织赋予的权力，实行监督和控制，另一方面要通过个人，依据组织内的实际情况，运用领导技能，采取正确的领导方式和领导行为，团结和带动全体职工高效率地去实现组织目标。

2. 领导与人际关系

人们在组织中发生相互关系，彼此相互作用和影响，每个人的影响程度并不相同，主要表现在两个方面。

（1）人群关系的性质不同，影响别人的行为效果也不同。

（2）个人在组织中的地位和作用不同，发生的效果就会不同。

一些人在组织中的地位和作用高于其他人，或他们具有一定的威信、良好的品德、富有工作才能，能够满足成员的某种需要，他们对其他成员便有较大的影响力，能够博得他人的信任，成为组织中的特殊人物，他们能带动组织、控制组织，是组织的领导者。

在企业内，领导者与被领导者的区别主要表现在职位的不同，这种职位的不同，有的是一开始就有的，如上级的任命；有的是在组织中通过实践慢慢形成的。根据管理心理学家对领导的理解，领导者与人群的关系对实现组织目标有重要的作用。

3. 领导行为要素

领导行为要素主要表现在以下四个方面。

（1）支持。领导者重视和支持体现职工的价值观及感情的行为，这种行为会得到职工的支持。所以，支持是相互作用的。

（2）促进相互关系。领导者要善于促进职工间密切合作、相互满足的关系，并不断发展这种关系。

（3）强调目标。领导者要善于激发职工努力达到组织的目标。

（4）协助工作。领导者要协助职工拟订工作计划，调整工作关系，提供工作的知识、技术、器具、材料等，使职工便于工作。

传统的以个人与权力为核心的领导观念，以及强调个人人格特征，如写作能力高、有智慧、有雄心、有正义感、判断力强等都是不全面的。领导者是组织中的一种角色，而领导是领导者的一种行为，是一种人与人之间的关系，是人与工作及人与目标之间关系的一种形式。一个组织可以指定一个领导，或选出一个领导者，但不能指定或选出某种领导行为。因此，对领导行为的培养特别重要。

（二）领导者的职能

领导者是领导活动中的重要因素，是社会组织顺利展开运作的重要条件。领导者是领导活动的主体，在领导活动中起主导作用，居中心地位。其次领导者在领导活动中起发动作用和统率作用。领导者与组织一样，可分为正式领导者和非正式领导者两种。

1. 正式领导者

正式领导者是由组织指定的，他们拥有组织结构中的正式职位、职权和责任，并通过领导活动实现组织的目标，其主要职能表现在以下几个方面。

（1）制订和执行组织的计划、政策与方针。

（2）提供情报知识与技巧。

（3）授权下级分担任务。

（4）对职工实行奖惩。

（5）代表组织对外交涉。

（6）控制组织内部关系，沟通组织内的意见。

正式领导者的功能是组织赋予的，能否实现及实现的程度，取决于领导者的能力及领导者本身是否为其下属所接受。

2. 非正式领导者

非正式领导者是指在正式组织或非正式组织中，由组织内成员自发推选的领导者，其领导地位主要是依靠个人才能和魅力获得。他们的主要作用是协助组织成员解决个人化的问题、协调成员间的关系、充当成员的代言人等。在高速铁路客运工作中的非正式领导者通常是知识经验丰富、技术能力强、善于关心别人或具有某种人格上的魅力，使职工佩服，而对职工具有实际的影响力，其主要的功能是能满足职工个别需要。非正式领导者的主要职能表现在以下几个方面。

（1）协助职工解决私人的问题，如家庭的或工作的。

（2）倾听职工的意见，安慰职工的情绪。

（3）协调与仲裁职工之间的关系。

（4）提供各种资料情报。

（5）替职工承担某些责任。

（6）引导职工的思想、信仰及对价值的判断。

非正式领导者对职工具有实际的影响力，如果他赞同组织目标，可以带动职工执行组织的任务；如果他不赞同组织目标，可能引导职工阻挠组织任务的执行。

3. 基于领导功能的领导特性分析

一个正式领导者要制定政策，提供知识与技术，需要适当的智慧，但领导行为主要是人群关系行为，还必须具有较强烈的被组织内的职工所接受的感情，才能发挥其领导的效果。实践证明，能够发挥最大效率的领导者应具备的主要特性有以下几个方面。

（1）敏感性。善于体贴别人，精于洞察问题。

（2）个人的安全感。有安全感的人，情绪稳定，做事稳重，让人觉得可靠、可信赖。

（3）适量的智慧。领导者需要某种程度的智慧才能处理许多事物，但不需要太高的智慧。智慧太高，往往容易恃才傲物，不能体谅一般人。

由此，一个真正有作为的领导者，他同时应具有正式领导者和非正式领导者的功能，既能实现组织的目标，又能满足职工的个别需要，他必须将工作领袖和情绪领袖两种角色集于一身，但这种标准或理想的领导者是不可多得的，通常的领导者倾向于工作领袖的性质，容易忽略下属的社会性及情绪的需要，因此，职工中较善于体贴别人者，便逐渐变成大家的情绪领袖，担负起安慰、鼓励、仲裁及协调等作用。对于这种现象，正式领导者应给予足够的重视。

（三）领导者的领导原则

1. 愿景比管控更重要

那些真正能够留名千古的宏伟基业都有一个共同点：有令人振奋、并可以帮助员工做重要决定的“愿景”。

愿景就是企业对自身长远发展和终极目标的规划和描述。缺乏理想与愿景指引的企业或团队会在风险和挑战面前畏缩不前，他们对自己所从事的事业不可能拥有坚定的、持久的信心，也不可能在复杂的情况下，从大局、长远出发，果断决策，从容应对。

一些人错误地认为，管理者的工作就是将100%的精力放在对企业组织结构、运营和人员的管理和控制上。这种依赖于自上而下的指挥、组织和监管的模式虽然可以在某些时候起到一定效果，但它会极大地限制员工和企业的创造力，并容易使企业丧失前进的目标，使员工对企业未来的认同感大大降低。

相比之下，制定一个明确的、振奋人心的、可实现的愿景，对于一家企业的长远发展来说，其重要性更为显著。处于成长和发展阶段的小企业可能会将更多精力放在求生存、抓运营等方面，但即便如此，管理者也不能轻视愿景对于凝聚人心和指引方向的重要性；对于已经发展、壮大的成功企业而言，是否拥有一个美好的愿景，就成为该企业能否从优秀迈向卓越的重中之重。

2. 信念比指标更重要

每一个企业的领导者应当把坚持正确的信念，恪守以诚信为本的价值观放在所有工作的第一位，不能只片面地追求某些数字上的指标或成绩，或一切决策都从短期利益出发，而放弃了最基本的企业行为准则。相比之下，正确的信念可以带给企业可持续发展的机会；反之，如果把全部精力放在追求短期指标上，虽然有机会获得一时的成绩，却可能导致企业发展方向的偏差，使企业很快丧失继续发展的动力。

3. 团队比个人更重要

在任何一家成功的企业中，团队利益总要高过个人。企业中的任何一级管理者都应当将全公司的利益放在第一位，部门利益次之，个人利益放在最后。

这样的道理说起来非常简单，但放到实际工作中，就不那么好把握了。例如，许多部门管理者总是习惯性地把自己和自己的团队作为优先考虑的对象，而在不知不觉中忽视了公司的整体战略方向和整体利益。这种做法是非常错误的，因为如果公司无法在整体战略方向上取得成功，公司内部的任何一个部门，任何一个团队就无法获得真正的成功，而团队无法成功的话，团队中的任何个人也不可能取得哪怕是一点儿的成功。

好的管理者善于根据企业目标的优先级顺序决定自己和自己部门的工作目标，以及目标的优先级。例如，出于部门利益的考虑，也许某个产品的研发无法在短期内获得足够的市场收益，部门管理者似乎应该果断放弃对该产品研发的投入，否则，部门在该年度的绩效数据（如果仅以市场收益衡量的话）就有可能不是那么出色，但是，如果从企业整体的角度出发，假设该产品是帮助企业在未来两到三年内赢得潜在市场的关键因素，或者该产品的推广对于提高企业形象有重要的帮助，那么，对于该产品的投入是符合企业整体利益的，部门对于该产品研发目标及其优先级的设定就应该符合企业的整体安排。

作为管理者，应该勇于做出一些有利于企业整体利益的抉择，就算对自己的部门甚至对自己来说会造成损失。也就是说，当企业利益和部门利益或个人利益发生矛盾的时候，管理者要有勇气做出有利于企业利益的决定，而不能患得患失。如果你的决定是正确、负责任的，你就一定会得到员工和领导者的赞许。

此外，管理者应该主动扮演“团队合作协调者”的角色，不能只顾突出自己或某个人的才干，而忽视了团队合作。在工作中，需要各部门积极配合，互相支持。企业里的一个团队和篮球场上的一支篮球队其实是一样的。打篮球时，后卫不能脱离整个团队独来独往，不同位置的队员需要按照战术安排紧密配合，互相支持，这样才能赢得比赛。在我们的工作中，市场人员需要帮助产品部门寻找产品的合适定位，要为销售部门提供潜在的客户信息，而管理者会承担起教练的角色，为整个团队制定合适的战术。能够想象，篮球教练在布置战术时只是一对一地与每个队员单独讨论吗？那样的话，后卫不知道前锋在想什么，前锋不知道后卫的助攻策略，球队不输球才怪。

最后，企业的中层管理者要善于把握自己的角色定位，要让自己成为高管和员工之间沟通、协调的桥梁，而不要让自己与高管或员工对立起来。例如，有一些管理者很容易陷入对自身角色的误解，他们要么把自己和“高管”等同起来，与“员工”做利益上的对抗，或者把自己视作普通员工，与高管对立。这两种极端的做法都是不可取的。

其实，中层管理者既代表企业利益，也代表员工利益，应该认识到自己的中间角色，不要和员工一起盲目、片面地指责企业，也不要成为高高在上的监管者，对员工指手画脚。以企业的整体利益为先，主动扮演协调人的角色，既考虑企业发展的需要，也为员工的个人需求着想，解决好二者之间可能存在的矛盾，让企业的整体协作效率达到最高点。自己做了决定后，就要勇于承担相关的责任，不要把责任推到员工、高管或企业身上。

4. 授权比命令更重要

21 世纪的管理需要给员工更多的空间，只有这样才能更加充分地调动员工本人的积极性，最大限度释放他们的潜力。将选择权、行动权、决策权部分地甚至全部地下放给员工，这样的管理方式将逐渐成为 21 世纪企业管理的主流。

在 21 世纪，授权的管理会越来越接近员工的期望，授权是最为聪明的管理方式之一。因为当企业聚集了一批足够聪明的人才之后，如果只是把这些聪明人才当作齿轮来使用，让他们事事听从指挥，那就会造成如下问题。

（1）员工的工作满足感降低。

（2）员工认为自己不受重视，工作的乐趣和意义不明显。

（3）员工很难在工作中不断成长。

（4）员工个人的才智和潜能没有得到充分利用。

很多管理者追求自己对权力的掌控，他们习惯于指挥部下，并总是将部下的努力换来的成绩大部分归功于自己。这种“大权在握”“命令为主”的管理方式很容易造成管理者身上的压力过大，员工凡事都要请示领导，等待管理者的命令；团队过分依赖管理者，团队的成功也大半取决于管理者个人能否事无巨细地处理好所有问题，而通常来说，没有哪个领导可以事事通晓，也没有哪个领导可以时时正确；整个团队对于外部变化的应对能力和应对效率大幅降低，因为所有决策和命令都需要由管理者做出，员工在感知到变化时只会习惯性地汇报给领导。

因此，“授权”比“命令”更重要也更有效。但是，管理者该如何做好授权呢？这其中最重要的就是权力和责任的统一。在向员工授权时，既定义好相关工作的权限范围，给予员工足够的信息和支持；也定义好它的责任范围，让被授权的员工能够在拥有权限的同时，可以独立负责和彼此负责，这样才不会出现管理上的混乱。也就是说，被授权的员工既有义务主动地、有创造性地处理好自己的工作，并为自己的工作结果负责，也有义务在看到其他团队或个人存在问题时主动指出，帮助对方改进工作。

5. 平等比权威更重要

在企业管理的过程中，尽管分工不同，但管理者和员工应该处于平等的地位，只有这样才能营造出积极向上、同心协力的工作氛围。

平等的第一个要求是重视和鼓励员工的参与，与员工共同制定团队的工作目标。这里所说的共同制定目标是指在制定目标的过程中，让员工尽量多地参与进来，允许他们提出不同的意见和建议，但最终仍然由管理者做出选择和决定。

这种鼓励员工参与的做法可以让员工对公司的事务更加支持和投入，对管理者也更加信任。虽然不代表每一位员工的意见都会被采纳，但当他们亲身参与到决策过程中，当他们的想法被聆听和讨论，那么，即使意见最终没有采纳，他们也会有强烈的参与感和认同感，会因为被尊重而拥有更多的责任心。

平等的第二个要求是管理者要真心地聆听员工的意见。作为管理者，不要认为自己高人一等，事事都认为自己是对的，应该平等地听取员工的想法和意见。在复杂情况面前，管理者要在综合、权衡的基础上果断地做出正确的决定。

（四）领导者应具备的基本条件

（1）品德高尚。领导者要大公无私，襟怀坦荡，富于牺牲精神，严于律己，宽以待人。

（2）个性完善。领导者应性格开朗，豁达大度，意志坚强，自信，有自知之明，对事物具有广泛的兴趣和热情。

（3）富于进取心和创新意识。领导者通常有较强的事业心和成就需要，希望通过事业的成功体现自身的价值，有魄力和独创精神，勇于积极开拓新的活动领域。

（4）博学多识。领导者应具有较完善的知识结构，不仅通晓与企业领导工作有关的现代管理科学知识，同时精通与本部门业务活动性质有关的专业知识。

（5）多谋善断。决策是领导的主要职能之一，领导者应善于发现问题，提出多种解决方案，并从中进行优选决策；要能够根据情况的变化，随机应变地进行跟踪决策和适时处理。

（6）知人善用。领导的核心是用人，有效领导者应当善于观察人，了解人，用人之长，唯才是举，充分发挥每个成员的潜力和积极性。

（7）沟通协调。领导者应具备较强的人际交往能力，善于与下属及外部公众建立良好的沟通关系，能够调节各种复杂矛盾，促进内外关系的协调发展。

除上述基本素质外，领导者还要具备一定的领导风格，即领导者的个人气质、性格、能力、思想方法、价值观念及行为习惯等。鲜明、独特的领导风格可以增强领导者的魅力和感召力，是领导者获得成功的重要条件之一。

领导者应具备四种意识。

1）思想政策意识

高速铁路旅客运输服务工作是为人民服务的工作，思想性和政策性要求很高。作为高速铁路客运管理人员，应该具有全心全意为旅客服务的思想，有高尚的道德品质修养，高度的责任心和事业心，渴望在自己的岗位上有所建树，有所创造。同时，要有政治理论水平，懂得党的路线、方针、政策、法律和法规，能够正确地认识形势和社会动态。

2）具备专业意识

（1）旅客意识。高速铁路客运管理人员的本职工作归根到底是为旅客服务，因此，必须有热爱旅客的思想，有了解旅客的能力，“想旅客之所想，帮旅客之所需”。如果心里没有旅客，行动上很少接近旅客，就会使自己的管理失去方向，也就谈不上管理的效能了。

（2）服务意识。高速铁路客运管理人员，尤其是基层管理人员，既是管理者，同时也是具体的工作人员。管理人员应成为职工的挚友，应时时事事关心职工，接近职工，体谅职工的困难，支持职工的工作，并经常进行“心理换位”，站在职工的立场上来评价自己的工作。这样，才能使管理真正落到实处。反之，职工意识淡薄，严重脱离群众，就会增大管理过程中的“内耗”，使管理效能降低，使管理者失去主动权和影响力。

(3) 知识素养。一个高速铁路客运管理人员，首先要精通客运专业知识，同时应懂得一些相关学科知识，如教育学、心理学、管理学、法律学等方面的知识。知识水平的高低，直接影响管理者的意识水平，一个有较丰富知识的人，才能正确地处理各种问题，并在实践中有创造性和开拓性。

3）角色意识

社会学认为，人在社会上都扮演着一定的角色，高速铁路客运管理人员扮演的是一种特定的角色，如列车长是列车的“首脑”，客运车间主任是车站客运工作的“组织者和指挥者”等。这种角色意识有其特定的社会标准，管理人员对本身“管理行为标准”的认识水平，决定着他的实际管理行为。管理者对自己“管理角色”的认识，就是角色意识，这种意识包括以下几个方面。

(1) 角色认识。管理者对自己的管理行为是否符合社会标准的自我认识与评价，即自己如何看待自己。

(2) 角色期待。上级、下级，以及社会，对管理者思想行为的要求和希望，即他人如何看待自己。

(3) 角色实现。以角色认识和角色期待为基础，实现管理者的角色管理行为。

从客运工作实践来看，角色意识主要是“职、权、责”的问题，如果管理者只强调“权”，只增大“权力意识”，而职务意识和责任意识淡薄，就会偏离“为旅客服务”的角色定位，势必妨碍有关方面的协同一致和团体成员的同心同德。角色期待是更为复杂的问题，常常发现管理者对自己的期待与全体职工对管理者的期待之间存在差距。每个职工从各自的视野、工作状况和利益出发，有时会产生对“人与人关系”的期望“重于”对工作成效的期望，对“自己从事的具体工作”的期望“重于”对全局工作的期望。发生这种情况时，管理人员必须有清醒的认识，要力求通过细致的工作，对工作的意义和各部分工作之间的关系进行宣传，尽量缩小管理者的自我角色意识与职工和社会对管理者的角色期待的差距。否则，听任这种差距的存在及增大，就会导致“角色冲突”。如果一个管理人员长期不能满足职工、社会多数人的角色期待，就会造成严重的失望心理，使管理混乱，运转失灵，甚至无法实施管理。

4）自我意识

自我意识是指人对自己的认识，对活动的认识、评价和自我调节，即人们常说的“自知之明”。一个高速铁路客运管理人员，正确地评价自我，勇于自我批评和进行自我调整，是必备的心理修养。

认识自我并不容易。认识自我比较有效的方法是“以史为鉴”“以人为鉴”“反躬自省”。以“以史为鉴”是指研究以往管理者的经验、教训，以此来警诫自己，检查自己，善于从以往类似的“情境”中发现自己的长处和短处。“以人为鉴”是指通过别人对自己的评价来认识自己，要有虚怀若谷、闻过则喜的心胸。“反躬自省”是经常对自己的行为进行回忆、检查和总结，学会客观地分析自己。有了“自知之明”，才能更好地扬长避短，不断控制和调节自我的言行，使自己的管理符合客观规律的要求，适合客运工作的需要。

自我意识不但影响着对自我的评价，同时还影响着管理者对上级、下级的看法。自我评价过高，会对别人的评价过低，势必影响到别人对管理者本人的看法。自我膨胀的管理者往往盛气凌人，无原则地顶撞上级，随意地指责下级，轻视管理集体中其他人的意见、建议。这样会降低团体的凝聚力，产生冲突和障碍，影响团结和合作，降低管理的效能。

自我评价过低，则会信心不足，行为上过分依赖他人，对别人轻信，会使别人对管理者的期望过低，使管理者丧失管理的主动权，降低管理的效能。

管理者的自我意识是否得当，实际上是客观存在的自我和主观认识中的自我是否相等的问题，这只能通过管理的实践来检验。一旦在实践中发生自我评价失当，就应修正和调整主观中的自我，使之与客观存在的自我相一致。

（五）领导的有效性和领导方式

1. 领导的有效性

领导是一种特殊形式的社会活动，在活动中也必须讲求效益，即以较少的投入取得较大的产出，这种投入与产出之比，表现为领导的有效性。在领导过程中，职权、知识、能力等因素为实施领导行为提供了必要的资源投入，这些资源能否形成较大的产出，主要取决于领导者能否合理配置、利用各项资源，提高领导效能。有效性是领导活动的主要衡量标志，是领导水平的总体反映。领导是否有效，可以从以下几方面反映出来。

1）主动支持

职工主动而非被迫地支持领导者，不论这种支持是出自感情或利益上的考虑。

2）相互关系

领导者与下级职工之间保持密切、和谐的交往关系，并鼓励群体成员之间发展密切的、相互满意的关系，企业内部关系处于协调状态。

3）高度评价

绝大多数职工都能高度评价所在企业或群体，并以成为该企业或群体的一员而感到骄傲和自豪。

4）激励程度

职工因自身需要获得满足而焕发出较高的工作热情和积极性，个人的潜能得到充分利用。

5）有效沟通

领导者与下级之间能够及时、顺畅地沟通信息，并以此作为调整领导方式、协调相互关系的依据。

6）促进工作

在领导者的引导、指挥和率领下，企业的各项资源得到合理配置，生产经营活动得以高效率地进行。

7）实现目标

领导活动的效能或效果最终通过是否能够实现企业的预定目标，以及实现的程度反映出来，其中既包括经济效益目标，也包括社会效益目标。

领导活动是由领导者、被领导者和环境三方面因素相互影响、共同作用的过程。这一过程是否有效进行，直接取决于三方面因素的契合和适应程度。因此，提高领导有效性的关键，在于最大限度地促成领导者、被领导者与环境之间的相互适应和协调。具体来说，可以采取以下两种基本途径来促进三者之间的协调：一是根据领导者的素质特性，选择和配置与之相适应的被领导者及组织环境；二是根据现有职工状况和企业条件，采取适合其特点与条件要求的领导作风和领导方式。

2. 领导方式

领导方式是指领导者在权力实施影响的过程中采取的行为方式，它是领导者在特定环境中，根据作用对象的特点所实施的对策性行为，因而集中体现了领导者在领导效能中的主观能动作用。

领导方式的类型有多种划分，根据权力定位和工作定位的不同，可以划分为以下几种。

1）集权型

这是一种以专制、独裁为特征的领导方式。采取这种领导方式的领导者认为，权力来自他们所处的地位和担负的职务，认为职工的本性是懒惰消极的、不愿接受约束的，职工害怕承担责任，因此不能予以信任，必须严格管制。基于以上的认识，领导者将权力置于个人手中，集各种权力于一身，大权独揽，独断专行，仅依靠个人经验、能力和意志领导企业活动，同时采取强制的方式下达各种指令，强调下级的绝对服从，而缺乏对职工的关心与尊重。在整个组织内部，资源的流动及其效率主要取决于集权领导者对管理制度的理解和运用。

2）民主型

这种方式强调领导的权力由企业职工群体赋予，认为被领导者是勤奋的、勇于负责的，在受到激励后能够主动协调个人行为与工作的关系，具有自我领导能力。主张将权力赋予职工群体，使之享有充分的民主权利，鼓励职工自行决策，实现自主管理。领导者仅以劝告说服的形式，提供各项意见和建议。这种方式意味着权力的分散，决策速度降低，组织内部资源的流动速度减缓，进而增大了组织内部的资源配置成本。

3）任务型

这种类型的领导者把完成工作任务作为一切活动的中心，注重建立严密的劳动组织和严格的劳动纪律，强调指标和效率，欣赏紧张有序、快节奏的工作气氛，并将全部精力和注意力集中于工作任务本身，而忽视对职工利益、要求及工作情绪等方面的关心。

4）关系型

这种领导方式强调人是企业各项工作的中心，高度重视对职工的关心、体谅和支持，注重满足职工的各种物质和精神需要，强调维持良好群众关系的重要性。注意建立多方位的沟通渠道，利用各种机会与下级保持密切接触，同时在经营管理中主张松弛有度，以造成融洽友善的群体气氛。

5）兼备型

这种领导方式兼有以上各种类型的特点，既强调权力的适当集中，以保持指挥的统一和企业组织的整体性；又注重必要的分权，使职工的主动性、创造性得到发挥。同时把完成工作任务与满足职工需要放在同等重要的地位，既注重工作效率，又重视对人的关心；既有严格的管理，又维持良好的人际关系。

以上所列仅代表几种典型意义的领导方式。现实中领导者往往不会单纯地采用某种典型方式，而是采用各种不同组合的混合领导方式。不同的领导方式适用于不同的场合，有不同的适用范围，某种领导方式在一定的环境中具有明显效果，而在另一环境中则未必成功。因此，领导方式本身无优劣之分，必须根据具体情况而选择。

（六）领导者的威信与运用

1. 领导者的威信

领导者威信的高低，直接影响到管理效能。威信是在行使管理的工作实践中逐步形成的，影响威信的因素有很多，如领导者的个人因素，领导者的政绩，单位的历史传统和风气等。

威信是一种心理现象，是指领导者在其工作中形成的威望、信誉，以及对职工的影响力。领导者威信高，可以使属下及职工有信心、有期望，使工作具有不断发展的心理动力。

1）权力威信和信服威信

权力威信是由管理者所处的职位赋予的相应权力所产生的有关人员必须服从和接受的威信。一个人处于一定的职位，就相应地拥有了一定的权力，这类由职位赋予的权力具有外在性质，不因领导者的个人因素而有所影响。同时，外在性权力经过法律、组织等直接或间接肯定而为社会所承认，并对权力施受双方具有控制性的约束力。掌握权力者必须在规定范围内行使权力，依权办事；接受权力者必须服从掌权者的命令、指挥和意志，二者之间是命令与服从的关系。外在权力是领导者行使职能的组织保障。在企业组织中，领导者的外在性权力具体表现为决策权、用人权、指挥权、奖惩权等。这些权力通常以职权的形式体现出来。职权是职位与责任结合在一起的制度化权力。企业各级领导者为履行所在职位的职责，就必须拥有相应的权力。当领导调离所在职位时，其权力随之解除。

实际工作中，领导者不能仅依靠权力去进行管理，不能只是利用组织赋予的权力去指挥、命令职工，尤其不能因为有了权力而不尊重人，有意无意地去伤害被领导者的自尊心和积极性。

信服威信是组织中的职工对领导者心悦诚服，自愿地接受领导者的指挥和命令而建立起来的威信。它具有内在的性质，不以社会的法律、组织规定为基础，无须外界授予，也没有正式的授权形式，仅仅来自领导者本身的魅力。信服威信的大小取决于领导者的品格、知识、才能等个人素质，尤其是高超的领导水平和巧妙的领导艺术。它对施受双方均没有强制性的约束力，掌权者没有行使这种权力的严格规范，接受者也不会因未服从而受到惩罚。

职工接受权威，承认权威，需要理智，也需要感情。情感是威信中极其重要的心理因素。如果一个领导者使职工产生“怕”的心理，职工对其“敬而远之”，外表服从，内心抵制，就很难激发职工工作的积极性和主动精神。领导者应善于使用权力威信，通过自我修养的提高，增强信服威信，将两者有效地结合在一起，才能更有效地进行管理。

2）集体威信和个人威信

领导集体的威信与领导者个人的威信总是相辅相成的：一方面，领导者的个人威信越高，越有助于领导集体威信的形成和提高，集体威信必须以个人威信为基础；另一方面，个人威信又是在集体中形成并发挥其作用的，如果只追求个人威信，树立个人权威，不注意维护甚至损害集体威信，就势必恶化人际关系，影响管理效能的发挥，最后会损害个人的威信，所以，每个领导者都应自觉地维护集体威信，这样才能形成集体内的相互尊重，密切合作。

2. 领导者威信的运用艺术

领导者威信的建立，首先取决于领导者自身的能力水平、修养、风格等。威信低的领导者，一般有以下几方面的特征：一是独断专行，对人苛刻，或是决策无方，指挥失当；二是言行不一，损公谋私，或者无所事事，得过且过；三是有职无权或是有权无责。

与领导者威信密切相关的一个问题是领导者如何运用权力，即权力运用的艺术问题。如何用权，从心理学的角度，应分析权力使用者和接受者的心理状态，概括起来，应注意以下几个方面。

1）适时原则

领导者权力掌握在手中，对被领导者具有一种心理效应。一旦使用权力，如果被领导者心里不服，就会产生抗拒心理，甚至产生直接的对抗。在这种情况下，权力就没有发挥理想的心理效应，即使是必须处罚人，运用权力也要掌握时机。一般来讲，应该事先进行帮助、诱导、劝诫，直到必须利用权力时，才运用权力强制对方接受管理。这样，权力作用的发挥就会大，在职工中引起的心理反应也会比较好。

2）慎重原则

领导者切忌滥用权力。凡事都用权力，会严重挫伤职工的自尊心，影响到威信。所以，在运用权力的时候要十分慎重，尤其是运用处罚权力时。慎重并不是放弃权力，使用权力时必须果断。如果对职工的错误行为采取迁就，息事宁人的态度，就会影响集体内的气氛，影响士气，甚至造成歪风泛滥。

3）情理原则

合理就是坚持原则，以理服人。合情就是重视感情因素，注意以情感人。合情合理，最容易使多数人心服口服，有利于提高领导者的威信。

研究运用权力的艺术，目的在于加强管理，用正确的方法提高领导者的威信，从而提高管理效能。

二、激励行为

（一）关于激励行为

1. 激励的概念

激励是人类活动的一种内心状态，具有激发和加强动机的功能，其能推动并引导行为。

激励作为一种内在的心理活动过程或状态，不具有可以直接观察的外部形态，但由于激励对人的行为具有驱动和导向作用，通过行为的表现及效果可以对激励的程度加以推断和测定。例如，两个技能相同的职工，前者完成的工作定额大大超过后者，则可以推测这个职工受到了激励。激励的这一特点，决定了激励过程总是与人的行为过程紧密结合在一起，是在行为过程中发生和进行的。人的行为表现和行为效果很大程度上取决于他所受到的激励程度或水平。激励水平越高，行为表现越积极，行为效果也越大。

2. 激励的原则

激励是引起行为的一种刺激，是促进行为的一种重要手段。人类生产活动的根本动机是从欲望出发的。形成欲望要具备两个条件：一是缺乏，有不足之感；二是期望，有求足之愿。二者结合在一起形成的一种心理现象为欲望。人类的欲望具有无限性、关联性、反复性、竞争性。如果能够正确运用人类欲望的特征，就能在满足职工欲望的同时实现组织的目标，使企业与职工双方受益。

心理学上对于能满足个人需要的外在事物叫诱因，在管理上就是激励。为了实现组织目标，对职工的行为提出一定的要求，规定一些原则，尽量使职工的目标与企业的目标保持一致，而对职工的行为进行诱导。企业领导者要了解职工目标与组织目标的差异及原因，用适当的诱因满足职工的需要，从而激发出职工的积极性。

对职工的激励一般应遵循以下原则。

（1）组织目标的设置与满足职工的需要尽量相一致。

目标本身就是一种激励，因此首先要引导职工明确目标，让职工了解他们要做的是什么，有什么意义，与个人的目前利益及长远利益有什么关系。同时，规定一定的工作标准及奖励方式，使职工能按组织目标而努力工作。

（2）管理政策、规章制度，要有利于发挥职工的积极性和创造力。

要让管理政策、规章制度成为激励因素，成为推动力，避免成为遏制的力量。

（3）要有良好的管理方式和管理行为。

实行参与制管理、民主管理、授权管理，学会运用影响和以身作则去推动工作，避免滥用权力。

（4）建立良好的人际关系。

领导者与职工要相互信任、相互关心、相互尊重，要有良好的意见沟通渠道。

（5）形成良好的风气。

使每个职工热爱集体，以单位为家，有光荣感，形成一种和谐的气氛。

（6）创造良好的生产条件和工作环境。

良好的生产条件和工作环境是职工身体健康和精神愉快的保障。物质激励是基础，精神激励是根本，要在两者结合的基础上，逐步过渡到以精神激励为主。

（7）合理性。

激励的合理性有两层含义：一是激励的措施要适度，要根据所实现目标本身的价值大小确定适当的激励量；二是奖罚要公平。

3. 激励的方式

有效的激励可以成为组织发展的动力保证，实现组织目标。它具有自己的特性，它以组织成员的需要为基点，以需要理论为指导。从大的方面来讲，激发、影响和改变一个人的行为有两大途径。

1）外在激励方式

外在激励方式是针对个体需要、动机，提供能够满足个体需要的各种物质和非物质因素，以调动其积极性，其主要有福利、晋升、授衔、表扬、嘉奖、认可等方式。

2）内在激励方式

内在激励方式是设法影响和改变个体行为的动机，其主要内容有学习新知识和新技能的责任感、光荣感、胜任感、成就感等。

外在激励方式虽然能显著提高效果，但不易持久，有时处理不好会降低工作情绪。内在激励方式，虽然激励过程耗时较长，但一经激励，不仅可提高效果且能持久，因此，在实践中，两种激励方式应结合运用。

4. 激励的程序

激励的程序有以下四个步骤。

1）了解需要

了解每个人各种需要的强度，需要的结构，满足需要的方法及需要不能满足时的思想行为反应。

2）情况分析

对影响个人行为的周围环境进行分析，以改进或引导职工适应环境。

3）利益兼顾

要兼顾组织、团体和个人三方面的利益。

4）目标协调

达成企业目标的同时，要满足职工的需要。

在综合考虑上述几方面的情况后，要选择适当的奖励办法，采取有效的管理措施。

（二）激励模式

激励模式有许多，这里重点介绍几种为心理学家、管理学家认可的激励模式，并通过对这些激励模式的分析，让大家对激励模式有一般性的了解，在实际工作中能做到灵活运用。

1. 需要的满足与管理

1）满足需要的原则

最大限度地满足人民物质文化生活的需要是社会主义制度的根本目的。领导者要考虑解决职工需要的原则和方法。如果放弃了原则，其结果不仅不能满足职工合理的需要，还会挫伤职工的积极性。满足职工需要的原则应从我国的国情出发。

（1）考虑我国是一个处在发展中的国家。

（2）从我国人口多、底子薄的国情出发。

（3）解决需要的程度必须和生产力水平相适应。

（4）解决需要必须正确处理国家、集体、个人三者之间的关系。

2）满足职工需要的途径

满足职工需要的途径，应从影响和改变一个人行为的途径入手。

（1）职务以外需要的满足。这种满足不是工作本身获得的，而是工作以后获得的。比如工资、奖励、福利、医疗、劳动保险及托儿所、食堂，各种文娱场所等内容都属于工作之外的满足。这类需要满足具有一定局限性，它的缺点在于工作和满足需要之间缺乏直接联系。

（2）职务之内需要的满足。这是一个人在进行工作的同时就能满足的某种需要。这种满足，主要是指工作环境本身，就是通过创造一个安全、舒适的工作环境，使职工觉得工作本身是一种享受。

在满足职工需要时，不仅要考虑个人工作以外需要的满足，而且要考虑工作以内需要的满足并尽量把企业的经济目标与个人的生理与心理的需要结合起来。

3）满足职工需要的方法

（1）从调查研究入手。调查研究是解决职工需要的一个根本出发点和前提。没有调查研究就不会了解职工的真正需要，也就谈不上需要的满足。

（2）在调查的基础上，进行综合分析。职工的需要是多种多样的，有的是无限的，有的是有限的；有的是合理的，有的是不合理的；有的是近期的，有的是远期的，等等。在调查研究的基础上，必须进行综合分析。

作为一个管理者，要做好对人的管理，使人充分发挥工作的积极性、能动性，必须关心职工的需要，在调查研究和综合分析的基础上，做到逐步、合理地解决人的需要问题。

2. 期望与管理

人的期望心理是客观存在的，根据期望理论，在做人的思想工作时，必须遵循人的心理活动规律，注意工作方法，加强疏导，把人的积极性充分调动起来。

1）期望理论在管理中的应用

期望理论在管理中的应用主要有以下几方面。

（1）人们可以自觉地评价自己努力所取得的结果，以及由此结果所带来的报酬。

（2）一个管理人员可以通过指点、指导和参加各种技术训练的办法，明确提高下级对努力所达到的成绩的期望。

（3）报酬必须紧密地、明确地与对组织有重要意义的行为相联系。组织中的奖励制度和具体奖励必须随个人的成绩而定。

（4）人们对其从工作中得到的报酬的评价是不同的，有的人重视薪金，有的人重视挑战性任务。因此，管理人员应使组织的特定报酬与职工的愿望相符合。

2）期望理论的具体实施

将期望理论运用在管理实践中的具体做法如下。

（1）树立目标，激发期望心理。为能充分地调动职工工作的积极性，不仅要了解职工的需要，还要根据职工的需要，适时地为职工树立有一定价值的目标，这是调动职工积极性的一项重要工作。实践证明，包含精神和物质利益的目标，对职工来讲，更具有激发积极性的作用。

在树立目标时，目标一定要切合实际，要考虑两方面的内容。一是目标的高低问题，目标越高，实现的可能性会降低，期望值减小，使职工望而生畏；目标过低，使人轻而易举就能实现，也会降低目标的效价。目标过高和过低，都不能调动职工的积极性。二是目标的价值问题，没有满足人们精神和物质生活需要的目标，不能调动职工的积极性。实践证明，适时地确立适当的目标价值是调动职工积极性的一个行之有效的方法。

在为职工确立一定目标之后，还应帮助职工努力实现目标，为职工创造条件，给希望达到目标的职工以热情的支持。

（2）运用期望值调动积极性。由于人们的经验、能力、需要等方面的不同，对同一客观事物的期望概率也不一样。又由于人的期望概率常与环境和事物发展的结果出现矛盾，因此，了解、掌握人的期望概率值，有针对性地进行工作，是防止产生挫伤和出现消极因素，而有利于调动积极性的重要环节。事实证明，期望值与事物发展结果相联系时，有三种情况：一是结果小于期望值，人会产生大失所望心理，积极性会受到挫伤；二是结果等于期望值，人会产生不出所料的心理，积极性得以保持；三是结果大于期望值，人会产生出乎意料的心理，表现为喜出望外，积极性更加高涨。当某人期望值过高，而事物发展结果又不能满足他的期望要求时，就需要帮助他认真分析主客观条件，指出不能达到期望的原因，以避免因大失所望产生的消极情绪。

(3) 把人的期望方向引导到正确轨道上来。由于人的需要不同，觉悟高低不同，同时所处的环境因素影响的不同，一些人期望的目标和方向会不切实际或偏离正确轨道，所以，端正、疏导甚至改变期望方向的工作是重要的。例如，职工都想到好的岗位工作，因此采取走后门的方式来实现其要求，但这种行为势必影响单位的风气，也不利于个人的成长及单位工作的开展。这时管理者可以通过安排职工轮流到各工种岗位进行锻炼的方式，让他们在工作中培养各自的兴趣、特长、能力，也使管理者对每个人的情况得以了解，然后根据实际需要和各职工的条件，安排每人的工作，这会改变职工依靠走后门行为满足期望心理的状态，确立新的期望目标。

3. 挫折与管理

人生长在现实社会中，要工作和生活，要进行各种交往，不可能总是一帆风顺，随时有受到挫折的可能。在管理中，一方面应尽量消除引起职工挫折的环境，避免职工遭到不应有的挫折；另一方面，当职工受到挫折时，应尽量降低挫折所引起的不良影响，提高职工对挫折的容忍力。

1) 预防挫折

(1) 消除产生挫折的原因。对于自然因素，有些是不可避免的，但有些是可以采取措施加以预防的，尤其对生产过程中的因素更可以预测。对于社会因素，应尽量引导职工适应环境，遵守法令、社会秩序、公共道德、人们的风俗习惯等，加强法制观念。对于生理因素，应考虑其个人的生理特点，使生理有缺陷的人受到尊重，不受歧视。

(2) 改善人际关系。加强个人差异管理，使职工相互信任、相互帮助、相互支持、相互尊重，建立“同是一家人”的情感。尤其是注意改善领导者与下属、管理者与被管理者之间的关系，发挥集体智慧，建立“平等”关系。如果职工之间矛盾尖锐而一时无法解决，可暂时调动一下工作岗位。

(3) 改善管理制度和管理方式。如适时调整组织结构，取消阻碍发挥职工积极性的不合理的管理制度，改善人事劳动制度和工资奖励制度，实行参与制、授权制、建议制等，不使职工有受到严格监督和控制的感觉。

2) 正确地处理受挫折者的行为

(1) 采取宽容的态度。对领导者来说，对受挫折者的攻击行为采取宽容的态度是很重要的。帮助受挫折者是领导者的责任之一，应耐心地做思想工作，要以理服人，不应采取针锋相对的反击措施来对付攻击行为。以反击行为对付攻击行为，不仅不符合互助友好的原则，而且收不到好的解决问题的效果，有时还可能使矛盾激化。

(2) 提高认识，分清是非。宽容的态度并不等于不分是非，领导者应当在受挫折者冷静之后，以理服人，热情帮助其提高认识，分清是非。只有这样，才能更有利于促使受挫折者变消极行为为积极行为。

(3) 改变环境。改变环境的办法有两种：一是调离原工作和生活的环境，到新的环境中去；二是改变环境气氛，给受挫折者以同情和温暖。为了有效地把受挫折者的消极行为转化为积极行为，领导者必须尽量少采取惩罚措施，因为惩罚会加深挫折。

(4) 精神发泄法。这是一种心理治疗法，就是创造一种环境，使受挫折的人可以自由地表达他们受压抑的情感。人们在受到挫折时心理失去了平衡，常常是以紧张情绪代替理智行为，只有让他们把这种紧张情绪发泄出来，他们才能恢复理智状态，达到心理平衡。

精神发泄可以采用各种形式，可以让受挫折者用写申述信的办法发泄不满，当他把不满情绪写出后，就会使心理得到平衡。也可以采取个别谈话的办法，以及让他们在一定的会议上发表意见，领导者和其他人耐心听取他们的意见，并对其正确的方面给予充分的肯定。

4. 公平与管理

1）公平理论的内容

公平理论指出，职工的工作动机，不仅受其所得的绝对报酬的影响，而且受到相对报酬的影响，即一个人不仅关心自己收入的绝对值（自己的实际收入），而且也关心自己收入的相对值（自己收入与他人收入的比较）。

公平与否的结论源于职工对所付出代价与所得到报酬的比较。前者包括技能、经验、资历、工作成绩，等等；后者包括工资报酬、组织对其承认和尊重的程度、提升、人际关系的变化，等等。这种比较有两种形式：一是纵向比较，即个人历史性比较，是自己目前所付出的代价与所获得的报酬之比与自己以前所付出的代价与所获得的报酬之比是否相等；二是横向比较，即社会比较，看自己所付出的代价与所获得的报酬之比与他人所付出的代价与所获得的报酬之比是否相等。

2）公平与不公平心理的产生

以上比较的结果有两种：一是比值相等，则认为是应当的、正常的，因而心情舒畅，努力工作；二是比值不等，可能目前的比值比历史或他人高，也可能比历史或他人低，比历史或他人低时，可能会产生不公平的心理。出现不公平感时，人们习惯采取行为调节的方式，即用劳动付出量来调节。一般性措施包括以下几个方面。

（1）通过自我解释，达到自我安慰。例如，通过曲解自己的收支或曲解别人的收支，主观上造成一种公平的假象，消除不公平感。

（2）采取一定行为，努力改变别人的收支状况。

（3）采取一定行为，努力改变自己的收支状况，如通过消极怠工、减少支出的手段或要求增加收入的手段等。

（4）选择另一种比较，获得主观上的公平感，如换一个人进行比较。

（5）发牢骚，泄怨气，制造人际矛盾。

3）相应的管理工作

实践证明，公平理论所描述的关于公平的感受是一种普遍的心理现象。它广泛存在于企业环境中，并直接作用于职工的行为过程，影响职工的工作积极性。为实现有效的激励，管理者必须深入了解职工对其劳动报酬是否感到公平，并通过合理分配报酬、调节奖励标准与形式、纠正认知偏差、适当减少比较机会等方式消除不公平感，力求使每个职工都得到公平合理的报酬和待遇，进而增加其满足感。

5. 人性与管理

之前介绍了西方管理心理学家对人性的假设，有经济人、社会人、自我实现人、复杂人四种，在现实生活中，虽然一个人并不一定绝对地表现为哪一种，但对于每个人，在一定的时期和一定的环境下都可能在某一方面表现得比较突出，因此，从人性的四种假设中，实施一定的管理，有可能达到管理的目的。

1）对经济人的管理

（1）管理工作的重点放在提高生产率，完成生产任务上，而对于人的感情和道义上应负的责任，不投入过多。简单地说，就是重视完成任务，不考虑人的感情。

（2）管理工作只是少数人的事，与职工无关。职工的主要任务是听从管理者的指挥。

（3）在奖励制度方面，主要用金钱来刺激职工工作积极性，同时对消极怠工者采用严厉的惩罚措施。

2）对社会人的管理

（1）管理人员不应只重视完成生产任务，而应把注意的重点放在关心人、满足人的需要上。

（2）管理人员不能只重视指挥、监督、计划、控制和组织等职能工作，而应重视职工之间的关系，培养和形成职工的归属感和整体感。

（3）在实行奖励时，提倡集体的奖励制度，而不主张个人奖励制度。

（4）管理人员的职能应有所改变，不应只限于制订计划、组织工序、检查产品，而应在职工与上级之间起联络人的作用。一方面倾听职工的意见和了解职工的思想感情；另一方面，将工作中出现的问题向上级反映，就职工提出的要求向上级或有关方面呼吁。

3）对自我实现人的管理

（1）管理重点的转变。把注意的重点从人的身上转移到工作环境上，创造一种适宜的工作环境、工作条件，使人们能在这种条件下充分挖掘自己的潜力，充分发挥自己的才能，能够充分地实现自我。

（2）管理人员职能的转变。管理人员的主要任务在于为发挥人的才智创造适宜的条件，减少和消除职工自我实现过程中所遇到的障碍。

（3）奖励方式的转变。奖励可划分为两方面，一是外在奖励，例如，提高工资、良好的人际关系等；二是内在奖励，即在工作中能获得知识、增长才干、充分发挥自己的潜力等。只有内在奖励才能满足人的自尊和自我实现的需要，从而大大地调动职工的积极性。管理者的任务只是在于创造一个适当的环境，一个可以允许和鼓励每一个职工都能从工作中得到“内在奖励”的环境。

（4）管理制度的改变。管理制度能够保证职工充分地表露自己的才能，达到自己所希望的成就。

4）对复杂人的管理

从复杂人的假设而提出的权变理论，要求根据具体的人的不同情况．灵活地采取不同的管理措施。这要求管理人员要善于观察职工之间的个体差异，根据具体情况采取灵活多变的管理方法。

（三）激励的强化方法

强化是通过外力来干预某种刺激与行为，使之能够重复出现。强化按其作用可划分为两种：一是正强化，即对某种行为给予肯定或奖励，使行为巩固、保持；二是负强化，即对某种行为给予否定或惩罚，使之减弱、消退。如果说，引起一种行为是靠动机的话，巩固、保持这个行为或减弱、消退这个行为就是靠强化。没有强化，不可能有正确的行为。运用强化作为手段，来达到预定的行为结果，可采用以下方法。

1. 激发员工热情的途径

1）描绘远景

领导者要让下属了解工作计划的全貌及看到自己努力的成果，员工越了解公司的理念，公司的目标，对公司的向心力越高，就会更愿意充实自己，以配合公司的发展需要。

2）授予他们权力

授权不仅仅是封官任命，领导者在向下属分派工作时，也要授予他们权力，要帮被授权者清除心理障碍，让他们觉得自己是在“独挑大梁”肩负着一项完整的职责。

3）给好的评价

很多时候员工会抱怨，领导者只有在员工出错的时候才会注意到他们的存在，身为领导者，最好尽量给予下属正面的回馈，公开赞美你的员工，奖励下属的努力和成就，可以提高工作效率和士气，同时也能有效地建立信心，提高忠诚度，至于负面批评可以私下提出。

4）倾听诉苦

对员工的汇报、抱怨不要急于下结论，不要随便评判，除非对方要求，否则不要随便提供建议，以免流于“瞎指挥”。领导者的职责应该是协助下属帮助他找到解决办法。

5）提供训练

有计划地支持员工参加职业培训，用走出去，请进来的各种办法，组织员工进行学习与训练，不但可以提高员工士气、工作水平和能力，而且有利于减轻无聊情绪，降低工作压力，提高员工工作创造力。

2. 设置鼓舞人心的目标

一个鼓舞人心的目标，不仅可以激发人的动机，而且可以强化行为。明确了目标，人们在生产中就会时刻把自己的行动与目标相联系，目标就是人们行为活动在不同的阶段上所要达到的预期结果。

3. 采用渐近法

渐近法就是根据人的认识规律，把一个复杂的行为过程分解成许多小的阶段，逐步加以完成。这可以使职工树立信心，加强工作的计划性，也可适时了解自己的工作成果。

4. 信息及时反馈

及时进行信息反馈，可使职工随时知道自己行为活动的结果如何。这样就可针对问题，分析原因，及时改进，以达到修正行为、不断改进工作的目的。

5. 个人需要的满足

行为是由动机引起的，而动机是由需要激发的，这是客观规律。加强管理工作，调动职工积极性，使每个职工保持旺盛的士气，就要按照职工心理活动的规律，承认其需要，满足其需要，以激发他们的动机，强化行为。对于不能满足的需要，要做好工作，避免产生消极情绪。

第二节　高速铁路客运服务人员的问题行为分析

【知识目标】

1. 了解高速铁路客运服务人员问题行为产生的原因；
2. 了解对待问题行为的原则。

【能力目标】

1. 具有正确对待问题行为的能力；
2. 具有正确利用激励行为处理身边遇到的问题行为的能力；
3. 具有合理利用领导威信处理问题行为的能力。

【学习要求】

1. 树立良好的服务意识；
2. 正确认识领导及领导行为在提高客运服务质量中的重要作用；
3. 了解常见问题行为的表现及疏解措施。

【学习内容】

一、问题行为及其产生的原因

（一）问题行为

高速铁路客运管理工作中，一个非常重要的问题是如何正确对待和处理高速铁路客运服务人员中出现的“问题行为”。每一个高速铁路客运服务部门，都会存在一些使领导者感到“很成问题”的职工行为，这些行为叫问题行为。

有些问题行为表现很明显、激烈，如有人公然违章违纪，侵犯旅客和同事的利益，顶撞领导的命令，惹是生非等，这属于“攻击性问题行为”。有些问题行为表现得不明显、不激烈，如对工作消极、冷淡、无精打采，领导者常常感到“不知道他整天想些什么”，这属于“退缩性问题行为”。

无论是攻击性问题行为还是退缩性问题行为，都会给工作和职工本身带来危害，给管理带来困难。因此，领导者研究职工中的问题行为，不仅要看到这些行为的表现方式及危害性，尤其要分析导致问题行为发生的个人因素和环境因素，正确地对待和处理职工中的问题行为，促使消极因素向积极因素的转化。问题行为解决得好与不好，在很大程度上影响着领导者的威信和工作的效能。

（二）问题行为产生的原因

心理学认为需要诱发动机，动机促成行为。人的一切行为都是以人的需要为基础，人要满足自己的需要，就会产生行为，但需要满足的方式是不同的，可能有的是合理、正当的方式，有的是不合理、不正当的方式。例如，一位高速铁路客运服务人员，为了满足获得社会荣誉的需要而努力工作，刻苦学习，积极、主动、满腔热情地为旅客服务，这是合理、正当的方式；如果采取弄虚作假，骗取信任等手段获得荣誉，就是不合理、不正当的方式。

高速铁路客运服务人员有多种多样的需要，如工作的需要、改善物质生活条件的需要、婚恋的需要、文化娱乐的需要、学习的需要、尊重的需要、表现自己才能的需要、社会荣誉的需要、交朋择友的需要，等等。这些需要都是正当、基本的需要。作为管理者，应当承认高速铁路客运服务人员的这些需要是正当的、合理的，而且要创造条件帮助职工去满足这些需要，但是，这些需要不是都能顺利地得到满足的，它受制于许多条件。当职工通过自己的努力去满足这些需要时，可能会遇到如何对待个人利益、集体利益和国家利益的关系问题，如何看待眼前利益和长远利益的关系问题。这些问题的实质，就在于职工本人能不能正确处理这些关系，以及他采取什么样的行为方式对待这些问题。心理学认为，无论是正当的行为方式，还是不正当的行为方式，都是“学习”的结果，即主要是尝试和模仿的结果。一些问题行为，正是这种原因造成。例如，一个职工想提高工资，但不知道用什么方式来满足这种需要，他就开始进行尝试学习，如果尝试的结果获得了成功，那么行为就会被强化。有人看到某些管理人员“怕闹”“闹得凶就给涨工资”，于是每到晋升工资或有其他利益要分配时，就“闹”起来。不光自己可以尝试着闹，还可以模仿他人的方式闹，这种模仿学习可以使人的行为得到“替代的强化”。这会使一些人跟着闹起来，这就是模仿学习的效果。

管理者对待职工的问题行为，需要进行研究。首先，要研究“需要”，即某些职工所出现的问题行为是为了满足什么需要；其次，研究“方式”，即职工为满足上述需要采取的行为方式，哪些是合理的、正当的，哪些是不合理的、不正当的；最后，进一步研究这些行为方式是如何形成的。只有分析清楚问题行为产生的原因，才能有效地处理、解决职工的问题行为。

问题行为产生的过程中，总是伴随挫折的产生，对挫折能否正确对待，决定问题行为的结果。职工为满足需要而进行活动，并不总是能够如愿以偿地实现其需要，遭受挫折的情况是常常发生的。挫折是一种复杂的心理体验，其中包括未能满足需要的失望，行为受到阻碍而引起的愤怒，对自己采取错误行为而引起的悔恨，以及对挫折可能引起的不良反应的担忧，等等。挫折感会扰乱人的内心状态的平衡，往往使人做出有失理智的行为。遭受挫折之后，容易产生问题行为。当一个职工用正当方式未能满足其需要而遭受到挫折，就可能出现“退化”现象，即转而采取非正当手段和方式去满足其需要，这种由挫折之后所产生的问题行为是常见的。

并非遭受到挫折就一定会产生问题行为，如果一个人很理智，就会变挫折感为动力，继续以正当的方式去追求需要的满足，在对待挫折过程中变得更为成熟，更加坚强，不是因挫折而“退化”，而是因挫折得到“升华”。有些职工往往通过某些心理过程，把自己准备或已经采取的不合理、不正当方式解释成合理的，以减轻自己的心理压力。例如，一个高速铁路客运服务人员依靠正当的经济收入满足不了自己想尽快提高物质生活水平的需要，于是就产生了利用工作之便，通过违法乱纪的非正当方式和手段来满足需要，这种牟取不义之财的想法会引起他内心的矛盾和斗争，但是如果他缺乏自我批评的觉悟，不是经过斗争而放弃这种心理，反而用“这算不上不义之财，最多是利用职务之便得点小便宜”，或“别人干得更凶，我这不算什么”，或者想“只此一次，下不为例”等，通过这些自我欺骗、自我安慰把自己的错误动机“合理化”，从而发生问题行为。而如果他有觉悟，讲政治，讲正气，他就会通过思想斗争，抑制和取消不正当的想法，从而避免发生问题行为。

二、对待问题行为的原则

出现了问题行为，管理者一定要处理，不处理而任其放纵，会发生严重的后果，同时不处理也是管理者失职的表现。处理要有原则，一般来说，应该实事求是，因势利导，讲究批评的艺术，正确运用惩罚。

（一）多发现职工的长处，坚持正面教育为主

每个人都有优点，高速铁路客运管理人员要十分重视职工好的表现，多注意职工身上的积极因素，而不要只注重职工的问题行为。这样，职工就容易对管理者产生好感，管理者在对问题行为的处理中才能够得到职工的支持，产生问题行为的职工容易口服心服。如果不注意职工好的表现，不表扬，而一味地“挑毛病”，就会引起职工的反感，减轻管理者的影响力。同时，一个管理者只看到职工的缺点，还会使职工因怕出错而丧失工作的主动性和创造性，产生“不求有功，但求无过”的心理。强调正面性原则，有利于职工对管理者产生亲近感和认同感，减少问题行为的发生。

（二）冷静全面地分析问题行为，善于因势利导

对待职工中的问题行为，切忌简单化。一定要认真分析造成问题行为的主观因素和客观因素、远因和近因、性质和程度。从分析中，抓问题的关键和寻找解决问题的途径，并创造良好的客观环境，促使职工的问题行为向积极方面转化。

因势利导就是在分析的基础上，讲清道理，帮助职工分清什么是高尚的、正当的需要，什么是庸俗的、不正当的需要。让职工认识到，只有追求满足需要的方式与“合理”相统一时，个人才能做到“心安理得”。讲道理要“因势”，即顺应心理活动和行为变化所固有的规律性和趋势，顺应人对合理的需要的追求；“利导”就是把职工的心理活动行为引导到有利于国家、企业的方向上来。不注意因势利导，只讲空洞的大道理，是难以服人的，也难以纠正问题行为。

（三）坚持预防为主，正确运用惩罚

预防为主就是尽量创造条件，使高速铁路客运服务人员能通过正当方式来满足自己的需

要，想方设法帮助职工解决各种实际问题，全面关心职工的学习、工作、生活、娱乐，等等，防止职工以不正当方式去追求需要的满足。同时，要特别注意做好受到挫折的职工的思想工作，研究职工思想变化的规律。例如，在职工情绪低落时、职工之间发生矛盾纠纷时、职工遇到较大的生活困难时，管理者应积极、主动地做职工的工作，在其生活变化或受到挫折时给予必要的关心、帮助和指导，以防止或减少问题行为的发生。

当发生必须处理的问题行为时，就必须给予惩罚。强调正面教育为主，预防为主，并不是取消惩罚措施。为了维护国家、集体利益，为了严肃客运群体的纪律，对严重违反规章制度的个人必须给予惩罚。惩罚对于预防问题行为和矫正问题行为是一种必要的手段。运用惩罚的最终目的是通过惩罚使职工认识到自己的问题行为的严重后果，使其不再发生类似的行为。在对待问题行为时，事先提醒，尽量慎重使用惩罚手段。惩罚作为一种辅助手段，必须与其他方法相配合，才能收到好的效果。

（四）讲究批评艺术，提高批评的效能

批评是管理者对犯有错误的职工的一种警告、帮助和矫正的手段。为了使批评收到预期的效果，应特别注意批评的艺术。运用批评手段时，应注意以下几个问题。

1. 及时性

及时性是指对犯错误的职工要及时指出其错误并进行批评，防止矛盾双方对错误事实记忆上存在分歧而发生争执，迅速纠正错误有利于工作的进行，不能“秋后算账”。

2. 场合性

场合性是指尽可能通过个别谈话或小范围的生活会进行批评，非十分必要时，一般不在大庭广众之下批评一个职工，以防止职工为“面子”而产生直接的抵触行为。

3. 针对性

针对性是指对错误的批评一般应“就事论事”，即批评的内容要具体、集中，不宜“新账老账一起算”，要特别注意防止把主要的与次要的、现在的与过去的问题混合在一起，把犯错误者说得一无是处。另外，谁发生的问题就说谁的问题，不要与他人攀比，如果讲很多他人的优点，来对比犯错误者的缺点，就会引起反感。在气氛融洽时，也可以引导一下犯错误的职工向先进学习，但批评的目的首先是解决具体问题。

4. 适当性

适当性是指批评到一定程度，对方开始考虑管理者的意见时，要适可而止，不要没完没了地批评，允许对方有思考的时间。适当性还包括要避免在犯错误职工情绪激烈时进行批评，在情绪激烈时对他进行批评，可能造成不理智的行为而不能达到批评的目的。管理者不应计较职工的一时态度，应寻找职工比较冷静的时候给予适时、适当的批评。

正确处理职工的问题行为，努力提高管理者自身的批评艺术，坚持正面教育为主，预防为主的方针，就会比较容易地创造和谐向上的群体气氛，减少问题行为的发生，促使后进职工向先进转化。尽可能地调动高速铁路客运服务人员的积极性，这是高速铁路客运管理中一项十分重要的任务，是提高管理效能的一个重要方面。

三、对待问题行为的处理态度

（一）领导者处理抱怨的原则

当下属抱怨时，处理得当可以防止它发展成为一次更大的人际关系冲突，不让矛盾步步升级，为此应遵守以下原则。

（1）不要忽视。没有得到解决的抱怨将在员工心中不断发“热”，直至达到“沸腾”。

（2）严肃对待。认真对待员工的抱怨，作为重要的事去处理。

（3）承认错误。承认自己的错误并做出道歉。

（4）不要讥笑。不能对抱怨一笑置之。

（5）认真分析。倾听员工的抱怨，听弦外之音，了解真正的意思。

（6）不要发火。要保持镇静，如果心绪烦乱，就推迟谈话。

（7）掌握事实。要把事实了解透辙，再做出决定。

（8）别兜圈子。要触及事实的核心，正面回答抱怨。

（9）解释原因。无论是否赞同抱怨，都要解释为什么会采取这样的立场。

（10）表示信任。应利用领导技巧，使员工能理解并且心情愉快地接受你的决定。

（11）不偏不倚。掌握事实，做出不偏不倚的公正的决定。

（12）敞开大门。不要怕听抱怨，要永远敞开大门，让有抱怨的员工能找到诉苦的地方。

（二）批评之前要镇重

批评职工之前要考虑以下问题。

（1）被批评者会立即接受这个批评吗？

被批评者正处于困难时期，极其脆弱，如果要批评他，得想一想是不是时候。

（2）能耐心地等待被批评者从打击中恢复过来吗？

在提出严肃批评的时候，必须了解对方的心情，他可能彻底绝望，难以继续工作，也可能想证实不应被当作不合格的人对待，而只是在某件事上出了差错。

（3）此批评已经是第几次？

如果感到这种批评已经重复过多次，再批评一次显然没有用处，为什么受到这么多次批评仍无法改进，是不是有其他问题呢？

（4）提出批评，被批评者能有什么反应？

应当预想被批评者会做什么。

（5）是不是因为自己的问题要提出这个批评？

领导有时有可能感到来自员工的威胁，感到不受欢迎，莫名其妙想惩罚他们，不要根据自己的情绪，而要实实在在地对原因做出反应。

（6）被批评者受到批评后有何感想？

要设身处地想一想，如果是我自己受到这样的批评会有何感想。

（三）批评“十二戒”

（1）戒无凭无据，捕风捉影。

批评的前提是事实清楚，不可凭“小报告”就乱批评人。

（2）戒大发雷霆，恶语伤人。

人人都有自尊心，批评要顾及他人的自尊心，不可加以伤害。

（3）戒吹毛求疵，过于挑剔。

对于鸡毛蒜皮的小事、小毛病，只要无关大局，应采取宽容的态度。

（4）戒不分场合，随处发威。

要讲究场合和范围，有的批评可在大会上进行，有的则只能进行个别批评。

（5）戒乘人不备，突然袭击。

事先打招呼，使被批评人有一定的心理准备。

（6）戒清算总账，揭人老底。

批评应当针对发生的事情，对于过去的问题，尽量不要拉扯进来。

（7）戒威胁逼迫，以势压人。

批评应当在平等的气氛中进行，不要摆出居高临下、盛气凌人的架势。

（8）戒嘴上不说，随处传扬。

批评不能随处发威，随处传扬，弄得问题人人皆知，满城风雨。

（9）戒反复批评，无休无止。

批评不能靠量多取胜，有的批评只能点到为止。

（10）戒一批了之，弃而不管。

批评只是解决思想问题的手段，而不是目的，被批评人在批评后有困难，有进步都要及时帮助、及时肯定。

四、沟通的“十戒”

问题行为的产生，许多时候是由于管理者与职工之间信息、感情等方面的沟通发生障碍所造成的。组织内部的管理者，要作风民主，平易近人，善于倾听不同意见，鼓励下级员工大胆提出批评和建议，这样可以消除双方的紧张和拘束，形成轻松和谐的环境和氛围，也就可以避免一些问题行为的产生，即使问题行为产生了也可以有效地使之得到解决。心理学界提出了改善组织沟通的十项建议，对高速铁路客运管理者有很大的借鉴作用。

（1）沟通前做好准备，预备可能发生的事件及应变措施。

（2）认真考虑本次沟通的真正目的，选择适当的沟通语言和沟通方式。

（3）全面审查沟通的环境和氛围因素。

（4）沟通的信息内容准确、客观。

（5）善于利用最有利的沟通时间。

（6）重视沟通中的“体态语言”。

（7）信息沟通发送者的言行一致，讲究信用。

（8）克服不良的聆听习惯，学会做一个“好听众”。

(9) 重视沟通中信息接收者的反馈。

(10) 在正确运用语言文字时，酌情使用图表、数据和实物资料以说服对方。

高速铁路客运管理人员要从实际出发，立足于关心人、尊重人、理解人的角度，以朋友的身份，用人格的魅力，采取适当的方法，求得问题的解决。

【思考题】

1. 领导行为要素主要表现在哪几方面?
2. 领导者应具备哪些基本条件?
3. 领导方式的类型有哪几种?
4. 领导者在用人时应遵循哪些原则?
5. 领导激励员工需要经历几个步骤?
6. 激励机制过程中的几个关键性因素是什么?
7. 遇到挫折时，如何正确处理?
8. 管理者对待问题行为的原则是什么?
9. 下属在工作中出现问题时，上级领导应如何处理?

参 考 文 献

[1] 李培锁，金沙江，邓岚，等. 铁路旅客运输心理学. 北京：中国铁道出版社，2017.